复杂工程管理书系
国际经典工程管理译丛

业主开发与建设项目管理实用指南

(原著第五版)

[英] 皇家特许建造学会 编著
何清华　　王　歌 编译

同济大学出版社
TONGJI UNIVERSITY PRESS

内 容 简 介

本实用指南根据 Code of Practice for Project Management for Construction and Development 第五版编译而成，原著是英国皇家特许建造学会(CIOB)针对建设项目管理实务范式与方法的专著。目前，面向业主需求的全过程工程咨询已广受重视并迅速发展。本实用指南立足于建设项目业主方，对业主方所关心的全过程管理要点及处理流程均进行了详细的梳理和解读，以反映工程管理领域的前沿管理思路和技术发展趋势。书中各章均针对建设项目的特定阶段展开，提供了管理范例、实施流程和典型案例，并全面反映项目管理的一般过程。

本书还融入 BIM 策划、PPP 项目指南、环境可持续评价等内容，兼具实用性和前沿性，既可作为工程管理、项目管理等学科专业本科生和研究生的参考用书，也可供从事建设项目管理的专业人士参考。

图书在版编目(CIP)数据

业主开发与建设项目管理实用指南：原著第五版／何清华，王歌编译. —上海：同济大学出版社，2021.3

（复杂工程管理书系. 国际经典工程管理译丛）

书名原文：Code of Practice for Project Management for Construction and Development

ISBN 978-7-5608-9423-2

Ⅰ.①业… Ⅱ.①何… ②王… Ⅲ.①基本建设项目—项目管理—指南 Ⅳ.①F284-62

中国版本图书馆 CIP 数据核字(2021)第 041219 号

业主开发与建设项目管理实用指南（原著第五版）

编著 [英]皇家特许建造学会　　编译 何清华　王 歌
责任编辑 姚烨铭　　责任校对 徐春莲　　封面设计 陈益平

出版发行　同济大学出版社　www.tongjipress.com.cn
　　　　　(地址：上海市四平路1239号　邮编：200092　电话：021-65985622)
经　销　　全国各地新华书店
排　版　　南京文脉图文设计制作有限公司
印　刷　　启东市人民印刷有限公司
开　本　　889mm×1194mm　1/16
印　张　　20
字　数　　640 000
版　次　　2021年3月第1版　2021年3月第1次印刷
书　号　　ISBN 978-7-5608-9423-2

定　价　　198.00元

本书若有印装质量问题，请向本社发行部调换　　版权所有　侵权必究

编译者序

1992年,英国皇家特许建造学会(CIOB)的第一版《业主开发与建设项目管理实用指南》成功面世,成为工程项目管理领域一部具有时代意义的重要著作。

尽管自有组织的人类活动出现之时就萌生了项目管理的思想,但真正意义上现代项目管理理论的形成却只经历了半个多世纪。在进度、质量、成本等目标的约束下,高效地完成工程项目俨然已成为一种经典观点。从项目管理到项目交付,从结果导向到价值导向,项目管理理论发生了从过程性到整体性的转变。在深度变革的时代,工程项目管理领域的知识体系方兴未艾。从简单、复杂到超级复杂,过程的易变性(Volatitily)、结果的不确定性(Uncertainty)、对象的复杂性(Complexity)和认知的模糊性(Ambiguity)正在冲击着传统的项目管理体系。

就目前国际建筑行业的发展动态而言,基于业主方的工程项目管理正在成为一个日益受到重视和迅速发展的领域。在从碎片化走向集成化的发展趋势下,我国正在经历着一轮工程项目管理的全过程变革浪潮。因此,我们也亟需在挑战自我的同时,不断提升技术、追求创新,制订更高的标准。在新浪潮进行的过程中,本书旨在能给未来工程管理领域的从业人员提供一份系统的实践指南和菜单化的参考手册。

虽然本指南是围绕英国建筑行业展开的,但其理论意义和实践价值得到了全球工程项目管理同行的广泛认可。因此,本指南的多个版本在不同国家和地区陆续面世,其中第二版、第三版和第四版已被翻译成中文并出版。

原著的第三版出版于2002年,重点聚焦于工程项目管理的各个核心阶段。第四版出版于2010年,其中"可持续"是贯穿全书的核心要义。第五版是对前四版的彻底革新,充分阐述了战略策划、详细规划与管控、资源分配、高效风险管理等原则如何应用于不同类型和复杂程度的项目,以更好地适应工程项目管理的变化趋势和行业发展需求;第五版也将建筑信息模型(building information modeling,BIM)整合到项目的全生命周期管理之中,展现了集成化信息时代对于建筑行业的深远影响;此外,第五版还对建筑业的发展趋势,如业主方全过程管理(全过程工程咨询)、施工企业国际化、可持续驱动发展、公私合作模式(public-private partnership,PPP)等内容进行了细致的探讨,充分反映了当前建筑行业面临的机遇和挑战。

本书由同济大学经济与管理学院的何清华教授和华中农业大学公共管理学院的王歌副教授担任编译者,得到了国家自然科学基金(71571137;71971161;71901101)和中央高校基本科研业务费专项基金(2662018QD006)和中国博士后科学基金面上项目(2020M671134)的支持。

作为长期从事工程项目管理理论研究与实践创新探索的一员,我要特别感谢同济大学复杂工程管理研究院和华中农业大学公共管理学院的大力支持,使得本书作为复杂工程管理书系中大纲与指南丛书的一本顺利出版。参与本书编译校对的团队分工如下:全书的编译统稿由王歌、张慧瑾、陈兆和刘晓雪负责;第1章和第

2 章的编译校对由陈小燕、罗培圣、李洋、张俊怡负责;第 3 章的编译校对由王子伦、田子丹、卢伊玲、唐诗蕊、张江涛负责;第 4 章至第 8 章的编译校对由李洋、何晖、陈兆、周可嘉和张慧瑾负责。术语表和索引的编译校对由王歌、何晖和李洋负责。此外,本书的编译工作也得益于同济大学 2014 级和 2015 级工程管理专业同学的课程研讨。同时,对同济大学出版社的领导、责任编辑及其他许多给予各方面帮助与支持的同行,致以最诚挚的感谢!愿本书能够帮助读者进一步提升项目管理的能力,丰富工程项目全过程管理的经验与知识;愿本书可以为建筑行业的专业人士提供最新的前沿思想和系统化的实践指导。

书中的不足之处,敬请读者不吝赐教!

何清华　博士
同济大学建设管理与房地产系　教授　博导
同济大学复杂工程管理研究院　副院长

前言

第一版实用指南出版于1992年,该书主要针对项目经理,详述了施工规范并指明了其发展方向。自此,项目管理成为建筑业不可分割的一部分,并且主要用以改善产品的可靠性和质量。

随着目光转向文化与交流,建筑行业在接下来的几十年内发生了巨变。在行业核心参与者的互动过程中,诞生了大量愈加复杂和尖端的优秀项目,并在合理预算、合格质量和合适时间等交付条件的约束下持续变革和发展。

2010年出版的第四版已经涵盖了行业内的许多主题。在第五版出版过程中,通过与诸多重要专业组织的合作,我们对全书进行了修订,使其在与时俱进的同时,又维持了建筑业项目经理角色和项目管理的完整性与理论基础。

随着伦敦奥运会的顺利举办和英国横贯铁路项目的开展,施工成为项目管理成功的核心。尽管第五版的编写背景是英国的建筑行业,但仍能满足世界各地对该领域中权威书籍日益迫切的需求。

在此,我向所有行业的业主、实习项目经理,特别是专业学生与教师强烈推荐这本有价值的、涉及多机构的实用指南。

Jack Pringle, PPRIBA Hon AIA FRSA DipArch BA(Hons)
首席建筑师,常务理事
Pringle Brandon Perkins+Will

致谢

建筑行业已成为全球经济复兴和发展的中心,在此背景下,英国皇家特许建造学会成员 David Woolven 先生组织了这本实践指南第五版的修订。本次修订旨在保证本书与时俱进,并在某些方面引领未来的方向。

与第四版一样,第五版的修订也邀请了建筑行业内众多代表参与。其中,建筑环境专家们与该领域专业人员的跨专业合作贡献良多。借此机会,我向帮助过第五版修订工作的人们表示感谢。参与人员与组织名单已在本书中列出。

在整个出版过程中,还要特别感谢 Piotr Nowak 先生及其耐心、细致的助理 Una Mair 女士。在他们的协调下,整本书零碎的审校工作及繁杂的信息沟通得以保障,并且所有的图表也得到了数字化处理。

最后,我还要感谢英国皇家特许建造学会成员 Arnab Mukherjee 先生对修订和起草团队的领导,这对本书的成功出版功不可没。

Chris Blythe
首席执行官
英国皇家特许建造学会

目录

编译者序 i

前言 iii

致谢 v

表目录 xix

图目录 xxi

图解目录——概要 xxiii

CHAPTER 0 引言 1

项目管理 1

定义 1

工程项目的特点 2

工程项目管理的特点 3

增值 3

项目管理的范围 3

项目生命周期 4

CHAPTER 1 启动 9

阶段清单 9

阶段过程和成果 9

业主 9

项目经理 11

项目规定 13

环境规定 14

BIM 规定 14

BN 1.01 项目管理中的领导 15

什么是领导 15

领导和项目经理 15

高效领导者有哪些品质 15

领导类型 15
　　有无成功捷径 16
BN 1.02　合同通用条款：项目经理 17
　　总体目标 17
　　相互关系 17
　　责任和义务细则 18
　　项目以外的活动 20
　　合作条款：服务合同 20
BN 1.03　典型的项目任务大纲 21
BN 1.04　项目手册 22
　　介绍 22
　　手册的目的 22
　　项目参与各方 22
　　第三方 23
　　项目团队的角色和职责 23
　　项目现场 23
　　一般管理：包括沟通与文档管控 23
　　合同管理 24
　　协同设计 25
　　变更管理 26
　　现场说明 26
　　成本控制和报告 26
　　计划进度和进展报告 27
　　会议 28
　　承包商的选择和任命 28
　　安全、健康和环境保护 29
　　质量保证：概述 29
　　纠纷 30
　　签署 30
　　报告 30
　　施工阶段 31
　　运营和维护 32
　　调试和试运行 32
　　竣工和移交 33
　　业主试运行和使用 34
BN 1.05　政府软着陆 37

	综述	37
	目标	37
	资产管理	37
	GSL 的发展	37
	协同工作	38

CHAPTER 2 可行性研究阶段 — 39

	阶段清单	39
	阶段性进展和成果	39
	业主目标	39
	项目大纲摘要	40
	可行性研究	40
	建筑环境中的能源	42
	全生命周期的成本及可持续性	43
	建筑环境中的可持续性	44
	可持续发展	44
	选址与场地获取	47
	项目纲要	49
	设计大纲	50
	融资和投资评价	50
	开发规划及控制	51
	利益相关者的识别	51
	商业案例	51
	批准继续	52
	BIM 大纲	52
BN 2.01	关键的可持续性问题	53
BN 2.02	环境可持续评价方法	56
	BREEAM	56
	住宅及民居	57
BN 2.03	环境影响评价指南	61
	介绍	61
	规范	61
	环境影响评价(欧盟标准)	62
	确认是否需要环境影响评价	62
	规划申请	63

准备环境综述及其内容 63
判定是否需要环境影响评价的步骤(节选) 63
寻求当地规划部门对环境综述的范围划定(划定范围) 63
咨询机构提供信息 64
完美的环境综述的特点 64
BN 2.04　现场调查 66
BN 2.05　商业案例的开发 69

CHAPTER 3 策划阶段 ... 71

阶段清单 71
阶段性进展和成果 71
业主目标 72
项目治理 72
策划大纲的制订 74
项目组织和控制 76
项目团队结构 76
选择项目团队 76
项目管理程序和系统 77
信息与交流技术 78
项目规划 79
成本计划及控制 79
成本控制 80
设计管理流程(设计交付管理) 81
风险识别和管理 82
环境管理和控制 82
利益相关者的管理 83
质量管理 83
试运行策划 83
项目团队咨询方的选择和任命 84
合作安排 85
框架协议 86
公私合作模式/私人融资活动模式(PPP/PFI) 86
采购策划 86
采购模式的特点 89
采购供应链 89

可靠的采购	89
招标流程	89
欧盟指令下的采购	91
电子采购	91
业主需求文件	91
设施管理策略/考虑	92
项目执行计划	92
建筑信息模型(BIM)战略	93
BN 3.01 建设中的健康与安全(包括 CDM 指南)	**95**
建筑-设计-管理(CDM)规范(2007)	95
CDM 2007:进一步的建议	101
BN 3.02 价值管理指南	**102**
价值管理和价值工程	102
流程	102
与风险评估的联系	103
潜在缺陷	103
BN 3.03 项目风险评估	**105**
风险登记册	105
应急预案	107
BN 3.04 信息与通信技术	**112**
业务流程	112
互用性	112
电子商务	113
4D 项目管理	117
项目进度计划软件的应用	117
软件方面的主要考虑因素	118
软件方面的次要考虑因素	122
BN 3.05 建筑信息模型	**124**
BIM 层面	125
实施 BIM	128
益处	128
英国 BIM 战略	129
资源	129
"重大突破"BIM 文件 — 2013 年 2 月	129
结论	132
RIBA 工作计划 2013	132

BIM 带动成长 132
BN 3.06　项目策划 133
BN 3.07　不同采购模式的特征 134
　　　采购模式的选择 136
BN 3.08　框架协议 137
　　　公告要求是什么 137
　　　框架协议是如何被签订的 137
　　　发布的流程是什么 137
BN 3.09　专业咨询方的选择与任命程序 139
　　　选择流程指南 139
　　　文件清单 140
　　　项目不同阶段的咨询服务举例 140
BN 3.10　承包商的选择与任命 142
　　　招标前期流程 142
　　　初步调查表 143
　　　选择调查表 144
　　　资格预审面试日程表 146
　　　招标过程检查清单 147
　　　投标文件清单 148
　　　标前会议日程表 149
　　　退回的投标审查流程 150
　　　退回的承包商投标记录表 151
　　　标后谈判日程表 152
　　　最终评标报告 153
　　　批准签订合同 154
　　　最终复核清单 155
BN 3.11　欧盟采购指导条例 156
　　　有什么关键性的变化 156
　　　混合合同怎样规定 156
　　　公共采购的要求是什么 156
　　　采购模式有哪些 157
　　　该条例对私营部门项目的影响 157
　　　尾注 158
BN 3.12　项目治理 159
　　　治理准则 159
　　　项目主管 160

项目管理 ... 160

披露及报告 ... 161

BN 3.13 变更管理 ... 162

设计开发阶段的变更 ... 162

设计开发控制表 ... 163

变更管理流程实例 ... 164

变更指令申请表 ... 164

变更指令登记表 ... 164

BN 3.14 战略协作 ... 165

什么是伙伴关系 ... 165

项目伙伴关系的定义 ... 165

战略协作的定义 ... 165

伙伴关系的本质特征 ... 166

反馈 ... 168

在项目上维持伙伴关系 ... 169

BN 3.15 PPP/PFI 安排 ... 170

PPP/PFI 的标准文献资料 ... 170

1997 年前的政府政策 ... 171

1997 年后的政府政策 ... 171

欧盟委员会有关 PPP 的指南 ... 174

风险 ... 177

风险的优化分配 ... 179

经营风险 ... 181

需求风险 ... 181

财务风险 ... 182

立法风险 ... 182

剩余风险 ... 182

BN 3.16 电子采购指南 ... 183

电子采购与欧洲 ... 183

欧盟指令 ... 183

电子采购的最佳实践 ... 183

BN 3.17 设计管理流程 ... 187

设计管理框架 ... 187

DMTCQ(设计管理—时间成本质量) ... 188

施工前准备阶段 189

- 阶段清单 189
- 阶段性进展和成果 189
- 设计过程 190
- 设计交付管理 190
- 项目协调与过程会议 191
- 设计团队会议 191
- 设计团队活动的管理 191
- 法定许可 192
- 规划批准 193
- 其他法定许可 194
- 建筑规范 194
- 残障歧视法案(Disability Discrimination Act，DDA) 195
- 在项目计划/进度中公共设施的影响 195
- 技术设计及生产信息 195
- 价值管理 196
- 合同授予 197
- 开工前会议 197
- 开工前会议的议程项目 197
- 合同协议 201
- 准备现场 201
- 控制和监管系统 202
- 承包商的施工进度计划 203
- 价值工程(与施工方法有关) 203
- 供应链管理 204
- 风险管理 204
- 支付 205
- 标杆管理 205
- 变更控制 206
- 争议解决 207
- 建筑信息模型(BIM)战略 208
- BN 4.01　向业主提交的定期报告 209
  - 内容方面的注意事项指导 209
- BN 4.02　争议解决方式 211
  - 不具约束力 211

不具约束力或决定性并具约束力 ……………………………………… 212
　　　决定性且具约束力 ……………………………………………………… 213
　BN 4.03　住房补贴,建造与更新法案(1996年颁布,2011年修订)
　　　　　　的含义 ……………………………………………………………… 215
　BN 4.04　典型的会议及其目标 ……………………………………………… 216
　　　督导组/团队 ……………………………………………………………… 216
　　　项目团队 …………………………………………………………………… 216
　　　设计团队 …………………………………………………………………… 216
　　　财务组/团队 ……………………………………………………………… 216
　　　项目团队(计划/进度会议) …………………………………………… 217
　　　项目团队(现场会议) …………………………………………………… 217

CHAPTER 5　施工阶段　219

　　　阶段清单 …………………………………………………………………… 219
　　　阶段进展和成果 …………………………………………………………… 219
　　　项目团队的义务与责任 …………………………………………………… 220
　　　运行情况监控 ……………………………………………………………… 222
　　　健康,安全与福利体系 …………………………………………………… 223
　　　环境综述 …………………………………………………………………… 223
　　　承包商环境管理体系 ……………………………………………………… 224
　　　2008年现场废弃物管理计划规定的遵守 ……………………………… 224
　　　工程监督 …………………………………………………………………… 224
　　　报告 ………………………………………………………………………… 225
　　　公众联络及形象 …………………………………………………………… 225
　　　质量管理系统 ……………………………………………………………… 226
　　　试运行及运营维护手册 …………………………………………………… 226
　BN 5.01　绩效管理方案 ……………………………………………………… 229
　　　目标 ………………………………………………………………………… 229
　　　绩效管理流程 ……………………………………………………………… 229
　　　绩效管理方案(PMP)核对表 …………………………………………… 229
　　　对绩效管理方案(PMP)的建议内容 …………………………………… 230

CHAPTER 6　调试和试运行阶段　231

　　　阶段清单 …………………………………………………………………… 231
　　　阶段性进展和成果 ………………………………………………………… 231
　　　项目经理的义务与责任 …………………………………………………… 232

　　　　试运行概述 232
　　　　试运行服务的采购 232
　　　　试运行承包商的角色 233
　　　　调试和试运行流程及其计划 233
　　　　调试与试运行的区别 235
　　　　承担的主要任务 235
　　　　季节性试运行 238
　　　　试运行文件 238
　　　　建筑信息模型（BIM）战略 241
　BN 6.01　健康及安全文件的目录 243
　　　　职责 243
　　　　健康与安全文件内容 244
　　　　工作完成后文件的保存 244
　BN 6.02　建筑业主手册的目录 246
　BN 6.03　业主手册的目录 249

CHAPTER 7 竣工、移交与运营阶段 251

　　　　阶段清单 251
　　　　阶段性进展和成果 251
　　　　计划编制和移交进度安排 252
　　　　程序 252
　　　　业主试运行及入驻 253
　　　　运行调试 253
　　　　业主入驻 255
　　　　执行的组织结构 257
　　　　范围和目标 257
　　　　方法 257
　　　　组织和控制 258
　　　　软着陆 259
　　　　BIM 战略 260
　BN 7.01　业主试运行工作清单 261
　BN 7.02　设施管理概述 263
　BN 7.03　工程服务试运行清单 264
　BN 7.04　工程服务试运行文件 265
　BN 7.05　移交检查表 266
　BN 7.06　实际竣工检查表 268

CHAPTER 8 竣工后评价及使用阶段 ...269

阶段清单 ...269
阶段性进展和成果 ...269
使用后评价 ...269
项目审计 ...270
成本与进度研究 ...270
人力资源评价 ...271
绩效评价 ...271
项目反馈 ...271
竣工报告 ...272
效益实现 ...272
入驻/使用战略 ...272
业主方的 BIM 战略 ...272

BN 8.01　使用后评价流程图 ...275

术语表 ...276
参考文献 ...279
本实践指南以往各版的编写团队 ...286
索引 ...289

表目录

表0.1	项目管理的定义	1
表0.2	特定关键决策	5
表1.1	项目经理的职责	12
表1.2	领导者类型	15
表2.1	项目纲要的内容	49
表2.2	业主决策提示列表	52
表3.1	探究项目失败的普遍原因	74
表3.2	项目团队咨询方的任命	85
表4.1	开工前会议的样本日程	200
表4.2	价值工程的工作计划	204
表4.3	结果加速器	204
表4.4	业主简报中的变更:清单	207

图目录

图 0.1	项目的关键约束	3
图 0.2	项目生命周期	4
图 2.1	项目大纲摘要	41
图 2.2	从业主目标形成项目纲要的过程	42
图 2.3	可持续发展概要	47
图 2.4	选址与场地获取	48
图 2.5	变动成本和可变更余地之间的关系	49
图 2.6	利益相关者分析图:权力和利益水平矩阵	51
图 3.1	项目开发阶段	72
图 3.2	典型的项目团队结构	73
图 3.3	策划阶段的要素	75
图 3.4	现金流直方图和累计花费成本图的示例	80
图 3.5	招标程序	90
图 4.1	设计团队活动	191
图 4.2	设计方案的发展	192
图 4.3	协调设计工作直到设计定稿	196
图 4.4	业主简报中的变更流程	206
图 6.1	小项目的安装调试和试运行过程及签字	234
图 6.2	大项目的安装调试和试运行过程及签字	234
图 6.3	工程图发布流程图	236
图 6.4	设备安装、调试和试运行数据流程图	237
图 6.5	专业维护合同流程图	238
图 7.1	入驻:执行的组织结构	256
图 7.2	入驻:范围和目标	257
图 7.3	入驻:综述和方法	258
图 7.4	入驻:组织和控制	259

图解目录——概要

《可持续住宅指南》的评分系统	59
总分的计算	59
现场调查活动	66
价值管理（VM）研究步骤	104
风险缓冲表	108
项目风险评估检查表	109
项目策划	133
采购模式的选择程序	136
框架协议	138
发布阶段	138
招标前期流程	142
初步调查表	143
选择调查表	144
资格预审面试日程表	146
招标过程检查清单	147
招标文件清单	148
标前会议日程表	149
退回的投标审查流程	150
退回的承包商投标记录表	151
标后谈判日程表	152
最终评标报告	153
批准签订合同	154
最终复核清单	155
设计开发控制表	163
变更指令申请表	164
变更指令登记表	164
项目伙伴关系的本质特征	166
PPP/PFI项目的通用风险转移模型	180
采购与供应特许协会（CIPS）电子采购生命周期	184
DMTCQ-设计管理框架	187

0 引言

项目管理

自 20 世纪 50 年代后期被引入工程项目中后，项目管理历经了漫长发展与变迁。如今，项目管理是一个统领整个开发流程的独立学科，涵盖了从业主构想到融资协调、项目策划和政府审批、可持续评估、设计交付，再到工程采购和项目团队的选择、施工、试运行、移交、验收，然后到设施管理及协调的全过程。

虽然项目经理所担负的责任会因项目而异，但这本实践指南中将项目经理统一定位为业主方的代表；因此，项目管理可以被定义为"贯穿于项目全过程的总体计划、协调和控制活动，旨在满足业主的需求，并达到经济与功能合理的要求，从而在成本合理、质量合格的前提下按时且安全的交付"。

在建设与开发领域内，第五版的实践指南是项目管理原则与实践的权威指南和参考。它对业主、项目管理实践方、教育机构和学生及建设和开发行业都具有重要价值。这本实践指南包含的大量信息也与其他商业领域中项目管理从业者的工作有关。

定义

目前对"项目管理"这一术语的定义繁多。英国皇家特许建造学会（CIOB）在这本实践指南及其他出版物中使用如下定义：

项目管理

贯穿于项目全过程的总体计划、协调和控制活动，旨在满足业主的需求，并达到经济与功能合理的要求，从而在成本合理、质量合格的前提下按时且安全的交付。

表 0.1 总结了英国建筑和建设行业内精选出的若干项目管理定义，这些定义被项目管理顶尖组织广泛采纳。

表 0.1 项目管理的定义

组织	项目管理的定义
英国皇家特许建造学会	贯穿于项目全过程的总体计划、协调和控制活动，旨在满足业主的需求，并达到经济与功能合理的要求，从而在成本合理、质量合格的前提下按时且安全的交付
项目管理协会	将工序、方法、知识、技能和经验应用于项目活动以达成项目目标的过程
英国标准 6079:2010	在限定的进度计划、成本限额和质量标准内，为达成特定的目标，由个体或组织进行的具有明确的开始和结束的时间点的一套独特的协调活动

(续表)

组织	项目管理的定义
政府商务办公室（商业、创新和技能部）	为了在指定的成本、质量和绩效标准下按时达成项目目标，对项目整体与各参建单位动机进行的计划、监督与控制活动
国际标准化组织 21500:2012	项目管理是指将方法、工具、技术和能力应用于项目活动的过程，它包括对项目生命周期各阶段的整合
国际项目管理协会	项目管理是对项目全面的策划、组织、监管及控制，亦是在协商一致的进度、成本、范围和质量标准下，全面地管理和领导项目以安全地达成目标。它是项目协调领导任务、组织、技术和措施的总和。对进度、成本、风险和其他必要需求等参数的优化并据此组织项目对项目管理至关重要
美国项目管理学会	项目管理是旨在通过知识、技能和技术的应用从而有效且高效地实施项目的过程。项目管理是组织的关键能力，它帮助组织成员将项目成果和业务目标紧密结合，从而在市场中能更有竞争力

工程项目的特点

工程项目内在的固有特点使之成为极度复杂的项目，这些特点以高度的复杂性、不确定性和独特性为特征，并包括：

- 在大多数项目的交付中，组织机制的分裂产生了复杂性。项目交付团队通常在业主组织边界之外，而且设计方与施工方之间亦存在脱节，但一大批咨询工程师、承包商、供应商和法定机构必须介入以满足项目对大量专业知识技能的需求。
- 现代化建筑建设中所涉及的技术复杂性。
- 施工场地因素导致的物流复杂性——施工场地是固定位置，这意味着其他所有物体都必须运输到场地。位于高度城市化的场地具有较高的物流复杂性，较大的用地压力意味着建筑占地面积可能要和施工场地面积一样，只留下最低限度的施工空间。
- 因暴露在极端天气下而产生的不确定性。
- 每个项目的唯一性；项目的组织和参与者不同、施工条件不同、建筑应用的技术不同，外部对项目的影响就会不同，业主的限制条件也会不同。
- 因项目生命周期所需的时间差异而产生的不确定性。时间周期越长，项目因不断变化的外部环境（如经济状况的改变或业主需求的变化）而受到影响的概率就越大。

在项目的早期阶段，通常是在项目实际内容和项目实施方案详细制订之前，业主就会要求项目要严格遵守一些重要标准，例如，项目的进度计划和预算成本，这会为项目管理带来更多的压力。

因为提供服务或产品是项目业务活动的一部分，所以大多数参与者都会参与其中。按照惯例，这种参与会在对需要的服务或产品明确定义的基础上，以双方认同的固定的总价形成一份正式的合同。在对项目的贡献中，参与者可以在保护其自身的商业地位和帮助实现整个项目目标之间取得平衡。这种关系的达成是有难度的，且并非在所有情况下对业主或项目有利。

工程项目管理的特点

工程项目是复杂的、耗费资源的,且通常是复合的活动。一个项目的开发和交付通常由多个阶段组成,它们有时重叠交错,但总是相互关联的,同时,需要各种各样的技能和专业化的服务来平衡项目的关键约束条件(图 0.1)。从最初的可行性研究阶段到最后的竣工与入驻,在这一连续但截然不同的过程中,一个典型的工程项目需要获得不同领域的输入,如金融机构、监管及法定组织、公众、工程师、规划师、建筑师、专业设计师、成本工程师、工料测量师、律师、保险公司、施工方、供货商、供应商和成本经理。

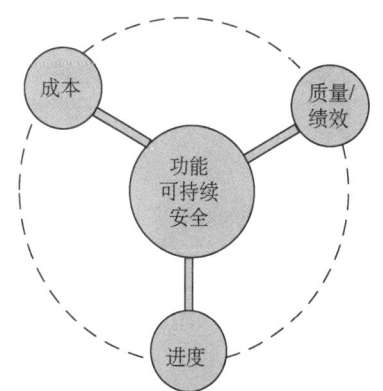

图 0.1 项目的关键约束

在施工阶段,即使是设计与方法相对简单的项目,它依然涵盖了大量专业技能、材料和不同类型的序次活动和任务,上述活动和任务的实施需要遵循既定的施工流程,从而构成了复杂且精细的专业技能标准和约束严格的公益关系。

建筑行业协会(Construction Industry Council,CIC)认为,项目管理的首要目的是在工程项目的交付过程中加入重要且具体的价值,而这一点可以通过在项目的整个生命周期中系统应用一套通用且面向项目的管理原则来实现。其中的一些技术已根据建筑行业特有的要求进行修改。

项目管理的功能可以适用于所有项目。然而,对于较小或是不太复杂的项目,项目管理角色很可能与另一种原则相结合,例如,设计团队主导。项目管理赋予项目的价值是独一无二的:无论是从质量上还是从数量上而言,任何别的过程或方法都无法赋予相似的价值。

增值

标准的提升会导致项目价值的显著增加。此想法越被认可,项目就越能实现更好的设计、更好的方法与流程、更好的材料选用、更少的浪费、更低的运输成本,并最终交付更高效的建筑,而这些都能为整个开发过程带来附加价值。

项目管理的范围

项目的建造和开发通过协调不同的专家和学者来实现其既定目标。项目管理的任务是在正确的时间将专家和学者们引入项目团队,使他们能高效地做出最大贡献。

专家和学者们的知识和经验有助于决策,这在项目信息中得以体现。不同体系的知识与经验都有可能为项目各阶段决策带来重要贡献。在建造和开发项目中,有太多专家和学者参与其中,以至于要想在项目的每一个阶段都将他们聚集在一起是不切实际的。这就产生了一个进退两难的困境,因为忽视任一阶段的关键知识和经验都可能导致重大问题和额外成本。

解决这一困境实际可行的办法是,谨慎地构建一个帮助专家和学者将知识和经验带进项目团队的途径。这本实践指南中对项目管理的描述中使用的八个项目阶段构成了最有效的总体结构。

项目生命周期

图 0.2 总结和比较了整个行业中对项目生命周期不同阶段的差异化界定。

项目管理实践指南	英国皇家建筑师学会2013年工作计划书	BIM 数字工作计划 2013	BS 6079-1:2010	ISO 21500:2012
1 启动阶段	0 战略定位阶段	1 策划阶段	1 构想阶段	1 启动阶段
2 可行性研究阶段	1 筹备及管理纲要阶段	2 管理纲要阶段	2 可行性研究阶段	2 策划阶段
3 战略阶段	2 概念设计阶段	3 概念阶段 4 定义阶段		
4 施工前准备阶段	3 扩大初步设计阶段 4 技术设计阶段	5 设计阶段	3 实现阶段	3 实施阶段
5 施工阶段	5 施工阶段	6 建设及试运行阶段		4 控制阶段
6 调试和试运行阶段				
7 竣工、移交及运行阶段	6 移交及竣工阶段	7 移交及竣工阶段	4 运营阶段	
8 竣工后审查与使用阶段	7 投入使用阶段	8 运营及收尾阶段	5 收尾阶段	5 收尾阶段

图 0.2 项目生命周期

在许多项目中,业主组织自有一套知识经验体系,这套体系必须与专家学者的专业知识相结合,并在正确的时间点加以利用。

项目的每一个阶段都受广泛的知识经验体系所支配,这亦体现在阶段名称中。如前所述,如果要取得最好的整体成果,就需要在初期阶段考虑知识与经验的基本情况。而如何在初期阶段将拥有这些知识和经验的专家学者带到项目团队中去,是策划阶段就需要解决的问题。

每个阶段的成果都会对后续阶段产生影响,因此可能需要让参与早期阶段的业界专家来解释或审核其决定。再一次强调,聘请业界专家的方式必须在策划阶段就总体确定。

项目的每个阶段都与特定的关键决策相关(表 0.2),因此,许多项目团队会在每个阶段结束时举行一次关键的决策会议,借此来确认该阶段已经采取了必要行动和决定,从而项目可以进入下一个阶段。在进入下一个阶段之前,整理一份集成化的综合性文档并交由业主审核是一个非常好的惯例,它可以作为广泛应用于已采取步骤的参考标准和工具。

在综合考虑社会、经济和环境问题的基础上,项目起始于业主在启动阶段所做出的新建或开发决策。实际上,启动阶段包括对项目经理的委任,以便于在下一个阶段对项目的可行性进行检验。项目的可行性研究阶段是至关重要的,在这一阶段中,各类专家学者需要将多样的知识经验应用到可行性的广泛评估中。这一阶段建立了广泛的项目目标和使项目实现可持续发展的方法,这将对整个后续阶段产生影响。

项目的下一个阶段也就是策划阶段,它从委任项目经理带领项目团队承接这项工程开始。该阶段需要项目目标、管理可持续性和环境问题的全局战略和适当程序,并以高度交互的方式考虑关键团队成员的选择。这一阶段吸收了许多迥异的知识和经验体系,并决定了项目的成败。除了选择一个总体战略和关键团队成员以实现项目目标,这一阶段还决定了整体采购方法并建立控制系统,该系统会一直指导项目实施,直到最终的竣工后审查和项目收尾报告阶段。特别是,策划阶段建立了控制系统的目标。这些控制系统处理的远不止是质量、时间和成本,他们为以下方面提供了统一方法:业主导向的价值控制、影响项目成败的进度和融资模型的监测、风险管理、决策制订、会议举行、项目信息系统维护和所有其他项目有效执行所必需的控制系统。

策划阶段完成后,施工前准备阶段即将开始。在这一阶段,设计已经完成,有关时间、质量和成本管理的主要决策也已制订。这一阶段还包括法定审批和批准、对水和电等公用资源供应情况的考虑、对环境绩效指标的监测和将制造商、承包商及供应链引入项目团队。与之前的阶段相似,施工前准备阶段通常需要许多不同的专家学者以创造性的且高度交互的方式工作。因此,尤为重要的是,这一阶段应该通过在策划阶段建立起的控制系统进行有效管理,以便为每一位工作人员的决策提供相关、及时且准确的反馈。这一阶段的完成,为工程的开始提供了所有必要的信息。

表 0.2　特定关键决策

项目阶段	关键流程	关键目标	关键可交付成果	关键资源(驱动)
阶段 1: 启动阶段	项目需求 项目经理的选择(可选) 项目规定 环保规定 BIM 规定①	需求是什么	项目启动文件 (Project Initiation Document, PID)	业主团队 项目经理
阶段 2: 可行性研究阶段	项目纲要 项目经理的选择 可行性研究 商业案例 融资方案 交付参数	需求是否具有可行性	项目纲要 商业案例签署②	业主团队 项目经理 专业咨询方
阶段 3: 策划阶段	项目治理参数 项目战略 项目组织和控制 问责制和责任 采购策略 项目团队的任命 招标程序 BIM 战略③ 项目执行计划	需求如何被实现	项目执行计划	业主团队 项目经理 专业咨询方

---

① 原著勘误,在正文清单中有,在该表缺失,补上。
② 原著勘误,在正文清单中没有,在该表有,标记。
③ 原著勘误,在正文清单中有,在该表中缺失,已补全。

(续表)

项目阶段	关键流程	关键目标	关键可交付成果	关键资源(驱动)
阶段4: 施工前准备阶段	设计交付流程 技术设计与产品信息 价值管理 供应链采购 合同管理 BIM战略①	我们需要建什么？它的外观和功能分别是什么样的？我们将如何对它进行交付与管理	设计成果 合同管理	业主团队 项目经理 设计团队 建筑-设计-管理(CDM)协调员
阶段5: 施工阶段	绩效监管与控制 健康、安全与福利体系 质量管理与控制	是否在按照设计进行施工	绩效管理方案	业主团队 项目经理 设计团队 建筑-设计-管理(CDM)协调员 施工团队
阶段6: 调试及试运行阶段	试运行服务 试运行报告 质量管理与控制②	是否按设计要求执行	试运行报告	业主团队 项目经理 设计团队 建筑-设计-管理(CDM)协调员 施工团队 试运行团队
阶段7: 竣工、移交和运营阶段	计划编制和移交进度计划 交付阶段 运行调试 业主入驻	我们如何使用这栋建筑	移交文件 健康与安全文件	业主团队 项目经理 设计团队 建筑-设计-管理(CDM)协调员 施工团队 试运行团队 入驻和维护团队
阶段8: 竣工后审查与使用阶段	使用后评价 项目审计 项目反馈 竣工报告 效益实现 入驻/使用策略③	该项目是否满足需求	项目竣工报告 使用后评价报告 使用者手册	业主团队 项目经理 入驻和维护团队

施工阶段是建造业主需要的实体建筑和其他设施的阶段。依照现代惯例,这是一个交付高质量设施的快速高效的集成过程,它对控制系统提出了很高的要求,特别是与进度和质量相关的部分。现代建筑和其他设施的复杂本质及其与一个特定的地点所具有的独特的相互作用预示着问题不可避免并需要被迅速解决。信息系统需要测试并迭代至完美,设计变更需要处理,施工和装修团队必须介入团队并高效运作。成本和进度必须要控制在项目目标参数内,并按照之前设定的质量和规格交付产品。

施工阶段正好可以无缝衔接到现代建设发展项目中的一个关键阶段:调试与

---

① 原著勘误,在正文清单中有,在该表缺失,补上。
② 原著勘误,在正文清单中有,在该表中缺失,已补全。
③ 原著勘误,在正文清单中有,在该表缺失,补上。

试运行阶段。现代建设工程服务的复杂性使得留出部分时间来测试和微调每个系统变得十分必要。任何的环境绩效标准,例如英国建筑研究院的环境评估方法(Building Research Establishment Environmental Assessment Method,BREEAM)均可以用于衡量项目绩效。因此,这些活动形成了一个与众不同且独立的阶段,这一阶段应该在业主入驻完工的建筑或在其他设施的完工、移交和运营阶段之前基本完成。在某些情况下,可能还会有投入使用后的试运行和测试。

入驻后的试运行需要像建设过程中的其他阶段一样去仔细管理,因为这个过程对项目的整体成功和环境绩效都产生决定性的影响。新用户总是需要了解很多关于一栋新的建筑或其他设施所能提供的内容。为了充分利用新建筑或其他设施,需要对新用户进行培训并提供帮助。在早期阶段,考虑好新用户的利益和顾虑,并为其在恰当的时机进入新设施做好准备是一种好的做法,因为只有这样才会在业主接管时不会有意外发生。

最后一个阶段是竣工后审查和使用阶段。该阶段为项目团队提供了一个机会,以便仔细考虑如何实现项目目标和应该从此项目中汲取的经验。一份包含这些内容的专业报告具有潜在的重要知识贡献,该报告为那些经常有项目工作的业主和针对某些项目在一起工作的项目团队提供了直接的反馈。即使没有相关项目,每一个参与项目团队中的人,包括业主,很有可能通过详细客观的回顾来审视他们合作的表现,从而积累经验。在已经建立 BIM 协议的项目里,交付团队和运营团队之间的信息交换是这一阶段的关键的重要部分。在某些项目中,业主会想要扩大项目经理(或许还有 BIM 经理)的服务范围来促进从交付到运营的过渡,其中包括对项目效益的评价并在有必要时更新控制和程序。

1 启动

阶段清单

关键流程： 项目需求
项目经理的选择
项目规定
环境规定
BIM 规定
关键目标： 需求是什么
关键可交付成果： 项目规定（项目启动文档）
关键资源： 业主团队
项目经理

阶段过程和成果

启动阶段是建设项目开发过程的最初阶段；是业主战略性商业决策和项目实施之间的过渡阶段。本阶段明确了一种商业或社会需求，该需求需要某些形式的资本投入，亦需要业主做出决策来对项目开发可行性进行详细评估。

本阶段原则上是一个以业主为主导的过程，但由于业主的性质和确定业主需求的复杂性，这一过程可能需要业主组织的内部或外部的管理咨询师或专业顾问提供服务。

成果：
- 主要商业目标、项目任务和约束确认书。
- 环境任务确认书。
- BIM 战略大纲。
- 项目管理架构的定义。
- 进入可行性研究阶段的批复。
- 项目经理的任命。

业主

业主的义务与责任

业主组织须明确项目旨在满足何种需求和目标以及项目怎样才能与策划目标相符。

业主组织须确保其具备项目开发的资源,包括:清晰地将愿景和需求表达为有形的战略和目标、理解和履行作为业主的责任与义务。当业主明确了自身在项目开发过程中的参与程度后,还需评估所需的外部支持的程度。

业主项目目标

启动阶段业主的主要目标是做出建设或开发项目的投资决策。业主应准备一份项目规定(资金开支计划),该计划将演变为项目的商业案例,包括对其业务、组织架构、现有设施及未来需求的详细分析。有经验的业主需要具备自行准备项目规定所需的专业知识,缺乏经验的业主可能需要寻求帮助。很多项目经理能够在本阶段给予业主帮助。本阶段的工作将会形成一份项目需求的具体陈述。业主的目标就是收获一个既能满足所有需求,又不会混淆项目目标的功能性设施,项目目标将会在后期根据需求来设立。

一份完善的项目规定应当:
- 由需求推动。
- 基于可靠的信息和合理的评估。
- 过程合理。
- 明确相关风险。
- 具有灵活性。
- 最大限度地发挥资源的最大价值。
- 利用先前的经验。
- 经济有效地体现可持续性。

业主参与:内部团队

投资决策者: 这是一个典型的由资深经理和/或总监组成的团队,他们对潜在项目进行评估并对整个过程进行监督。但是,该团队很少直接参与项目过程。

项目发起人: 通常是业主团队中的资深人士,对项目流程和变更等关键决定起重要作用。项目发起者需要拥有引导和管理业主这一角色的能力、有日常决策的权利,且能接触到关键决策人群。

业主顾问: 项目发起者可以任命一个独立的业主顾问(也可称作建设顾问或项目顾问或独立业主顾问),他能在必要时对施工的必要性和施工方法或采购方式提出专业建议。如果建议来自顾问或承包商,那么这些机构不仅在确认业主需求时,而且在提供他们的服务和产品时,都能获得既得利益。

业主顾问可以提供以下帮助:
- 项目规定和商业案例编写(参见"可行性"阶段)。
- 投资评估。
- 可持续性的设计和策划。
- 了解项目需求。
- 决定满足需求的项目类型。
- 形成和评价方案(在适当的时间)。
- 选择一个合适的方案(可选时)。
- 风险评估(在适当的时间)。
- 给业主提供采购方式的建议。
- 选择和任命项目团队。

● 测量和监控绩效(在适当的时间)。

业主顾问应当理解业主的目标和要求,但在直接向业主提供建议时仍应保持独立性和客观性。业主可能在其他领域,包括注册会计、税金和法律、市场调查、城市规划、特许测量和投资银行等方面寻求独立咨询。

项目经理

项目经理可以来自不同的背景,但都必须具备从项目启动到入驻阶段管理项目各个方面必备的技能和胜任力。项目经理可从业主机构中选拔担任或从外部聘任。

项目经理的目标

项目经理不管是在名义上还是在实际行动中都代表着业主,其责任有:"从项目启动到结束,提供成本节约且独立的服务,挑选、联系、整合和管理不同学科和专业知识,以满足项目管理规划的目标和规定。项目经理提供的服务须令业主满意,时刻捍卫业主利益。并且在可能情况下考虑设施最终用户的需求。"

项目经理的关键作用是激发、管理、协调和维持整个项目团队的士气。领导的作用本质上就是对人员进行管理,他的作用不容忽视。即使项目经理熟悉所有项目管理工具和技术也不能弥补这一重要领域的缺陷。更多关于项目经理领导的指南请见本节最后的概要(Briefing Note,BN)BN 1.01。

在领导项目团队的过程中,项目经理有责任去确认和遵守其他相关的专业规范,尤其应针对社会、环境等方面的责任加以自律。由于个人在项目中担负的责任、被授予的权力和职务应根据等级不同有所区分,因此项目中广泛使用项目经理、项目协调员和项目管理员等职位。

重要的是,为了保证服务的有效且节约,项目需要由一名能够胜任此类工作的业内人士来领导和管控,他必须具备建设工程行业相关的项目管理专业经验。这名业内人士由业主任命,被指定为项目经理,并对项目负全部责任。在启动阶段被赋予了权力后,项目经理需要在整个项目过程中与项目团队保持密切协作,在业主适当的投入下行使管理角色。

项目经理的职责

项目经理的职责根据业主的专业知识和要求、项目属性、任命的时间和其他相关因素的不同而产生差异。如果业主在建设方面缺乏经验,项目经理可能需要自行完成他的大纲。无论项目经理在项目不同阶段的具体职责是什么,他必须对项目工期、成本和绩效进行持续管控。这种管控是通过前瞻性思考和优质信息的提供来实现的,这些信息是项目经理和业主做出决策的基础。表 1.1 是项目经理职责与业主需求关联性矩阵。

BN 1.02 罗列了有关项目经理聘用的通用条款。它可以根据业主的目标、项目性质和合同要求进行修改。

"项目协调员"一词适用于仅接受项目部分阶段委托的情况,例如:施工准备阶段、施工阶段和移交阶段(为实现专业保险理赔目的,项目经理和项目协调员之间有显著的区别。当项目经理委任其他咨询方提供服务时定义为项目管理,当业主委任其他咨询方时定义为项目协调)。

表 1.1 项目经理的职责

职责*	业主要求			
	内部项目管理		独立项目管理	
	项目管理	项目协调	项目管理	项目协调
在合同中署名	■		+	
协助准备项目管理规划	■		■	
开展项目经理工作大纲	■		■	
对预算/融资/计划/风险管理安排提供意见	■		+	
对建设用地获取、转让和规划提供意见	■		■	
策划可行性研究及报告	■	+	■	+
形成项目策划	■	+	■	+
准备项目操作手册	■	+	■	+
编制咨询方工作大纲	■	+	■	+
制订项目计划	■	+	■	+
挑选项目团队成员	■	+	■	+
建立管理架构	■	+	■	+
协调设计过程	■	+	■	+
任命咨询方	■	■	■	+
策划保险和担保	■	■	■	+
选择采购体系	■	■	■	+
策划招标文件	■	■	■	+
组织承包商资格预审	■	■	■	+
评估投标人	■	■	■	+
参与承包商选择	■	■	■	+
参与承包商任命	■	■	■	+
组织控制系统包括报告流程	■	■	■	■
监督流程	■	■	■	■
管理和监督各类会议	■	■	■	■
审批支付	■	■	■	+
组织沟通/汇报系统	■	■	■	■
提供项目协调		■		■
发布健康和安全流程	■	■	■	■
重视环保工作	■	■	■	■
协调法定机构	■	■	■	■

(续表)

职责*	业主要求			
	内部项目管理		独立项目管理	
	项目管理	项目协调	项目管理	项目协调
监管预算和变更	■	■	■	■
进行决算	■	■	■	■
策划预试运行/试运行	■	■	■	■
组织移交/入驻	■	■	■	■
建议营销/废弃处置	■	+	■	+
整编维修手册	■	■	■	+
维修阶段策划	■	■	■	■
开发维修流程/工作人员培训	■	■	■	+
策划设施管理及协调 BIM	■	■	■	+
安排反馈监督及竣工后评估	■	■	■	+
调查 BIM 落实度	■	■	■	■
与融资机构保持联络	■	■	■	+
与土地所有人保持联络	■	+	■	+
与土地获得、价款结算和处理保持联络	■	+	■	+
联系代理商,解决出租承租人的疑问	■	+	■	+
联系业主关于产权移动事宜	■	+	■	+
与法律代理人保持联络	■	+	■	+
建议和管理业主变更	■	■	■	■

符号释义:■:建议的职责;+:可能附加的职责。
* 职责根据项目及相关责任和授权各有不同。

项目经理的任命

建议在启动阶段任命项目经理,以便项目经理能够提供建议并参与方案评估过程。从而保证项目实施的专业性、强有力的管理协调、监督和控制,使项目根据业主大纲的要求顺利完成。然而,根据项目属性、类型以及业主自身专业知识等情况,项目经理的确定最迟是在策划阶段的伊始,但这可能导致项目经理错失重要的背景信息,因此并不推荐该做法。

项目规定

项目规定可定义为授予项目团队权力,让他们在业主设定、授予和同意的范围内开展和推进项目。

项目规定包括项目交付的程序和预算的要求以及对完工的建筑物在功能、质量方面的要求及其他在绩效方面的特别要求,比如环境绩效。

在项目开始时尽可能清楚地理解业主的要求是项目成功的关键。

项目规定［也被称为项目初始调查（IPI）或项目启动文件（PID）］通常是为启动一个项目而提出的第一份文件，它不应被视作一份项目文件而应是一份项目前文件。由于项目发起往往是不充分的，因此建议把在这一时期能确认的想法和基础信息进行浓缩并归纳为一份文件。在准备项目规定时需考虑的关键问题包括：

- 授权等级与预期的项目规模、风险和成本是否成比例？
- 是否具备任命包括项目经理在内的核心团队成员的充分条件？
- 是否已厘清所有已知（内部）的利益相关者？
- 项目规定是否明确了项目成功（关键成功标准）的必要条件？

项目规定模板可参见 BN 1.03。

环境规定

对业主而言，环境绩效和影响尤为重要。"企业社会责任"在建设项目环境交付中起到了举足轻重的作用。

环境规定涵盖了对建筑物环保性能的要求，有时还包括碳排放量及能源消耗的要求。

除此之外，规定还会就建筑物对当地或周边地区地形、地貌的环境影响提出要求。最后，规定可能会确定对于当地社区的影响，比如提供就业或进修的机会或是使用当地的供应链。

项目环境规定会依据团体组织、项目背景、投资人、项目最终用户和其他利益相关者的环境保护义务，提供规划和施工过程中的管理框架。

项目环境规定会影响到与可持续、绩效和运营技术相关的关键设计参数。

环境规定应当提出所有与项目相关的环境管理细则，包括项目在环境管理方面的关键成功因素。

BIM 规定

BIM（建筑信息模型）使资产全生命周期的信息和数据在全体利益相关者和参与者之间的共享成为可能。BIM 为持续性的、结构化的、精确的数据提供了一个平台，以确保项目过程中每一个阶段都做出明智的决策。

如果项目中要应用 BIM，那么从项目开始就必须正确实施 BIM。随着行业将 BIM 视为正常的工作方式，BIM 的使用将成为标准惯例。就目前情况而言，项目可在任一阶段迁移到 BIM 情境中。如此，就会导致成本、工期、资源及范围等难题。

一旦决定使用 BIM，建立主导者尤为重要。如果由业主主导，那业主对 BIM 项目有什么要求呢？

是单纯为了过程的效率，还是需要各阶段的成果符合"施工营运建筑信息交换标准（construction Operations Building Information Exchange，COBie）"的建议要求，还是要在移交时达到建筑管理系统中的设施管理/操作和集成所使用的模型和数据集的要求？

必须建立项目 BIM 执行协议（详情参考 BIM 协议——项目应用建筑信息模型——CIC/BIM Pro 标准协议——2013 年第一版），以确保 BIM 应用的优势最大化，整个团队可以在统一方式下协同工作。

BN 1.01　项目管理中的领导

什么是领导

作为一种管理特质,领导力受到了极大的关注。简而言之,"领导,就是指一个个体影响其他团队成员去实现团队或组织目标的过程"(Shackleton[①])。当然,有许多理论和学派的思想包含了该主题(文献目录中列出了部分参考文献)。最近的研究更多关注领导的交易型和变革型的性质。

领导和项目经理

工程项目管理的定义表明:在一个明确的时间范围内,项目应利用特定的资源完成一系列既定目标。这不仅需要一名高效的项目经理,更需要一位高效的项目领导者,他能自发地领导整个项目团队,基于项目本身并且激励项目团队成员去完成在既定项目框架下的目标。成功的项目经理需要具备激励、绩效评估、资源分配、管理以及策划和沟通的出色能力或品质。

高效领导者有哪些品质

大量的理论概括了领导者的类型和品质。一般而言,成功的领导者品质分为六种,详见表1.2。

领导类型

表 1.2　领导者类型

类型	结果
强制型	领导者要求立即服从
权威型	领导者动员成员去完成愿景
亲和型	领导者创造情感纽带与和谐氛围
民主型	领导者通过参与方式达成统一
先导型	领导者期望从团队中获得长处和自我指导
教练型	领导者为未来培养人才

[①] Shackleton, V. (1995) *Business Leadership*. Routledge, London.

一般的建议[1]是,领导者需要理解这些领导类型与他们的个人能力和背景要求有怎样的关系,以便确定最合适的领导方式。

关于领导技能培育的有效性可谓众说纷纭(譬如:领导者是天生的还是后天形成的?)。然而,"领导者需具备灵活性"这一点是毋庸置疑的——学习在不同的情境和形势下采取不同的领导方式;因此,领导者们应学习多种领导方式,并审时度势地结合用户需求。

有无成功捷径

尽管不同的领导类型和策略适合不同的情景与背景,但采取下述方法一定能够加强项目管理的效果:
- 认可积极的贡献。
- 确保开放的沟通。
- 与团队成员保持定期联系。
- 不吝赞美。

---

[1] Goleman, D. (2000) Leadership that gets results. *Harvard Business Review*, March-April.

BN 1.02　合同通用条款:项目经理

职位:项目经理
任期:

总体目标

代表业主,依照合同中的适用条款,领导、指导、协调和监督项目团队实施项目。

项目经理必须确保设计团队、咨询方及承包商(如项目团队)获得业主大纲、所有设计、规格说明及相关信息,并在预算下执行项目,从而圆满实现项目目标。

相互关系

负责和报告	业主。
下属	配合工作的职员及秘书/文员。
工作职责	与非直接下属但配合项目工作的职员紧密协作。 1. 根据要求/合宜联络相关业主职员,如:法务人员、保险人员及税务人员。 2. 与下列人员互相合作: a) 设计团队及咨询方; b) 承包商; c) 业主及其他主要利益相关者。
外部关系	联络与项目事务有关的当地或其他相关权威机构。联系施工材料/设备供应商,了解效率最高和性价比最好的应用及工作方法。
联络	1. 业主的信息与通信技术(ICT)团队或其他更先进的技术力量,他们能在设计和/或施工过程中对先进技术的应用提供专业知识(如:通信、环境、安全及防火系统)。 2. 相关专业团体/协会会员。
职权	项目经理的职权的界定是其能否圆满完成业主目标的关键条件,其范围必须要进行明确的界定。项目经理在项目不同方面的责任及其管控、命令和决定项目资源使用的职权之间必须要做出区分。项目管理协议中的条款和义务明确了项目经理的责任和职权的全部范围。 项目经理的责任和职权可能是平衡的,但这二者可能并不对等。往往项目经理在某一方面承担大量的责任,却不一定拥有与此相当的职权,反之,在某一方面拥有相当职权,却不必承担很大的责任。

项目经理的权限应当依据其在如下相关事件中发布指令、批准开支限额以及何时通知业主并寻求业主指示的职责来界定。具体如下：

1. 进度计划以及完成项目所需工期。
2. 开支和成本，包括编写预算、项目成本计划以及财务回报和可行性。
3. 设计、规格和质量。
4. 功能。
5. 承包商的合同。
6. 咨询方的任命。
7. 合同的转让或委任。
8. 行政管理流程，包括发出或签署信函、证明以及其他项目文件。

业主与项目经理应当对职权范围进行缜密考虑，这能确保实现业主的目标，并且在必要时在业主组织内部建立合适的职权和沟通体系，这将促进既定流程的实施。

责任和义务细则

1. 分析业主的目标与要求，评估其可行性并协助完成项目管理规划、建立资金估算。
2. 在预算范围内制订能够达成规定目标的战略规划，包括制订质量保证计划，并征求业主批准。
3. 在项目全过程中，协助业主了解项目进展和问题、设计/预算/工程变更和其他相关事项。
4. 根据业主需求，在以下方面参与并向业主提出建议：
- 咨询方的选用及协议条款和条件的协商。
- 承包商和分包商的指定，包括建议最恰当的招投标及合同形式。
5. 准备下述事项，并征求业主批准：
- 整个项目的进度计划，包括拿地、相关调查、规划、设计前准备、设计、施工和移交/入驻阶段。
- 建筑与工程服务的建议。项目经理将监控进度并对所有与规划审批和法规相关的提交文件（及时提交的文件，替代方案和必要的弃权）做出恰当的回复。
- 项目预算和相关现金流，仔细考虑那些可能影响项目发展可行性的因素。
6. 业主大纲的定稿并与咨询方确认。向业主提供所有现有的资料，如有必要，还需要补充提供任何与问卷调查、实地考察、周边业主、不利的权利或限制以及场地可达性等有关的补充数据。
7. 向业主提建议，并核准经设计团队及其他咨询方讨论评审后做出的所有修改和变更，涉及既定的大纲、获批的设计、进度和/或预算。
8. 建立项目的管理和行政架构，内容如下：
- 参与各方的责任和义务与报告流程。
- 清晰高效的沟通流程。
- 签发指令、图纸、证明、进度表及价款结算、报告准备和提交、相关文件反馈的系统与流程。

9. 会同咨询方达成招标策略。

10. 必要时向业主提出以下方面的建议：
- 对于设计进程、必需的图纸/信息和招标文件，应始终强调成本效益法，在施工方法、后续维护要求、招标文件准备及性能/工艺保证方面对成本进行优化。
- 招标文件的正确性。
- 由设计团队和其他咨询方对潜在投标人进行的资格预审，包括那些提供给业主和咨询方与招标有关的补充信息。
- 总承包商的初步施工进度计划，批准为充分满足业主的要求而进行的修改，并通知项目团队实施。
- 项目所有部分的推进，应特别注意遵守既定的总投资额和分部分项预算，且须符合设定的标准以及采取补救措施。
- 业主必须开展的合约活动，包括用户研究组和批准/决策要点。

11. 与工料测量师共同建立成本监控和汇报体系，并将预算状态和资金流情况反馈给其他咨询方和业主。

12. 组织和/或参与下列活动：
- 向业主汇报，对结构、成品、装修工程和主要内部空间环境设计提出建议和申请批准。
- 所有和项目团队及与项目相关其他人员的会议（担任主持或秘书角色），应确保
    - 给所有相关人员提供充足的信息/数据；
    - 实际进度与进度计划相符；
    - 成本在预算之内；
    - 达到要求的标准和规格；
    - 承包商有充足的资源对项目开展管理、监督和质量控制；
    - 项目团队的有关成员按照合同的规定，检查和监督施工过程。

13. 负责以下工作：
- 准备项目手册。
- 实现良好沟通并激励项目团队。
- 监督工程进度、成本和质量，采取行动来纠正偏差。
- 设置优先等级，以及对进度进行有效管理。
- 协调项目团队的工作和产出。
- 根据规划水平来监控项目资源，并采取必要补救措施。
- 准备并向业主递交专项报告。
- 向业主提交工期表及其他与成本和控制相关的数据。
- 包括预期收益和所有相关信息在内的流程。
- 在项目团队的合作下，批准在建造合同条款范围内的转包工作。
- 确定任何存在或潜在的问题、纠纷和冲突，并在业主利益最大化的前提下，与相关各方合作解决。
- 将咨询方的临时付款申请交付给业主，同时监督承包商的此类申请。
- 监督所有试运行前期的检查、缺陷补救的责任工作的推进及保留金的发放。
- 与项目团队成员共同核实因工期延长或额外支出导致的索赔，并相应地通

知业主。
- 在支付前核对咨询方的最后结算结果,再交给业主。
- 监督承包商最后结算的准备过程,包括获取承包商的相关证明并递交给业主进行决策。
- 确认合同中所包含的内容,而后要求设计团队、咨询方和承包商将竣工图纸、安装图纸、操作维护手册与健康安全文件提供给业主;同时确保已为业主的工程和维护人员安排有效的培训,即设施管理。

14. 采取一切合适的措施以确保现场承包商及其他正式或临时施工人员遵守所有与安全和消防有关的规章制度和实践,全程践行"文明工地管理"的理念。

15. 按照要求或指示,参与项目的成本对账和最终结算。

项目以外的活动

参加由项目管理团队和其他参与方、业主团队组成的非正式讨论,讨论现有及以往项目的技术细节、操作方式、问题解决方法及其他相关行动,以交换观点与认识,有助于更有效地实现项目整体绩效。

项目经理需对以下方面负责:

1. 按照业主和/或项目管理实践指南以及程序的界定,负责项目管理团队相关的人事事务,包括评价/审查、培训/发展和职业指导与建议。

2. 更新自身与团队的项目管理的新理念,包括管理/监督基础技能与实践、商业、金融、法律和经济趋势、最新的合同形式、规划方法和建筑规范,以及先进的施工工艺、厂房和设备。

合作条款:服务合同

1. 《CIC 咨询方合同条件与服务范围 2007》(2011 年第 2 版)
2. 《RICS 项目管理协议书》(1999 年第 3 版)
3. 《APM 关于项目经理的任命条款》(1998 年)
4. 《NEC3 专业服务合同(PSC)》(2005 年)
5. 《RIBA 项目经理的委任形式》(2010—2012 年版)

BN 1.03　典型的项目任务大纲

1. 任务大纲与发布历史。

2. 目的：任务大纲的目的在于定义项目，为管理活动和整体成果的评估打下坚实的基础。大纲包含的信息将回答以下问题：

- 项目亟待实现的目标是什么？
- 为什么该目标的实现如此重要？
- 谁参与该项目？他们的职责又是什么？
- 项目何时执行？如何执行？
- 哪些事项需要沟通以及如何沟通？

对项目的最终目标和成果、约束条件和假设条件保持一个清晰的认识是极其重要的，它们都会影响那些负责该项目的人。任务大纲概述了所有的基本点，为界定项目建立了一个牢固的基础，其中包括目标、成果、期望、范围和时间框架。

3. 负责部门。

4. 项目背景和情境。

5. 项目目标。

6. 财务目标。

7. 项目成果和里程碑——需要交付什么、何时交付。

8. 项目组织结构——项目管理、项目团队与项目委员会。

9. 沟通计划——组织内部和组织之间。

10. 最初的项目策划——标明资源所有权的活动安排表。

11. 项目控制——谁何时以怎样的方式向谁汇报什么。

12. 风险分析——准备必需的应急资金，和/或避免、转移、减轻、分担、接受风险。

13. 项目成功标准。

14. 相关文件。

15. 超出范围的事项。

16. 其他相关信息。

BN 1.04　项目手册

介绍

手册的目的是在项目团队履行职责时给予指导,这些职责是指在合同规定的预算和工期内,符合要求地做好项目设计、施工和竣工(移交)工作。事实上,项目手册应简洁、清晰且与其他合同文件和合作条款相一致。手册的重点在于定义政策、策略、沟通方式和多方之间的界面。不同的手册应为不同的项目量身定制,这点十分重要。对某些项目而言,本书给出的综合格式可能过于庞杂,从而存在被忽视的危险。

手册由项目经理与项目团队协商后,最好在施工前准备阶段的阶段伊始完成编写,它应描述业主和团队所采用的一些基本程序。手册包含了项目团队的一系列基本规则。它与项目执行计划不同,项目执行计划主要为业主和投资合伙人编写,旨在提供贯穿项目各个阶段和流程的财务控制路线图及实现项目目标的运作方式。

项目手册并不是静态不变的,它需要不断变化和修正以符合后续流程需要。因此,作为有权调整和修正的唯一人员,项目经理通常使用活页形式的项目手册,这样有利于信息的及时更新。手册的复印版本将提供给项目在列各方的每个项目团队的成员。

手册的目的

制订手册的目的是为了明确职责及协调其他文件(数据)中不同的操作和流程,这些已经存在、刚刚制订或即将出台的文件(数据)将被整合成一份权威文件来作为项目准则。整合过程需要综合考虑项目的性质(范围)以及后续部分列出的主要因素和活动。

项目参与各方

该部分包括以下条目:
- 所有项目参与方的名单,包括业主雇用的团队及其详细的联系方式(地址、电话、传真号码与电子邮箱)。
- 负责项目的项目经理的姓名及其具体的职责、义务和权力。
- 其他项目成员和/或利益相关者的具体信息,包括职责、义务和联系方式。
- 组织结构图:表明线性及职能关系、合约与沟通关系,以及为适应项目不同阶段所做出的相应调整。

第三方

该部分将提供第三方名称与联系方式,包括:所有法律权威部门、公用事业部门、医院、医生、警察局、消防队、商会、邻近土地拥有者、相邻租户以及其他可能参与的团体和个人。

项目团队的角色和职责

要将必需的最低限度的信息提供给每个团队成员,帮助他们了解其他各方的角色。依据标准协议书和合同(包含修正和补充内容)提供服务,旨在避免分歧和重叠部分。

项目现场

为现有服务设施和贮藏物的拆除、清理、转移及对相邻地区的保护(比如噪声污染)做出全面的相关具体安排。

一般管理:包括沟通与文档管控

项目经理将负责以下事务:
- 所有项目资源(人员、设备和工具、工地办公和食宿福利)充足。
- 办公运作系统和日常工作,令员工知晓并持续高效地应用。
- 为项目团队成员及会议、小组讨论提供合适的工作场地和设施。

项目经理要采取文档管控、保存、定位和查找的相关措施,这将涉及:
- 信函、合约文本、报告、图纸、规格文件、进度表,包括财务以及所有专业领域(比如:设施管理、技术、健康和安全、环境)。
- 方便及时更新。
- 所有文档/文件的记录和去向的控制。
- 办公室安保。①法律文件的存储(原件及副本);②出入登记措施,防火防盗警报。
- 项目竣工或暂停时文档/文件的保留。①档案存储——在法律和合同规定的时间限制内;②过期文件——清除、销毁以及相应的登记。

所有通信应以项目名称作为开头,并列出以下内容:
- 通信对象和内容。
- 详细的收信人地址。
- 抄收复印件的各方。

每次沟通函件应只涉及一个事项,或者一系列直接且紧密相关的事项。复印函件的分发取决于事项本身,须分发给既定的接受者以保证机密性。参与各方之间涉及项目说明的函件必须以书面形式传达,接收方也要以同样的方式予以确认和回复。

合同管理

合同条件

对所有合同中的条款以及对它们含义的理解非常重要,必须明确各方的角色、贡献和责任,包括相关时间表、业主方项目经理的工作及审批模式。

合同管理及流程

与合同管理有关的事宜包括:承包商/分包商的合同形式;独立的直接合同指导下开展的工作;承包商/分包商的选择和委任程序;履行监督和合同义务(比如检查和鉴定)的设计团队及咨询方的名单;交货期长的构件订单的安排和合同文件的准备工作。

招标文件

包含详细的设计和项目规格;投标分析和报告;投标者名单及面试程序;文件准备和检查系统;奖励和签署安排。

变更的评估和管理

延期

- 项目经理应尽责确保提前预警,从而创建能预防项目延期和额外开支的备选措施/方法。
- 准备进度表,阐明延期理由、相关合同条款和预计可能出现的延误与开支。
- 可通过其他方的参与和努力来解决问题的途径。
- 要有可行的准予延期的程序。如果有关的话,还可调用争议处理程序。

损失与费用

- 与特殊项目相关的标准合同或内部合同要有可用的程序。

赔偿、保险及担保

项目的性质决定了相应的条款。然而,条款往往受专业机构签发的合同/协议书"范本"或建筑行业的通用条款的影响。建设项目应用的典型保险类型如下:

- 承包商一切风险条例(Contractors' all-risk Policies,CAR),通常包括完成品及投入使用的材料的丢失或损坏;承包商的厂房和设备,包括临时的工地宿舍;承包商和雇员的个人财产(比如工具和设备)。承包商一般会选择 CAR 险,但是需要其与业主(雇用方)联合签署。在 CAR 政策下,分包商可能无法被联合投保。
- 公共责任险——它能确保承包商承担其法律责任,向任何因承包商的活动而遭受伤亡、财产损失的人员支付损失、赔偿或其他费用。
- 雇主责任险——每一个购买此险的承包商,可以在公司层面为单位投保,涵盖职员与工人,也可以在总部和每个工地为单位分开投保。
- 职业赔偿险(Professional Indemnity,PI)——其目的是覆盖"关爱义务"(duty of care)之外所产生的责任。通常,咨询方(包括项目经理)投保此险以涵盖其设计或类似的责任,及其在监督过程中因疏忽而形成的责任。在设计-建造模式的合同中,由于CAR不包括设计责任险,所以承包商还得分别投保职业赔偿险。
- 综合项目险——当主要参与方共同认购一份涵盖项目的所有方面的保险时,他们越来越多地采用保险的组合形式。

协同设计

业主和项目经理将共同审查项目管理规划,确保所有有关事项都已考虑在内。内容包括:
- 健康与安全义务。
- 环境保护要求。
- 建筑荷载注意事项。
- 空间和特殊使用要求。
- 最终用户的需求。
- 最终标准和进度计划。
- 现场勘测信息/数据。
- 所需调查和报告的可行性。
- 规划审批及政府审批。
- 内部和外部的约束条件。

项目经理须征得业主的同意后,将项目大纲和相关信息告知设计团队和其他咨询方。项目经理的其他职责如下:
- 确定项目团队成员的角色和职责。
- 负责图纸和技术规范:
  - 明确格式(如CAD兼容性)数量和类型分布,征求图纸内容和时间节点(要求)的意见。
  - 招标图纸和技术规范的发行。
  - 就设计意图向承包商及分包商提供说明。
  - 对①施工/制造图纸,②调试数据,③样品和实物模型提出要求。
- 通过以下手段对初步建议书的编制过程进行监督:
  - 依据大纲条款审查草图和一般技术规范。
  - 准备成本预算并与大纲预算进行协调。
  - 评价进度的影响。
  - 与项目总进度计划进行协调。
  - 敲定初步建议书,向业主提出建议/演示并寻求批准以继续推进项目。
- 在预招标阶段监控设计工作的进展:
  - 根据业主需求与咨询方一起审查大纲文件及各部分含义。
  - 认可团队成员的投入,确认需要业主澄清的事项。
  - 和业主一起审查有无任何矛盾、遗漏或误解,寻求解决方法并与团队确认。
- 总体设计进度和相关控制的协定。
- 项目预处理和招标文件的长时间交付准备的确认,以及业主对订单的批准、安排及确认。
- 监控项目不同阶段的图纸和规范的制订,并发送给相关各方。

- 在设计开发的适当阶段向业主演示,确保招标的最终批准。

变更管理

- 按照指定的承包商/分包商的需求,与设计团队和其他咨询方审查任何对设计进度和信息需求进度(information required schedules,IRS)的必要修订,并补发修订后的进度/信息需求进度。
- 准备详细的、专业的设计方案和包括工程量清单在内的分包合同。
- 为所有图纸、技术规范和进度计划表(包括有效的登记/记录和检索系统的建立)充分、安全、有序的存储做准备。

项目经理必须确保业主完全意识到:为避免额外费用,补充的决定必须在设计阶段并且在指定的(最迟的)时间内提出。符合业主大纲和需求的设计和规范必须由工料测量师进行成本评估,工料测量师需确认其成本在预算规定的范围内。

处理变更需要采取一系列行为。项目经理将负责以下活动:
- 通过变更命令系统管理所有请求(检查单和样品表见表4.4和BN 3.13)。
- 保留所有相关文档。
- 制作一份已批准和待办事项的进度表并按月公布。
- 确保未经正式决定的变更绝不实施。
- 考虑在适用的合同/协议规定范围内修改和改变进度和图纸。
- 业主要求的变更的初步评估应适当考虑对工期的影响。

咨询方就变动所采取的的行动包括下列事项:
- 获得所需的法定/规划批准及成本审核的修订建议。向项目经理确认所需采取的行动。
- 设计过程以及将指令传达给相关承包商的准备。
- 成本协议的增减程序,即估算、中断成本、谈判和工期影响。

现场说明

现场说明必须以书面形式发布,并同样由收件人以书面方式进行确认。构成变更的现场说明可以归类为:
- 常规的。
- 特殊的(如有关安全、健康和环境保护方面的立即实施的方案)。
- 需要或预计的工期延长。
- 相关的额外支付或对其的估计。

若现场说明是根据合约条款进行发布和批准的,那么它们具有约束力。

成本控制和报告

在设计团队、其他咨询方和承包商的协助下,工料测量师全面负责成本监控和报告。施工前准备阶段的行动包括下列事项:
- 准备初步比较预算的估计。
- 与项目经理协商控制预算。

- 准备项目预算基础表；识别项目拨款的影响。
- 建立工程量分部分项及各部分的成本预算。
- 变更的成本核算。

与工作控制有关的其他事项如下：
- 评估所有设计对成本的影响，包括多种设计解决方案之间的成本比较。
- 包括使用成本在内的价值分析程序。
- 使用数据来比较可替代的施工形式之间的工艺和成本。
- 在分包招标评估中比较成本预算和投标者的价格。
- 招标超预算时需要项目经理关注的事项有：
  - 变更规范以降低成本。
  - 接受投标的数据并采用适应成本增加的应急方案；或者业主可以接受成本增加并从其他方面节省成本。
  - 在可替代的承包商中重新招标。
- 月度成本报告，包括：
  - 上一份报告之后的变动，包括成本增加/减少的原因。
  - 项目当前的预计总成本。
  - 项目的现金流：(1)开支预测，(2)依照进度监控计划的实际现金流，反映潜在超支、工期延迟或类似情况。

月度报告必须经过项目经理核准并签发，项目经理需做到：
- 对确认的问题提出建议并采取相关行动。
- 根据预定的名单抄发报告。

计划进度和进展报告

计划非常关键，会对项目的结果有显著影响。手册需明确参与计划团队的组成、职责以及适用的技术（如横道图、网络图）。计划和进度工作按以下步骤进行（详见 BN 3.06）：
- 准备项目计划大纲，包括协调设计团队、承包商和业主并征得业主同意。
- 拟订施工计划大纲，预估项目工期，为采购进度决策奠定基础。
- 拟订交付计划大纲，包括最迟的订单确定日期（材料、设备、承包商）和设计发布日期。
- 在必要情况下，可因条件制约修改施工进度大纲。
- 拟订设计计划大纲，含因外部限制导致的必要的修改。
- 准备项目总进度计划。
- 为施工前准备阶段准备一个短期的进度计划，并进行月度审核。
- 与相关的设计团队成员协商后，结合设计要素，拟订一份详细的设计纲要细则，包括：
  - 方案设计计划。
  - 出图控制计划。
  - 业主决策计划。
  - 业主咨询方和项目经理的同意。
- 检查交付计划大纲并整合成一套详尽的方案。
- 准备工作包计划。

- 拟订工程量清单采购计划,包括确定施工阶段中招标文件和制订招标文件的管控。
- 扩展、整合并细化施工进度大纲。
- 准备以下计划:
  - 准备工作。
  - 装修(如果是项目的一部分)。
  - 竣工和交付。
  - 使用/移交(如果是项目的一部分)。

进度监控和报告程序应以月为单位,并须符合咨询方和承包商的协商结果。报告需提交给项目经理,再由项目经理向业主汇报。

会议

会议的目的是使项目经理、项目团队和其他各方(如:业主、劳资关系和紧急事务负责人)之间保持有效的沟通。会议的频率、地点以及与会人员将由项目经理负责确定。会议过于频繁会导致时间的浪费,而会议过少会导致沟通不畅。BN 3.10详述了典型的会议类型和目标。

会议包括如下程序:

- 议程——按要求提前在说明活动/资料中公布。
- 会议记录和传阅单(包括时间限制);BN 3.09 含有议程和会议记录示例。
- 会议中传达指示(包括时间限制)的书面确认。
- 会议上使用的报告/材料提前放到座位上。

承包商的选择和任命

作为业主的代表,项目经理有责任在相关咨询方的支持下选择和任命:

- 承包商,如:总承包商、管理总承包、设计和施工承包商。
- 承包商,如:专业承包商、工程承包商、贸易商。

各种相关流程归纳如下:

- 根据招标的性质和范围选择任命小组,指派一名协调员(联络)处理所有招标相关事宜。
- 建立每个阶段选择/任命的程序。

招标前

招标前的活动将包括以下几点:

- 评估招标所需的基本常识/专业知识。
- 准备一份(临时的)长名单,包含已知和潜在的投标人。
- 对照项目经理获取的数据进行核查,特别是财务可行性和已完工及在建的工程质量;可用电话调查的方式来获取其他数据。
- 邀请潜在的投标者完成/提交问卷,相应地完成短名单的编制。
- 安排资格预审,包括向潜在投标人发布与项目相关的下列文件以及囊括招标人特殊要求和指定代表的审核议程大纲:
  - 合同工作的一般范围和条件概要。

- 初步图纸和技术规范。
- 项目总体概述和施工进度。
- 定价方案。
- 安全、健康和环境保护的声明。
- 劳资关系声明。
- 质量管理大纲。
- 确定投标人和后备名单。

招标过程

招标过程包括以下活动：
- 选定的投标人确认投标意愿。在出现撤销投标时，启用预备名单，按照顺序进行选择。
- 由合作双方决定招标文件中是否有必要加入投标中期面试。
- 面试安排和议程发布。

收到所有投标文件后执行以下流程：
- 评估收到的投标文件。
- 安排投标后面试及事先发布议程。
- 最终评估和报告。
- 预定的检查和批准下单。

安全、健康和环境保护

手册应让业主和其他项目团队成员意识到清洁发展机制（Clean Development Mechanism，CDM）规定的具体的和繁重的职责，并在手册中囊括相应的程序以确保其不会被忽视。总承包商的责任是根据CDM规范以及其他法律来制订项目的健康与安全计划，以便所有承包商都能执行。承包商在提交标书时，需要提交他们的安全政策声明的副本作为其投标文件的一部分，该声明概述了符合CDM规范的安全工作方法。

总承包商的职权范围内的其他事项如下：
- 在合同条款下，建立和执行相应的规则、规定和实践，以防止发生事故、意外或其他事件而导致现场人员伤亡，或给现场财产、设施、材料以及邻近的所有者/居住者造成损坏或破坏。
- 安排急救设施、警示信号和可能的疏散以及相关的通知海报和指令的展示。
- 制订以下程序：
  - 定期检查和抽查。
  - 存在任何违规行为，要向项目经理汇报（要向任何相关的咨询方发送副本），并采取纠正或预防措施。
  - 危险情况下需要停工，在极端的情况下可关闭现场。

质量保证：概述

该部分适用的前提是质量保证（quality assurance，QA）被作为合同条款的一部分，了解质量保证体系的运作、应用、保证范围及缺陷，保险的必要性对于业主而言至关重要。建立相应的程序和控制手段,来确认是否符合设计和规范,并确认已达到工作和材料的质量标准。咨询方将与项目经理一起审查质量控制的细节。承包商的质量计划要体现其质量管理过程,包括对分包商的控制安排。

建立监督现场施工质量管理的责任和相关文件的控制程序。

作为质量保证的替代方案,任何质量管理的程序应包含在手册中(见"质量管理"中的阶段3)。

纠纷

按照合同条件/规定,为项目所有参与方制订处理有关分歧和争端的程序。

签署

应该详细规定所有文件的签署审批程序。审批节点顺序会分散在项目的前后不同阶段,并且需要纳入"里程碑计划"。具体包括签署人和文件的传阅名单。

报告

作为实例,以下报告用来展示需要准备哪些内容。

项目经理的进度报告

每月发布,包括的细节有:
- 项目状态
  - 更新的资金预算。
  - 进度表。
  - 当月授权的变更命令。
  - 其他有关事项。
- 操作大纲。
- 设计发展状态。
- 成本规划状况和财务报告的概括。
- 计划和进展
  - 设计。
  - 施工。
- 变更命令。
- 业主决策和信息需求。
- 法律和财产。
- 设施管理。
- 装修和入驻/移交计划。
- 风险和不确定性。
- 预计的竣工日期的更新。
- 分发列表。

设计团队的报告

每月发布,包括从咨询方那里获得的信息,包含以下细节:
- 设计进展现状。
- 招标文件的情况。
- 当月生成的信息。
- 订单/设计变更的进展。
- 信息需求/请求的状况。
- 承包商/分包商的图纸/资料的情况。
- 质量控制。
- 分发列表。

财务控制报告

每月发布,包括:
- 调整资金奖惩/资金预算。
- 更新的成本计划和预期的最终成本。
- 授权的变更命令及影响。
- 未决的变更命令及影响。
- 应急总费用。
- 现金流。
- 增值税。
- 分发列表。

日记/周记

由项目团队的每个资深成员编写,并用单独的活页夹装订,便于快速参考和后续增补。提供给项目经理的日记通常包含以下内容:
- 例行和临时会议和参加人员的总结。
- 关键电话/信息的总结。
- 收到或者发出的文件。
- 问题评论或特殊情况以及相应的解决办法。
- 进度状态(如工作包的进展或延迟)。
- 关键事件和工作考察。
- 下达或要求的关键指令。
- 请求决策或行动。
- 每天大概的登记时间。
- 分发列表。

施工阶段

该手册将包括以下活动的程序:
- 将图纸、规范和相关证明文件分发给承包商。
- 参照咨询方的指令、清单、进度表和评估情况采取行动。
- 施工开始前的方面,比如:

- 记录目前的现场条件，包括邻近的建筑。
- 确保所有相关合同都已经到位，且已具备所有的适宜条件。
- 确认所有场地和邻近建筑的风险保险都是有效的。
- 确保所有的现场设备都达到了所需的标准，包括健康、安全、环保标准的条款。
● 施工控制包括：
- 根据总体进度计划以及批准的变更对承包商的初步计划进行审查。
- 确保总承包商对分包商进度的检查。
- 检查和监控所有承包商进度计划和实际的资源是否能够满足项目总计划的需要。
- 根据有关承包合同条款对分包进行审批。
- 根据情况（向业主）进行汇报和调整进度计划。
- 对已有和潜在问题的早期诊断进行复查（重大问题的处理方案需征得业主同意）。
● 变更控制（详见 BN 3.13）。
● 控制变更命令的准备及发布（详见图 4.4 和 BN 3.13）。
● 为业主处理如下申请：
- 来自咨询方和承包商的中期支付申请。
- 来自咨询方的最后结算。
- 承包商根据相关证明的收据进行的最后结算。
- 其他发票的支付。
● 与各有关当局取得联络及保持联络，以便最终获得批准。
● 设计团队和其他相关咨询方要根据合同条款/条件来监督和检查工作，并参与和推动以下工作：
- 总体进度计划的监督和调整。
- 对项目变更和索赔的控制。
- 对现存或潜在问题的识别和解决。
- 工程分包的批准。
- 变更命令的准备。

运营和维护

应当设计项目的装修流程，以防止因建筑物各部分或其设备体系的缺陷所导致的责任划分不清。手册里的程序可以参考在阶段 5—7 的相关章节来进一步完善，它们应该囊括充分的安排以便于更好地管理任意合同或工作包之间的界面，以下程序尤其重要：
- 将试运行的数据记录、图纸及操作和维护手册从一个合同转移到下一个合同。
- 确认所有相关的移交文件和证明都已完成。

调试和试运行

调试和试运行是施工阶段的一个部分，总承包商将其委托给服务型分包商，在合同前和合同中/合同后两个分阶段都需要采取措施。

合同前

确保业主认识到,试运行是施工过程中一个从工程策划阶段就开始的独特阶段:
- 确保咨询方能够确定所有要进行试运行的服务,并明确设计者、承包商、生产商和业主之间的委托责任分工。
- 确定需要的法定和保险审批,并有计划地满足要求和获得批准。
- 在试运行时,协调咨询方和业主的参与,以确保符合合同的安排。
- 安排控制工作的单点责任及在试运行时业主的角色。
- 确保合同文件对服务的试运行做了规定。

合同中和合同后

确保工程进度中的相关综合性工作:
- 监测和报告进展,并安排纠正行动。
- 确保对记录、调试结果、证明、清单、软件和图纸进行了规定以及适当的维护。
- 对系统维护人员的培训、合同后的操作和专业服务合同进行安排或提出建议。

BN 7.03 和 BN 7.04 中给出了有关清单和文件的例子。

竣工和移交

竣工和移交工作联系紧密,迫切需要项目经理及其团队的亲自参与,同时也涉及业主的广泛和密切参与。竣工和移交过程需要谨慎处理,因为业主对整个工作成功与否的评判正是取决于此。

竣工

手册上的程序可能包括两种类型的协议:
- 部分财产和阶段性成果(如果需要)的协议。
  - 验收检查、缺陷、其他工作的延续/或一些设备/服务装置运行过程中的材料、障碍或约束。
  - 每个阶段的资产证明,保险责任。
- 与实际已完成工作相关的协议和程序:
  - 使用者/承租人对于整个保险工作的责任。
  - 在规定时间内,按规定完成竣工和安装图纸、机械的和设计的以及其他相关安装/服务的数据,以及操作手册和试运行报告。
  - 设备/材料的存放,除了那些需要修复缺陷的设备/材料之外。
  - 次要工程的完工、缺陷的修正、服务的调试、使用者的工作和其他福利和公共设施的核实。

BN 7.06 提供了在实际竣工阶段使用的一个典型的清单。

移交

需要为下列活动制订步骤：
- 确保所有规定的检查和审批都已圆满完成，并且所有未解决的工作和问题在缺陷责任期满之前得到解决后，再开展移交工作。
- 提供一个倒计时进度表，并与项目团队协商（BN 7.05 给出了移交检查和证明清单的例子）。
- 确定所有检查和证明相关的责任。
- 根据进度表来监测和控制移交的倒计时。
- 如果业主在移交前已经使用了建筑，则控制移交前的安排。
- 实施事先商定的软着陆方案以便进行更顺利的移交和过渡（见 BN 1.05）。
- 根据合同来处理那些没有执行的工作或修正缺陷，包括有可能实施任何反索赔行为的承包商。协商并设立反索赔的程序。
- 监测和控制一些移交后的、不包括在主合同内的工作。
- 监测和控制主合同规定的竣工后未完成的工作以及缺陷的解决。
- 管理缺陷责任期和相关程序实施的结束。
- 安排决算、发放最后认证和进行项目竣工后审查/项目评估报告。
- 采取使用后评估来确定该项目的绩效和成功标准。
- 促进信息和 BIM 所有权从交付团队到运行和维护团队的转移。

业主试运行和使用

业主试运行

手册中的业主试运行将会包括以下程序：
- 组建与业主联络的试运行团队并明确可行性研究和策划阶段的目标（工期、成本和规范）和责任。
- 准备一份全面的试运行和设备进度表。
- 在施工期间安排试运行团队和业主人员的工作访问，包括观察工程服务试运行。
- 确保与施工进展相协调，并与咨询方保持联络。
- 准备新的工作实践指南，与业主/使用者的设施管理团队保持密切的联系，安排职员培训，并安排额外职员的招募/调任（比如在使用初期安排善后工程师来帮助业主）。
- 确定试运行调试和校准记录的格式。
- 租借设备以满足短期需求。
- 确定质量标准。
- 监测和控制试运行进展并汇报给业主。
- 在合同履行完成后 6、9、12 个月时候，审查建筑的运营状况：改进、缺陷、修正以及相关反馈。

BN 7.01 含有一个相关的列表清单。

入驻

入驻可以被当作一个完整项目的一部分或者一个独立项目,对此产生影响的决策是在策划阶段与业主或使用者制订的。入驻的不同阶段会在之后的部分列出,图 7.1、图 7.2、图 7.3 和图 7.4 详细阐述了这些程序。BN 7.01 提供了一个实施入驻计划的例子。BN 8.01 提供了一个使用后评价过程的大纲,其中也应该包括用来评估项目绩效和成功的竣工后审查。

实施结构

为了实现必要的目标和协商,任命相应的个体和团队,比如:
- 工程主管(业主/使用者/承租人)。
- 入驻协调员(项目经理)。
- 由主席、协调员和相关的职能代表组成的职业指导团队为以下方面制订总体方向:
  - 施工进度。
  - 技术。
  - 空间规划。
  - 设施调动。
  - 用户代表。
  - 成本和预算大纲。
- 高级代表会议有主席(指导小组的职能代表)、协调员和大部分职员的主要代表参加,主要讨论以下问题:
  - 空间规划。
  - 团队交流。
  - 施工进度存在的问题。
  - 技术。
- 由他们自己小组的经理/主管主持的当地代表团,就当地和/或部门层面进行讨论,以保证定期沟通程序的正常进行。

范围和目标(定期回顾)

- 确定由谁来推进(项目执行)。
- 有关将人们安置在新地点的协议(指导小组)。
- 决定推进的组织(指导小组)。
  - 一次性。
  - 分批搬迁。
  - 平缓进行。
- 检查时间的限制(指导小组)。
  - 建造。
  - 商业化。
  - 假期。
- 风险范围的识别,比如:
  - 施工延期和步骤的灵活性。
  - 组织变化。

- 使用权问题。
- 信息技术需求。
- 设备交付和翻新。
- 改造的要求。

方法论

- 列出推动其进展需要的特殊活动，比如：
  - 附加的建筑工作。
  - 推进时的交流。
  - 必要服务和进展支持的条款。
  - 团队交流。
  - 移动管理。
  - 设备采购。
  - 每个区域/部门的移动责任。
  - 财务控制。
  - 使用权的策划。
- 给每个特殊活动准备一个任务列表，确认相关责任人并制订项目会议的日程表。
- 大纲和之后的详细进度表的制订。

组织和控制

- 指导小组建立"搬迁小组"来监督实际的搬迁过程。
- 制订"倒计时"进度计划（搬迁小组）。
- 确认所需的外部资源（搬迁小组），比如：
  - 特殊的管理技巧。
  - 一次性的支持任务。
  - 在搬迁过程中功能的重叠。
- 向业主报告外部支持的需求和成本（指导小组）。
- 为监督和定期检查实际的预算做准备（指导小组），比如：
  - 双重交付使用问题。
  - 特殊设备。
  - 附加设计和技术需要。
  - 计划和协调进程。
  - 通货膨胀。
  - 外部资源。
  - 不可收回的增值税。
  - 意外事件。

BN 1.05 政府软着陆

综述

英国政府认识①到在政府工程合同中提升价值的需求。
"软着陆"方法是一种为用户提高建筑使用体验的方式。
于是政府软着陆(Government Soft Landings，GSL)政策诞生。

目标

使某项设备或资产的设计者、建造者的利益与最终用户的利益统一起来。

资产管理

目的是在完工后(CIOB 第 8 阶段)建立一个为期三到五年的引进期，以确认设施使用的满意度。

为了达到该效果，资产管理需要与 BIM 建立密切的联系。

GSL 的发展

GSL 政策是在一个任务小组的帮助下逐步发展起来的，该任务小组是由施工和设施管理供应商、建筑师/设计师、学者、行业和当地及中央政府的代表组成。

它与 BSRIA 软着陆框架(BSRIA BG4/2009)及 BSRIA 软着陆核心原则(BSRIA BG 38/2012)，以及之后由内阁府为政府软着陆制订的八个部分(2013 年 4 月 http://www.bimtaskgroup.org/reprts)相一致。

GSL 最初沿着项目时间表确定四个部分/方面，这些最后变成了八个部分，其中包括善后计划：

1. 介绍。
2. GSL 领导和 GSL 优胜者。
3. 功能和效果：
建筑设计要满足使用者的需求；有效、富有生产力的工作环境。
4. 资金成本和运营成本。
5. 环境管理：
在能源效率、水资源利用和废弃物产生方面满足政府的绩效目标。

---

① The UK Government Soft landings Policy, September 2012 - April 2013, issued by the Cabinet Office — Government Property Unit.

6. 设施管理：

一个清晰的、具有成本效益的管理设备操作的策略。

7. 试运行、培训和移交：

项目的交付、移交和支持须满足最终用户的需求。

8. 善后计划：

项目经理有责任组织和复查项目的具体善后方案。该方案在详细设计开始前就已经建立并批准，并且在实施前由项目发起人再次批准。

协同工作

协同工作是 GSL 概念的基础，在整个过程的各个阶段都能有关键利益相关者的参与，这一点是很重要的。

2 可行性研究阶段

阶段清单

关键流程：　　项目纲要
　　　　　　　项目经理的选择
　　　　　　　可行性研究
　　　　　　　商业案例
　　　　　　　融资方案
　　　　　　　交付参数
关键目标：　　需求具有可行性吗
关键可交付成果：项目纲要
　　　　　　　完成商业案例
关键资源：　　业主团队
　　　　　　　项目经理
　　　　　　　专业咨询方

阶段性进展和成果

在这个阶段中，业主通常构建目标并评价可达成目标的众多备选方案。首先，从概念上厘清业主在本阶段的需求，具体包括阐明和定义业主的要求，明确和评估所有的方案；最后，业主进行决策，按照既定方案执行。

成果：
- 业主目标的定义。
- 不同选择的评估。
- 推荐达成目标的最佳行动方案。
- 对优选方案财务可行性的分析证明。
- 项目纲要的确认。
- 商业案例（业主制作）。
- 业主管理层对项目提案的批准（通常以商业案例为基础）。
- 业主对是否进入策划阶段的决定。
- 准备核心的咨询服务范围。

业主目标

业主在该阶段的主要目标包括识别和说明项目目标，概述可能的选择并通过可持续性、价值和风险评估做出最合适的选择。在该阶段,为挑选的方案制订项目执行计划(Project Execution Plan,PEP)应当是关键成果。

项目大纲摘要

对大多数业主而言,建筑本身并不是目的,而仅仅是实现业主企业目标的一种途径。业主的目标可能很复杂,如同给工厂引进和配置新技术,或是像创立公司的新总部一样复杂;业主目标有时候也很简单,就像投资于商业办公楼以获得资源的最佳回报一样直接。

业主的目标通常是由组织的董事会或决策主体(投资决策者)制订的,并且可能包括某些限制——通常与时间、成本、绩效和地点有关。业主的目标必须涵盖建筑物和其他设施的功能和质量。

对于目标复杂的项目,需要项目经理尽早介入,最好是在启动阶段项目的需求获得批准后就任命项目经理。这使项目经理的专业知识充分发挥作用,进而可以确定项目的指标以及编制和评估实现目标的备选方案。

应当向项目经理提供或协助其准备一份关于业主目标和所有已知限制的清晰陈述,用来辅助项目经理,这是项目经理将要开展的工作所依据的初始项目大纲摘要。图 2.1 是一个典型的项目大纲摘要模板。

可行性研究

很少能用一条单线来表达清楚业主要达成的目标,所以项目经理的任务是在业主的要求下帮助其在有限范围内建立一个最契合业主目标的路线。和业主的沟通中,项目经理将讨论可用的选择以及启动可行性研究来决定采用的战略。为了使可行性研究有效,使用的信息应当尽可能全面和准确。大部分信息需要由专业人士提供。部分专业人士来自业主方的企业或与业主保持稳定合作的群体,如律师、金融顾问、保险咨询师等,其他的比如建筑师、工程师、工料测量师、项目策划师、计划主管、城镇规划咨询师、土地测量师以及地质工程师可能需要特别委任。有些情况下,在可行性研究的准备和完成过程中也需要施工方(比如签订的是框架合同或设计-建造模式合同时)的介入。

可行性研究报告应当涵盖以下几点:
- 研究范围,包括制订服务目标和财务目标(来自项目大纲摘要)。
- 需求和风险研究。
- 公众咨询(如果需要)。
- 与利益相关者及第三方磋商。
- 岩土工程研究(如果需要)。
- 环境绩效指标,比如英国建筑研究院环境评估方法(BREEAM),能源与环境设计先锋(Leadership in Energy and Environmental Design Building Rating System,LEED),可持续住宅指南(Code for Sustainable Home)和生态房屋(EcoHomes);参见 BN 2.01。
- 环境影响评价(参见 BN 2.02)。
- 健康与安全研究。
- 合法的/法定的/计划的需求或者约束。

项目名称：
项目参考：
业主：
项目发起人：
项目经理：

目标
具体需求以及阐明建设项目的理由。
应当写明：项目内容及截止日期。

任务
这部分必须要涵盖该项目的预期成果，并且最好是：
明确的——即清晰而贴切。
可衡量——即对项目进展的检查是可以具体量化的。
可实现的/同意的——利于使用积极的语言，从而使他人乐于接受该项目任务。
现实的——依托于三个因素：资源/时间/结果或目标。
时间限制——缺乏这一点，以上所说就是空想。

途径
项目计划应当包含关键的里程碑以便审查，即设定项目批准通过以及几个主要阶段完成的目标日期。

范围
内容中设定项目界限并列出项目不涉及的部分。
如果项目在进程中有所变动，这是一个基本参考点。

约束
可以写明开始日期和截止日期、功能限制、运行参数等。

依赖条件
这部分内容标明了项目经理管控内容之外的因素，可能包括：
- 信息的提供。
- 适时的决策。
- 其他相关项目。

资源需求
包括项目团队投入的估计。

同意意见：
签名：

日期：

项目经理：

项目发起人：

注：以上是一个项目大纲摘要的模板，仅供参考。

图 2.1　项目大纲摘要

- 风险管理战略。
- 资本及运营成本的估计(必要时可包含拆除成本)。
- 潜在融资评估。
- 潜在现场评估及整治策略(如果需要)。
- 总进度计划。

业主将委托专业人士进行可行性研究,以确定项目财务上可行且可交付。业主可能在该阶段要求项目经理参与,这种情况下,项目经理的意见将与多个咨询方的报告和意见共同发挥作用。

业主可能让项目经理参与并简要介绍不同专家针对可行性研究的观点,整理信息,评估多种选择,最后报告他的结论和建议。可行性报告应当至少包括每种选择的风险评估,它通常也将决定采用的合同采购路线以及适合每种路线的开发计划大纲。此外,业主可能需要对每个选择进行生命周期成本的比较。现在不论是新建项目还是翻新工程,可持续问题是所有开发项目的重要部分,必须从每个项目的最初阶段就将环境、经济和社会这三个元素纳入考虑范围。如何将可行性研究报告作为商业案例的进一步指导,详见 BN 2.05。

在可行性研究过程中,项目经理要召集可行性研究小组召开相关会议并做记录,向业主汇报进度并在可能超过预算的时候向业主提出意见。包含收益评估的可行性研究是整个项目中最重要却又最不确定的环节。但在这个环节中花费的时间与金钱将会在整个项目取得成功时得到回报。可行性研究聘请的专家通常计时收费,而且不需要在可行性研究结束后继续参与,通常部分或全部可行性研究成员都会被邀请参与设计团队成员的选拔过程。

业主决定项目采用哪个方案,该方案被项目经理指定为项目大纲摘要。如何从业主目标得到项目纲要,如图 2.2 所示。

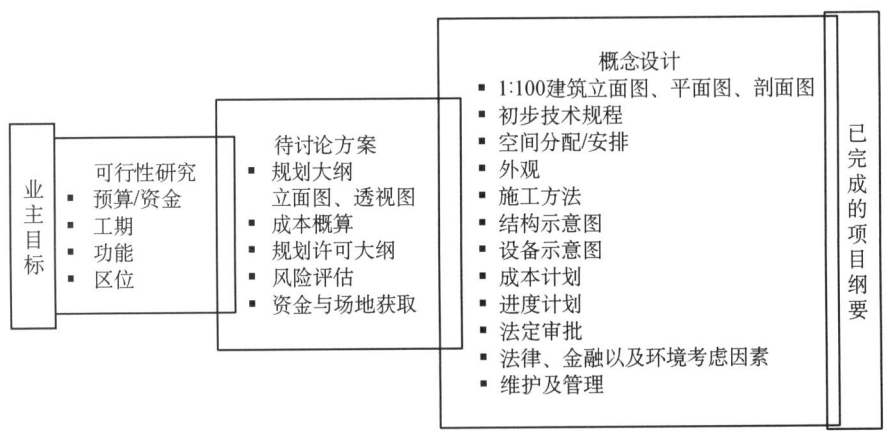

图 2.2　从业主目标形成项目纲要的过程

建筑环境中的能源

研究[①]表明,全球现有的建筑消耗了世界范围内约 40% 的一次能源,并产生了 24% 二氧化碳排放。

---

① http://www-csd.eng.cam.ac.uk/themes0/energy-demand/energy (accessed March 2014).

在英国,碳排放量的 42%来自建筑[①]。英国政府最近采取了一些措施以提高建筑的能源利用效率,它们包括:

- 引入了能源利用等级(Energy Performance Certificates,EPCs)进行审核,它包括了从 A 到 G 的效率等级以及相应的效率提升建议。
- 要求公共建筑公示能源消耗等级(Display Energy Certificates,DECs)。
- 要求检查空调系统。
- 对破坏环境的建筑/项目给予建议和指导。

从 2008 年开始,包括私人住宅、商业店铺以及公共建筑在内的所有房屋,在进行交易、建造或者出租时,都需要经过 EPC 的评估。更大的公共建筑则需要出具能源等级公示(DEC)。

建筑能源利用指令就建筑的能源利用规定了建筑能源利用效率的最低值,这是所有成员都必须采纳的。

通常而言,建筑整合了能源系统,能够供热供电,例如光伏建筑立面、地源制热(或制冷)系统、制热通风集成系统、热量再循环收集系统,以及如何更多地利用自然光(有时也利用太阳能发电),这些都正在研究当中,业主和设计方皆鼓励多采用这些措施来改善传统的隔热方法,这与能量管理所要求的最低值相一致,甚至常常会优于要求值。

全生命周期的成本及可持续性

全生命周期成本被定义为:为了实现一项资产或其某一部分在整个生命周期内的性能需求所需要的成本[②]。

全生命周期成本计算是"在定义所认定的范围内,对一段时间内生命周期的消耗的分析,加以系统性、经济性评估的方法[③]"。

对全生命周期成本的评估,从可行性研究阶段就开始了,它是对备选方案进行评估时的商业案例大纲的一部分,这种评估方法确保了所有的备选方案能够在一个类似对等的基础上进行比较。在业务的要求下,全生命周期成本计算应当包括对现金流的预测,它影响着投资或者融资决策。这将有助于评估为提高经济效益而采取的措施,以及揭示财务指标,如回报、内部收益率。

在生命周期成本计算中需要考虑的简单但关键的问题有:

- 现在需要的是什么,它的成本是多少?
- 维持"需求"在未来还需要多少资金?
- 上述的"未来"会持续多久?
- 评估未来成本和当前成本的最优方式是什么?

绿色/可持续发展的核心概念与全生命周期成本计算相协调。当采购部门努力创造和运营高性能、环境友好、能源高效利用、健康的建筑设施时,会发现他们的选择不仅能营造良好的环境,还能延长建筑的使用寿命,由此可以消耗更少的资源并带来长期可量化的节约。

全生命周期成本计算确保了投资者和决策者能评估设施在全生命周期中的成

---

① http://www.communities.gov.uk/planningandbuilding/sustainability/energyperformance/(accessd March 2014).
② ISO 15686－5:2008 Buildings and constructed assets — Service-life planning — Part 5 life-cycle costing.
③ ISO 15685－5:2008 Buildings and constructed assets — Service-life planning — Part 5 life-cycle costing.

本,而不仅仅是最初的交付成本。因为设施成本不会在建设完成时就终止,还必须考虑设施使用期间产生的运行、维护和处理费用。通过在早期策划阶段稍微多加投入并进行明智的决策,采购部门可以在建筑使用期间节省很多开支。

在设施建成后,使用后评价阶段收集的信息有助于对全生命周期成本评估过程中所做的关键决策的成果进行评价。

建筑环境中的可持续性

建筑及相关活动对环境的影响如今得到了广泛关注,各国政府也在考验着建造工艺、理论、实践、程序并监控建筑业的产出,目的在于质疑和改变现代建筑的建造和使用方式。不管是现存建筑还是新建建筑,人们希望对工艺及其他方面的改变都能够影响能源和建筑的能源输入,并对全球温室气体的排放产生积极影响。这种改变需要一定的成本,因为建造工艺的改进、建筑标准及规范都对满足未来人类的需求和政府的目标产生了新的挑战。此外发展控制①中考虑到的其他可持续方面如自然的平衡(例如水的使用和排放,树木的种植,生态问题和一些相关的问题),都有严格立法的必要。

可持续发展

或许是因为有太多关于气候变化以及强调减少二氧化碳排放和污染的文章,许多人都倾向于认为"可持续"只针对"环境",这些倾向开始主导可持续发展的议程。然而,"可持续性"的三大基本点中还有另外两个重要的元素,分别是社会(民众)和经济(利益)。在这三者中,很多人认为应该更多地考虑最后一个因素——经济。因为改善环境需要很大的代价,很显然大多数相关利益者都想保障他们自身的利益。国家规划政策框架(The National Planning Policy Framework,NPPF)(2012)②将越来越重视环境改变的影响。

随着世界人口的不断增加和资源的不断减少,即便不存在气候变化问题,仍然需要更加合理地使用材料,减少废弃物的排放数量。对有价值资源的再利用或者循环使用同样具有环保和经济的效用。

斯特恩报告(2006)③指出,气候变化引起的极端天气能够影响高达1%的全球GDP增长,更糟糕的情况是,这预计会使全球的人均产值降低20%。尽管有很多人不愿意考虑减少排放的必要措施,但是,基于相关的成本和今后的利益得失分析,这种"什么也不做"的成本是远远超过减少碳排放所带来的成本的。

然而,许多专家成功地证明,如果从整体上考虑可持续性,进行现代材料和系统的集成设计,完全有可能创造出一个既可持续又经济可行的建筑环境。此外,大多数工业专家们现在所持的观点是我们确实没有其他选择,这个星球需要环境上的调整,重要的方法是通过改变我们的建筑环境、能源消耗、运输系统和生活方式

---

① 见词汇表定义。
② Department of Communities and Local Government (2012) National Planning Policy Framework — available at http://www.gov.uk/government/uploads/system/uploads/attachment_data/file/6077/2116950.pdf.
③ Stern, N. (2006). "Stern Review on The Economics of Climate Change". HM Treasury, London. Available at http://webarchive.nationalarchives.gov.uk/+/http:/www.hm-treasury.gov.uk/independent_reviews/stern_review_economics_climate_change/stern_review_report.cfm.

来减少碳的排放。但是这种改变,在当今世界的政治背景以及有限的资源条件下并不是那么容易的,因此需要整体地考虑环境、经济、社会这三重底线,这意味着在整个解决方案中须重点考虑利益和民众。

设计应该适应功能需求演变,在建筑漫长的生命期内相对弹性地满足不同的使用需求,从而减少材料资源的使用。

依据人类社会的标准,建设项目不能因为污染、过于庞大的规模、不合时宜的设计、过度的拥挤、高额的维修费以及不加节制地消耗材料和资源而对外部环境产生不利的影响。同时,需保证大多数人能买得起住房,有充足的公共绿地、灯光、声音、密度等方面都很舒适的内部空间以及合理的通勤距离。出行是碳污染和自然资源消耗的一个重要来源,因此设计更短的通勤距离是追求更健康环境的总体目标的一部分。

办公室和商铺应该遵循相似的指导方针,力争被社会更为广泛地接受,并在安全、交通便利且配备有娱乐设施的建筑环境中,建造具备良好结构设计的建筑项目和社区参与设施,以创造健康的生活方式和精神上的幸福。

考虑到经济效益的因素,建筑业的最终目标是使建筑和设施在经济可行的同时也与环境相协调。除非在设计、制造、材料和规格的选择、建设和运营的效率这些方面综合考虑,否则在实际的预算限制下,建造在环境和社会两方面都令人满意的建筑是非常困难的。当试图对项目整修翻新时,这一点尤为明显。

如果我们希望保持当前自然的平衡,就必须摒弃造成浪费的行为习惯,并且生产可持续使用、社会所认可、保护自然资源的同时不破坏环境的设施。然而,创造舒适的内部环境、有效率地建设和运营、同时获得可持续的经济收益是很重要的。要达成这种和谐的环境,遵循国家和国际上认证的标准尤为重要,如,BREEAM,LEED,Green Star 等,这有助于减少消费者对于会造成重度污染的商品和服务的需求。非化石燃料到2050年将至少占据需求能量产出的60%,可以用它来促进清洁能源推广和交通系统发展,目的是达到大幅度减少碳排放的要求。要达成这一目标,用户、业主、社会组织都要做出重大变革。

可靠的可持续发展

由于大型项目需要多年才能完成,可以推测,政府最终会对每一个项目在建设周期内的碳排放足迹进行严格监测。在材料的选择上,如混凝土、钢筋等具有高碳消耗以及高运输成本的材料将逐渐被其他材料取代。在选择供应商时,将会对他们的机械、电气设备以及电镀工艺进行碳排放评估。生产、运输以及操作过程中产生的碳消耗,也会进行类似的评估并将其计入初始资本成本。

随着可靠的可持续发展日益成为每个国家和国际的问题,各个项目的项目经理和业主方应协力确保在项目的初期就已清楚自己在整个供应链中的职责。项目经理需要向业主方保证,设计和施工队伍在项目的可持续发展方面和施工过程中,都有适当的方案来使得最终建成的项目对环境有最低程度的不利影响。为了实现这一目标,项目团队需要采用创新方法和最佳实践。因此,应通过有效利用先进的管理工具和系统(见后文)来控制建设过程,这需要由始至终考虑整个建设过程中的碳足迹,不过在评估碳排放的过程中需要监测上述工具的有效性。

常规的管理工具和系统,包括以下内容:
- 考虑材料的使用年限以及是否可以重复使用或回收,考虑材料在设施的生命周期中对其热力性能的作用。那些虽然在建设初期为低能耗,但在项目完成后的使用过程中需要被频繁更换的材料，从建筑物的整个生命周期看，可能对环境更有害。
- 考虑材料采购来源，以及来源地的远近。
- 考虑是否存在能够返还剩余材料或包装的供应链伙伴关系。
- 考虑使用可回收利用或再生材料，停止使用组件。
- 制订详细的现场废弃物管理计划（site waste management plans，SWMPs），这些计划强调项目只得产生极少的垃圾，尤其是投资超过 300 000 英镑的项目。
- 利用信息和通信技术，通过交互操作软件系统自上而下地管理分包商。
- 使用具有安全数据库的电子文档管理系统。
- 从项目早期就使用建筑信息模型（BIM）系统辅助设计。
- 在施工前和施工阶段，使用电子招标和电子商务辅助项目管理。
- 安装高效的无线技术、无线射频识别（Radio-frequency identification，RFID）的数据采集装置。
- 即时通信和虚拟办公室以及会议设施的使用可减少内部成员出差的需要。
- 确保在项目建设阶段使用了准确的成本数据（whole-life costs，WLC），以便业主在各个阶段做出最准确的判断。

可持续发展的实现

设计和建设的可持续发展要求所有项目参与者从项目开始到结束的每一个阶段都承担起一定责任，并且贯穿整个项目生命周期直至项目结束（然后开始新的循环）。

BN 2.01 将更加深入介绍可持续性的关键问题和项目每一个阶段需要执行的内容，BN 2.02 将提供有关英国建筑研究院环境评估方法（BREEAM）和可持续住宅指南（Code for Sustainable Homes，CSH）的信息。

目前，政府正在进行主要的咨询和审查工作，住房标准审查的结果可能影响自愿性住宅标准的建筑规范框架。

大多数业主和政府部门主动参与并致力于实现可持续发展，他们要求建筑业对改善社会、经济和环境的需求做出响应。例如与地球的环境资源共存，创造生物多样性，确保建立机会均等、强大、健康的社会，建设强大且稳定的经济，使用健全的科学方法来发展和促进善政。

《BS8900 可持续发展管理指南草案》中将可持续发展定义为"一种用于保障经济活动、承担环境责任和促进社会进步的持久、平衡的方法"。英国皇家注册设备工程师协会（Chartered Institution of Building Services Engineers，CIBSE）认为，可持续性就是让"全世界人民在不损害后代生活质量的前提下，满足自身的基本需求并追求更高质量的生活"，这个目标即将实现。根据 1987 年由世界环境及发展委员会所发表的布伦特兰报告书[①]中的定义，可持续发展是既满足当代人的需求又不损害后代，满足其需求的能力的一种发展。

可持续发展经常被定义为社会、经济和环境（生态）之间的互相影响。如图 2.3 所示。

---

① 世界环境及发展委员会.我们共同的未来(布伦兰特报告书)(1987)[M].牛津：牛津大学出版社.ISBN 019282080X. Available at http://www.un-documents.net/our-commen-future.pdf.

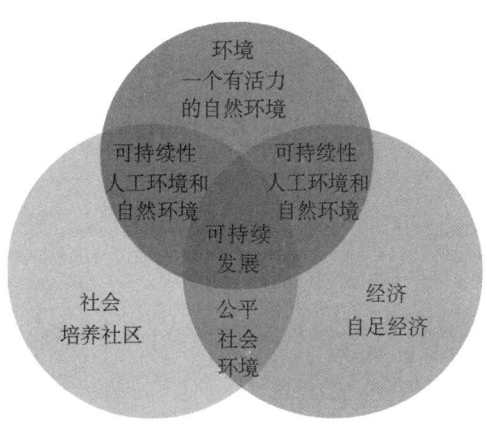

图 2.3　可持续发展概要
改编自 CIRIA C571《可持续建筑工程采购:关于交付环境友好型项目的指南》。

选址与场地获取

当业主还没有建设用地时,选址和场地获取将成为项目周期内一个重要阶段,应该尽可能早地进行,理想状况下,应与可行性研究同时进行(需要注意的是,可行性研究的可信度取决于主要场地的特征)。这项工作应由专业咨询方和律师共同完成,并可能涉及大量需要细致谨慎的调查工作,需要在项目经理监管下进行。

要确保以下的工作目标:根据待建造的项目界定选址要求,首先所选取的场地必须符合上述要求,其次场地的获取受到开发计划大纲的约束,并尽量将业主的风险降至最低。

为了实现这些目标,需要完成以下的任务:
- 准备一份关于场地、设施和建筑需求/目标的综述,并与业主达成一致。
- 准备一份选址说明书和一套基于项目目标与业主需求的场地衡量标准。
- 制订融资计划。
- 明确各项目团队成员责任(业主、项目经理和商业地产代理人)。
- 委任项目团队成员,制订选址和场地获取的工作计划表;在计划表的基础上对工作进行监管和控制。
- 开始寻找场地,并搜集相关数据,包括当地规划要求,以便根据既定标准进行评定。
- 根据既定标准对地址进行评定,并提供三至四个候选地址的短名单;就权重与业主达成一致。
- 完成初始轮廓设计和开发预算。
- 与有关规划部门讨论候选地址。
- 获得关于候选地址的相似地块的市场价值的建议。
- 从候选地址中确定一个地址。
- 委托代理人进行价格谈判,委托独立代理人进行独立估价。
- 视情况委托相关律师。
- 确定具体的财务安排。
- 一旦条款、相关问题的条件达成一致即办理相关手续,例如:土地勘测、规划许可(图 2.4)。

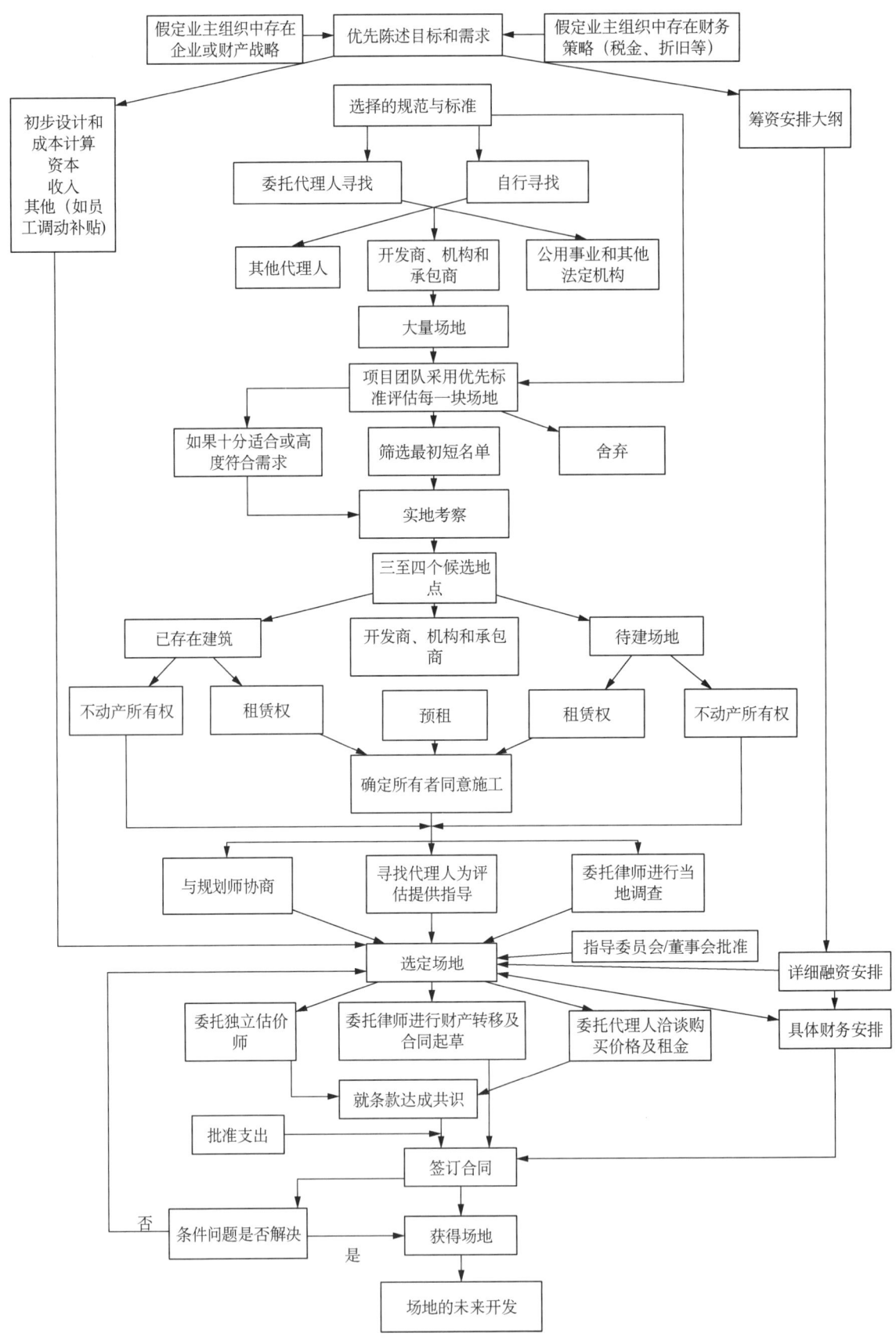

图 2.4 选址与场地获取

项目纲要

项目纲要的制订是一个互动的过程,涉及设计团队里大多数成员和合适的业主代表。由项目经理管理项目进程、解决矛盾、获取业主意见、进行简短记录并获得业主许可。管理业主组织以确保项目纲要中的信息来自于合适的被咨询者是一件既费时又费力的事情。这要求项目经理需要了解与懂得业主组织的架构、文化和特征。最好的情况是能在最初的阶段对项目各方面确立所有权和优先权,表2.1列出了一些建议的项目纲要内容。

表 2.1 项目纲要的内容

项目纲要的内容应根据每个项目的环境和要求做出调整,建议列表如下。
- 背景
- 项目定义,解释项目需要实现什么,它包括:
  1. 项目目标
  2. 项目范围
  3. 项目可交付成果概述和/或预期成果概述
  4. 项目不包括的内容
  5. 约束限制
  6. 界面
- 商业方案概述
  1. 描述项目如何支持商业战略,计划和方案
  2. 选择此方案的理由
- 融资目标
- 期望绩效
- 验收标准
- 风险评估

如果前期工作已经结束,项目纲要应参考含有大量有用信息的文件,例如项目大纲摘要,但不包括他们的副本。由于这个阶段具备修改的机会和余地,业主经常在此时修改他们对项目建议书各方面的想法。图2.5形象地说明了随着项目的发展,"可变更余地"与"成本变动"之间的关系。从图可以看出,策划阶段结束时出现了交叉点,业主需要一直关注两者之间的关系以及大纲、设计定稿的优势。

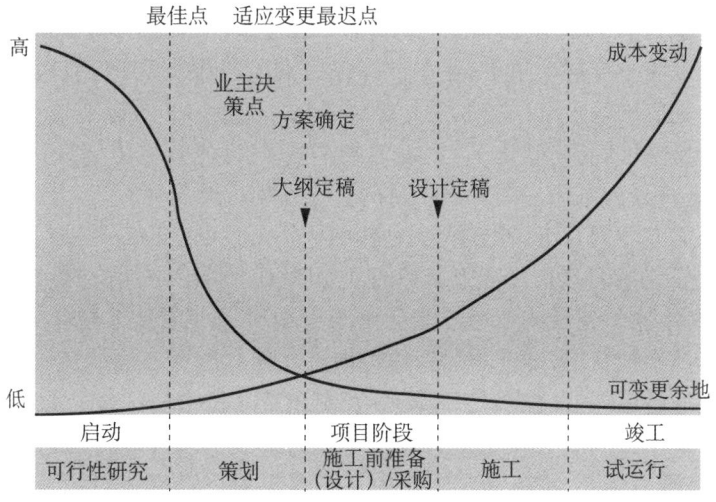

图 2.5 变动成本和可变更余地之间的关系

必须强调的关键点是，业主要了解和熟悉足够多的关于项目最终需求和开发目标的信息，这一点再怎么强调也不为过。项目经理必须经过仔细、全面的调查研究来了解业主需求和目标，以减少项目纲要在未来进行修改的风险。很多业主不了解项目开发进程，他们可能也没有完全意识到项目初期尽可能让设计准确和可行的重要性，同理，也不明白在设计开始之前确保大纲反映业主需求，并在采购和建设之前确保设计正确的重要性。项目经理需要竭尽所能去让客户熟悉设计变更产生的潜在成本和时间影响，并且尽可能明确业主的确切需求。尽管这应该是项目经理所做的事情，但是，建议在工程项目的需求确定之前委任一名"业主顾问"提供独立建议，尤其是复杂项目和关键业务项目。

设计大纲

在项目纲要内，通常情况下设计大纲的汇编完成主要是设计总顾问和项目经理的责任，有些情况下也是业主方和承包方的责任。项目经理会监督设计大纲的汇编以确保其遵守项目大纲摘要、项目预算和总体方案。

根据项目的性质、采用的采购方法和总体方案，一些工作很多时候是可以同时进行的。然而如果在完成设计大纲前就开始了最终的概念设计，那么变更、延误和费用增加一定会发生。现场准备绝不能在完成概念设计前开始。对于设计大纲中的一些决策，业主方甚至会推迟到施工阶段才决定，这不可避免地涉及一些风险，而面对这些风险需要花费时间和成本。因此，为了提升确定性，通常（极端情况除外）更好的和更有可能实现的办法是在建设开始前完成大纲和设计，而这就需要优秀的项目管理者。

项目经理会根据设计大纲中任何部分发生的推迟，针对涉及的成本、时间、风险的影响向业主方提供建议。项目经理会跟踪概念设计的进展情况，设计大纲中任何会对成本、时间、质量、功能和财务可行性将带来影响的变化都应通知业主方。

融资和投资评价

在所有的项目开发中，必须建立成本和价值之间的平衡。有两种方法对项目进行财务评价，一是通过计算总成本然后评估价值，二是计算最终产品的价值并着眼于当前价值来计算出项目成本。通常而言，业主方希望价值可以超过费用，且在开发商主导的项目中，业主方将在启动阶段根据利润（或利益）金额涉及的风险水平完成决策。全面的风险分析通常用来协助决策，特别是对于能获得潜在创收的市场条件、利率变化、方案延迟的潜在影响和类似历史先例的成果等方面的分析（这些分析可能会纳入该项目的商业计划或开发评价）。开发商和很多业主在建设采购方面拥有丰富的经验，他们在这些领域可能不需要项目经理的具体帮助，但是要保证他们熟知资金安排以便他们做任何项目决策时都将其考虑进去。另一方面，不熟悉建设的业主可能会要求由项目经理或其他独立的咨询方提供信息。无论是哪种情况，即使项目经理可能具备项目融资方面的知识，他也不太可能在这一领域给出专业的建议。顾问专家或业主自己会安排银行融资，对这些有关置地和开发项目的融资领域进行税收和法律两方面的咨询。项目经理应该能够对增值税、预算体系、成本和现金流的一些事项提供意见；项目经理还应该知道在何时何处寻求专业顾问意见，以增加自己或业主在这些方面的专业知识。

开发规划及控制

规划已经成为传达大量政府预期目标的重要手段,这些目标一般关于气候变化、减少碳排放、住房获取和增加住房供应、提高生物多样性和其他一些正在出现的优先事项,这些问题通常需要通过地区规划管理局(local planning authority, LPA)在当地基础上制订地方规划政策来解决。任何重大的开发项目在开工前还需要得到不同机构的各种批准,例如施工材料和方法需要通过有关建筑规范的批准。在《城乡规划法案》(1947)和随后各个修正案的基础上,超过400个LPA借助"规划导向体系"制订开发计划并咨询公众意见,以规划管理土地利用和新建工程。后续开发需要规划许可,而在规划许可的申请过程中开发计划将作为一个重要的考量因素。

利益相关者的识别

利益相关者是直接或间接地影响拟建项目或者是受拟建项目影响的个人或组织。

外部利益相关者通常会包含金融机构、客户、最终用户和其他公众成员。在某些情况下,一些利益相关者需要根据监管要求或立法要求来识别确定。

内部利益相关者会包含直接参与项目的组织,可能有供应商和服务提供方,并且包含拥有足够权力以决定组织战略的个人。

绘制利益相关者分析图可以识别利益相关者及相关预期和权力,它有助于理解利益相关者间所有潜在的行政优先权。它强调了两个问题的重要性:

- 每个利益相关者或组织有多想让项目将自己的期望考虑在内。
- 利益相关者是否有权利这样做。

图2.6通过权力/利益水平矩阵明确了利益相关者分析图。

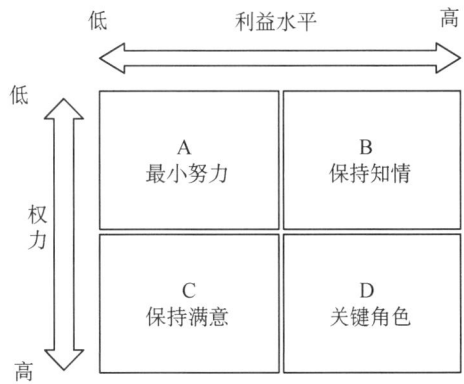

图2.6 利益相关者分析图:权力和利益水平矩阵,来自Johnson等(2006)

商业案例

商业案例通过分析说明融资或投资的理论依据得到融资或投资的管理承诺和许可。商业案例提供了一个关于计划和管理拟开发项目以及监控项目持续可行性的基准框架。

后文中为商业案例的开发提供了一个模板,详见 BN 2.05。

批准继续

业主须在对这一阶段产生的全部文件进行审查之后,再次声明是否决定继续该项目,目的是:

- 提供财务管理和控制整个项目的权限。
- 确保在核实项目大型支出的合理性前没有对其做出承诺。

在项目的早期阶段中,实际成本是不可知的。很重要的一点是核查资金供应(包括时间进度、成本和突发事故风险)的需求被各方认可。在后期阶段中,预测项目成本在大多数情况下和预期估计的不同,这需要在后期阶段再次讨论负担能力以确定能得到足够的资金(表 2.2)。

表 2.2 业主决策提示列表

- 该项目是否有充足的融资?
- 项目纲要是否能证明项目存在的价值,并且证明由此所涉及的投资有价值?
- 外部支持和设施要求是否已明确并可用?
- 为了实现资金的最大价值,是否已应用最适当的绩效标准?
- 保证责任分配是否落实并被接受?
- 是否应用了商定的可持续标准?

BIM 大纲

一旦项目纲要被建立,就设置了项目的参数。参数包括:方案、预算和对功能、质量、标准规定、环境绩效和生命周期的要求。

借助 BIM,快速开发基础概念方案成为可能,这不只是为了业主做评估,也是为了和当地社区、开发控制方及最终用户等其他利益相关者之间的协商讨论。

由经验丰富的人员建立的 BIM 环境,其中资料库的数据和内容都具有可参考性,这可能包括成本、采购、产品库和相关或相似项目的信息的基准数据。所有这一切有助于了解可行性过程,从而达到确定优选方案以推动项目开展的目的。从全生命周期的角度看,在建筑服务、管理和组成的更替上 BIM 也发挥着作用。

为了展示提案,简单的可视化也可以被用在这一阶段,例如模拟仿真和验证技术可以被用来量化成本、评估环境因素定位和访问要求。通过这种方式,可以在细节上提升项目纲要,并使团队在项目的期望和理解上达成一致。

BN 2.01　关键的可持续性问题

可持续性问题——设计和建设目标（来源：CIBSE 针对可持续性的介绍© 2007 年 4 月英国特许设备工程师学会，伦敦）。

可持续问题	设计与建设目标示例
能源与二氧化碳	通过应用高能效的设计原理及使用低碳或无碳技术来减少预计的二氧化碳排放。
水	通过整合高效用水的设备、装置和配件来减少预计水用量。
废品	减少施工和拆除废物的填埋，根据废物的层次结构进行回收利用。
交通运输	增加建筑使用过程中可持续交运模式的使用。
适应气候变化	在未来预期的不同及苛刻条件下，提高建筑物成功运作的能力。
洪水风险	减轻洪水泛滥的危险（设计时考虑洪水后的恢复能力）。
材料和设备	在环境友好的基础上选择能在生命周期过程中减少对环境影响的材料和设备。
污染	减少不可避免的建设排放以及意外污染的风险。
生态和生物多样性	通过保护现存资源以及引进新栖息地和/或新物种来加强区域生态和生物多样性。
健康和福祉	提供一个更加安全、可达、健康、舒适的环境。
社会问题	通过采取合理的设计方案和良好的建造运营措施，项目能够在全生命周期内减少对周边社区的潜在伤害和不利影响，例如应用设计策略或其他类似途径保障安全。

每个项目阶段的关键措施（来源：CIBSE 针对可持续性的介绍© 2007 年 4 月英国特许设备工程师学会，伦敦）。

关键阶段	关键措施
启动前阶段	确定所有可持续性的动机并且确保所任命的项目团队能够响应这些动机。 确定可持续性相关的项目风险（比如，洪水风险评估、对生态栖息地的破坏、交通影响等）。 决定可持续性目标的潜在影响（例如，"无碳发展"的目标可能影响到整个团队）。 范围及费用的预测，对早期阶段工作范围内能源和水的使用的预测（早期阶段能源和碳排放评估越来越有必要性）。 决定是否需要环境影响评价。
战略大纲阶段	通过考虑可持续性动机和在项目前期提出问题，对战略大纲作出响应。 确定大纲中任何可能与可持续性目标冲突的要求（例如，夏天室内低温的设计目标）。 确定专家咨询介入的需要（例如地源热泵需要的地面条件）。
项目纲要阶段	提出可持续性目标和任务，尤其是碳和水的目标应当响应可持续动机。 决定是否需要采用评估方法（比如 BREEAM、NEAT）并且确保项目对所有相关目标作出贡献。 确保所有关键的可持续性目标落实到设计上，特别是与碳和水相关的。

(续表)

关键阶段	关键措施
策划	针对可持续性目标进行初步选址分析,包括决定基础设施容量,创造地面条件等。 为项目团队在关键问题上提供经验和设计指导(例如,达到预期荷载需要的风力发电机组的数量,或者能源中心的大小)。 在遵守《CIBSE 指南 L:可持续性》所设定的规则的情况下制定能源和碳排放策略。 在遵守《CIBSE 指南 L:可持续性》所设定的规则的情况下制定水资源管理策略。 在遵守《CIBSE 指南 L:可持续性》所设定的规则的情况下制定适应气候变化影响的策略。 建议项目团队确定现场的洪水风险,并同地方当局协商,以确定是否做过洪水风险的战略性风险评估。 将抵御洪灾的规则纳入建筑设施设计中,并且同设计团队共同工作,提升防洪和抗洪意识。 建议项目团队将可持续排水系统和雨水收集相结合的方式纳入考虑。 项目团队应当同交通规划者保持联络,以确认地方当局规定的交通工作范围。 建议聘请一名合格的生态学家进行现场的生态评估。 告知项目团队将景观植被融入建筑设计的潜在益处(比如绿色屋顶或墙壁)。 根据建筑通达性的检查情况,将对通道和无障碍设施纳入考虑。 建议制订废品管理战略为建筑运营做准备。 考虑废物系统中的潜在能源。 建立诸如垃圾捣碎机、服务型存储空间等废物管理设备的需求及可行性。 建议项目团队考虑材料和设备的生命周期影响,比如在选择施工方法时需要考虑通风策略和适当的蓄热材料。 项目团队应了解到结构设计的原则,并且考虑服务组件的寿命以便在到期后进行回收利用。 建议积极地与当地社区进行交流和磋商。 强调与当地建设行政机构联络官就安全和安保问题进行咨询的必要性("设计确保安全")。 确定计划战略和建立需要提交的信息。特别地,决定是否需要为申请准备一份能源战略报告和可持续性声明。 提供一份环境影响评价(如果有必要的话),尤其在与空气质量、噪声、局部气候问题等相关的方面。
设计	确认能够减少需求、有效地供给以及提供低碳或者无碳技术的备选方案。提供可行的技术和方法以达到碳排放量目标。 确认关于减少水的需求量,高效供水以及使用雨水或处理并再利用水的方案。 提供可行的技术和方法并能够达到目标用水量。 就与使用 FGas 制冷剂(如 R134a 和 R407C.5.3)相关的维护和操作问题向业主提供建议。 确保这些作为相关指导的建议,能够提供舒适、正确并促进健康和福祉的内部环境。 确保在运营期间,将针对废品的高效管理和可回收材料的储存空间纳入规划,并且正确地服务和管理这个空间。 基于整体环境影响和供应商的说明挑选和获得材料来源。 避免危害环境材料的使用,比如含有导致全球变暖的气体的隔热材料的使用。 避免选择或安放那些有可能在现有背景级别下制造额外噪声的设备。 为基础设施提供与维护以及服务安排替代方案,比如能源服务企业和综合公用事业合营企业。 结合所有在早期设计阶段确定的技术和方法,参考 CIBSE 在线可持续工程工具来确定详细的措施。
施工	建议选择承包商时考虑环境凭证。 所有相关投标文件包都应当针对项目可持续性需求进行检查。 建议选择分包商和供应商时考虑环境凭证。 建议针对项目目标对可持续性能做定期检查。 确保采购以及运送到现场的工程服务满足且充分满足关于可持续性的性能标准。 观察施工现场的做法并指出对环境会有极大影响的行为。
试运行	确保系统试运行和再调试的结果与可持续的目标相一致,并将系统性能出现的所有问题通知承包商。

(续表)

关键阶段	关键措施
建筑物移交	为项目提供一份施工记录日志和使用指南,并且确保设计目标和设想解释说明得清楚,使之能够和实际的运行能耗进行比较。
运营	确保该系统运营符合设计意图,这可能涉及了定期的试运行和使用后评价。当该建筑的拥有者或者占有者指定投标人并且对设施的运营维护合同进行评估时,建议解决可持续性问题。 确保整修或改装项目贯彻可持续性相关原则。 采用能源和用水管理措施,包括审计和标杆管理,以便节省潜在的开支。 建议项目再造系统考虑潜在的可重复利用的材料和系统。 确保审计和环境调查包含了依据关键的可持续性动机和目标的评估。 参考 CIBSE 在线可持续性工程工具来识别可以改善性能的详细方法。
重建	在拆除开始之前,需要开展审计以确定从拆除过程中回收有成本效益材料的可能性。

BN 2.02　环境可持续评价方法

BREEAM

英国建筑研究院环境评估方法(BREEAM 2008)是对建筑物(除了住宅)的环境评估中主要的和广泛使用的方法。为了更好地应用于实践中,它制订了表现为通过、好、很好、极好和杰出的可持续性设计和评级标准。环境影响评价的执行包含在以下方面:
- 设计阶段:能获得临时的 BREEAM 证书。
- 施工后阶段:能够获得最终的 BREEAM 的认证,并且按以下 10 个类别进行评定:
  - 管理。
  - 健康与福祉。
  - 能源。
  - 交通。
  - 水。
  - 材料。
  - 废料。
  - 土地使用和生态。
  - 污染。
  - 创新。

下面的表格总结了在每个 BREEAM 类别中的要点。

类别	要点
管理	试运行 施工现场影响 安全
健康与福祉	光照 使用者的温度舒适性 传音效果 室内空气和水质 照明
能源	二氧化碳的排放 低碳或零碳技术 能源的分项计量 高效节能建筑系统

(续表)

类别	要点
交通	公共交通网络的连通性 人行道和自行车道 便利设施可达性 交通计划和信息
水	水的消耗 防渗检测 水的循环与再利用
材料	材料全生命周期影响 材料再利用 可靠来源 坚固性
废弃物	建筑垃圾 骨料循环 设施回收
土地使用和生态	选址 生态性的保护 生态价值的衰减和提升
污染	制冷剂使用以及渗漏 防洪风险 氮氧化合物的排放 河道污染 建筑物表面光污染及噪声污染
创新	性能等级规范 有掌握 BREEAM 或类似方法认可的专业人士 新的技术以及建造流程

住宅及民居

《可持续住宅指南》

对住宅及民居而言，有两套评估方式[①]：

- 《可持续住宅指南》，2007 年 4 月（英格兰的新建房屋）由社区和地方政府部门发布。
- 生态住宅建设研究，2006（英格兰现存的房屋、苏格兰、威尔士及北爱尔兰的所有房屋）。这个评估方式为上文的法典奠定了基础。

《可持续住宅指南》从设计的九个方面来测量可持续性：

- 能源及二氧化碳排放。
- 水。

---

① 房屋标准审查，目前由政府执行主要的咨询和评审工作，其结果可能影响建筑规范（building regulation）框架和义务性住房标准。

- 材料。
- 地表水径流。
- 废弃物。
- 污染。
- 健康与福祉。
- 管理。
- 生态。

下面的表格总结了每一个类别的要点：

类别	问题
能源及二氧化碳排放	民居排放率（必备项） 建筑构造 内部照明 干燥空间 有节能标签的大型家用电器 外部照明 低碳/无碳技术 循环储存器 智能操作
水	内部用水（必备项） 外部用水
材料	材料对环境的影响 材料的可靠来源——建设过程中 材料的可靠来源——竣工验收后
地表水径流	从开发的角度管理地表水径流 防洪风险
废弃物	无法再利用的废弃物以及可再利用的日常废弃物的存放（必备项） 建筑垃圾管理（必备项） 堆肥
污染	隔热物质对全球变暖的潜在威胁 氮氧化合物的排放
健康与福祉	光照 隔声 私人空间 终身住宅（必备项）
管理	房屋使用向导 考虑周到的建造计划 建筑选址的影响 安全
生态	选址的生态价值 生态提升 生态特征的保护 选址的生态价值改变 建筑占地面积

（M）为强制考虑的元素的标记

指南使用了一个从一星级到六星级的打分体系，一星级是建筑规范的入门等级，六星级则是可持续发展的模范例证。在每个类别中的表现将会有一个明确的评级并给予相应的分数，把衡量系统分解来看可以得到下图。

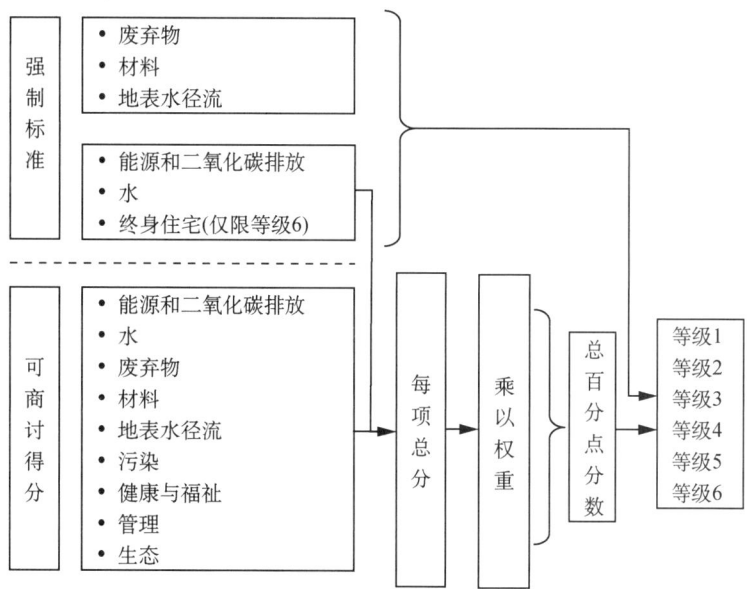

《可持续住宅指南》的评分系统①

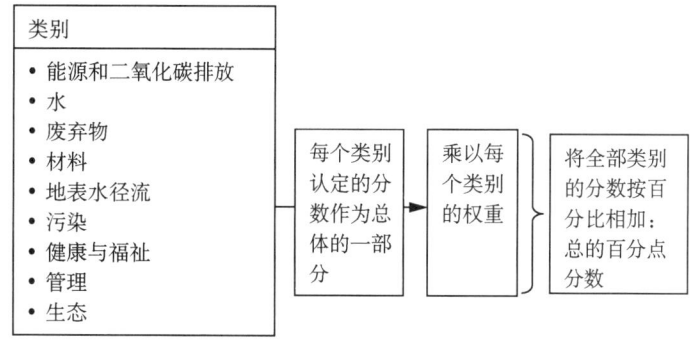

总分的计算

使用 BREEAM 时，这个评估在设计和施工后阶段实施。

生态房屋

生态房屋通过八个类似的设计类别来测算可持续性：
- 能源。
- 交通。
- 污染。
- 材料。
- 水。
- 土地使用和生态。
- 健康与福祉。

---

① 原著存在勘误，应以每一项总分乘以权重因子。

- 管理。

并且使用了一套相似的分数等级系统,这套系统将项目开发分为一般、良好、优秀、杰出几个等级。下面的表格总结了生态房屋每个类别的要点。

类别	要点
能量	民居排放率 建筑构造 干燥空间
	有生态标识的物品 内部照明 外部照明
交通	公共交通 循环储存器 便利设施 智能操作
污染	隔热物质对全球变暖的潜在威胁 氮氧化合物排放 减少地表径流 可再生的和低排放的能源 防洪风险
材料	材料对环境的影响 材料的可靠来源——基本建设期 材料的可靠来源——完工后 回收设施
水	内部饮用水 外部饮用水
土地使用和生态	选址的生态价值 生态提升 生态特征的保护 选址的生态价值改变 建筑占地面积
健康和福祉	光照 隔声 私人空间
管理	房屋使用指南 考虑周到的建造商 建筑选址的影响

BN 2.03 环境影响评价指南

介绍

环境影响评价(environmental impact assessment,EIA)是欧盟环境政策的一个重要工具。自第一部环评标准于1985年通过以来(标准85/3/EEC),环评体系的实践和相关条款都在不断地发展。第一版修订标准于1997年发布(标准97/11/EC),进一步的修订于2003年完成(标准2003/35/EC)。

1999年实施的《城乡规划规范》(英格兰和威尔士)及随后的修订版本规定公共和私营开发项目需要提供对环境的影响评估。到目前为止,它适用于1990年的《城乡规划法案》后所有的开发项目。环境影响评价是以一种系统的方式对项目可能对环境产生的显著影响进行评估的手段,这有助于在公众和相关主管部门做决策前让他们明白对环境影响进行预估的重要性,并且减少影响的范围。

一般而言,环境影响评价体系可以分为三个阶段。

- 开发商必须汇总可能发生的对环境产生重大影响的详细信息。为了帮助开发商,在需要时公共机构须提供他们所掌握的任何有关环境的信息;开发商也可以询问"主管部门"要求包含哪些内容。最后,开发商汇编的信息被称为环境综述(environmental statement,ES)。
- 环境综述(以及与它相关的申请)须予以公示,以给予政府相关的环境部门和公众对该项目和其环境综述发表意见的机会。
- 主管部门在决定是否通过此开发项目时,需考虑开发商的环境综述及其他信息,如意见、申述及其他相关信息。最后,须告知公众其决定及主要原因。

规范

该规范把环境影响评价程序整合到当地政府的管理体系中,这些程序可为项目开发对环境影响的评估提供更为系统的方法。环境影响评价不是可有可无的,如果一个项目很可能对环境产生显著影响,那么环境影响评价就是必需的。环境影响评价显示该项目可能对环境造成不利影响,并不代表必须拒绝提供规划许可。当地规划部门会根据开发计划,考虑包括环境影响在内的所有因素,判断每项规划申请的优劣。

对开发商而言,环境影响评价有助于他们在项目的早期阶段就确定它可能对环境产生的不利影响,也可以促进项目开发计划及设计、双方决策、磋商与响应的改进,尤其在当地的规划部门及其他利益相关者在项目筹备阶段就参与磋商时。此外,开发商可能会发现环境影响评价是寻找替代性开发方案的有效工具。这会使得最终的提案更符合环境标准,使其构成申请规划许可的坚实基础。用更为系统的方式展示环境评估信息可以减轻当地规划部门评估项目申请和拟定规划条件的工作量,令其更快地做出决策。

对于环境影响评价的应用,针对不确定事项的上诉期限可延长至 16 周。

环境影响评价(欧盟标准)

环境影响评价遵循欧盟指令条款中的规定评估公共和私营项目对环境的影响。

关键步骤	说明
准备阶段	业主准备项目提案。
通知主管单位	主管单位可能是地方政府、环境局、英国自然署或类似性质的组织,这取决于项目所处的位置及自然环境。
审查	主管单位决定是否需要做环境影响评价。可能主管单位收到意向书后同意开发申请,或开发商还需要申请审查意见。审查的决策必须记录并公之于众。
划定范围	欧盟规定,开发商可要求主管部门对涵盖在环境信息里的相关事项划定一个范围,该范围同时也可以涵盖环境影响评价程序的其他方面。
环境研究	开发商要进行研究,以收集和准备所需的环境信息。
向主管单位递交环境综述	开发商向主管单位提交开发申请书时应同步提供环境信息,环境信息通常以环境影响报告书的形式呈现。
审查环境信息的充分性	如果提交的信息不充分,会要求业主提供更详细的信息。
与法定环保部门、其他利害关系方和公众进行协商	必须向环境主管部门和其他相关机构及公众提供相应的环境信息。
主管单位在做出开发许可决定之前审查环境信息	在开发申请通过之前,他们有权对这个项目及它的环境影响发表意见。主管部门在做出开发许可决定之前,必须考量环境信息及磋商结果。
宣布决定	必须向公众公布主管单位的决定及理由,以及减轻该项目对环境不利影响的措施。
项目通过后的监控	项目实施后需对其产生的影响进行监控。

确认是否需要环境影响评价

一般情况下,当地的规划部门需要在第一时间考虑是否需要就开发提案进行环境影响评价。为此,他们需要考虑该开发项目属于章程所列的哪一类项目。一类项目一般均需要环境影响评价,二类项目只有在有事实证明其可能对环境产生显著影响时才需要环境影响评价,如大小、性质、所处地点等。

改建或者扩建项目,只有这种改建或扩建有可能对环境有显著的影响时才需要环境影响评价。

同城乡规划法一致,该法规没有涉及官方的开发项目。

规划申请

对于开发申请要求的环境影响评价，必须建立在遵循 2011 年发布的城乡规划章程（环境影响评价）及环境交通区域部（Department of Environment Transport and the Regions，DETR）2/99 通告的指导基础上。当一个开发申请进行初步策划后，当地的规划部门必须要有充分的资料评估该项目对环境的影响，以决定是否给予其规划许可。

若有关部门要求进行环境影响评价但在开发申请中没有递交的，必须在收到申请三周之内通知申请人，清楚准确地说明需要环境影响评价的原因。

仍希望继续申请的申请人需要在收到通知后三周之内答复，答复需指明该申请人的意图，是提交环境综述还是向国务大臣申请筛选指示。如果申请人三周内无答复，则该申请将被视为已拒绝。

准备环境综述及其内容

申请人有义务准备环境综述。没有任何相关法定条款规定了环境综述的形式，但是，它必须包含第二部分规定的资料，附录四的第一部分有必要要求开发商评估项目的影响并汇总。

项目可能显著影响环境的列表列于附录四第一部分的第三段，包括人类、植物、动物、土壤、水、空气、气候、景观、材料、资产（包括建筑和考古遗迹），以及任何前述的交集。

判定是否需要环境影响评价的步骤（节选）

在以下各阶段需要判定某开发提案是否需要环境影响评价：
- 开发商决定需要进行环境影响评价并递交陈述书。
- 开发商在递交任何规划申请前，可询问当地规划部门的审查意见。如果开发商不愿进行环境影响评价或者没有在规定时间内接纳审查意见，该开发商就需要向国务大臣申请筛选指示。同样的步骤适用于开发许可的申请。
- 当地规划部门在收到一份规划申请后可以决定该项目是否需要进行环境影响评价。如果开发商对此有异议，就需要根据部门负责人的建议调整项目方向。
- 国务大臣可以要求正在申请及之前上诉申请的项目进行环境影响评价。
- 国务大臣可以在特定项目批准之前的任何阶段决定其是否需要环境影响评价。

寻求当地规划部门对环境综述的范围划定（划定范围）

在进行规划申请前，开发商需要询问当地规划部门环境综述需要包含哪些信息（一个划定范围的选择）。这个规定会使开发商明确当地规划部门认为开发项目可能产生的主要影响，由此可以确定环境综述的重点。开发商必须在申请审查意见时提供同样的信息。当地规划部门需要在收到请求之后五周之内给出审查意见。

咨询机构提供信息

根据环境信息规范,公共机构必须向公众提供所有他们需要的信息。如果开发商已经告知当地规划部门准备递交环境综述,则规划部门须告知咨询机构。咨询机构有:

- 在开发管理步骤规定第十条条例下针对所有开发项目申请的法定咨询机构(2010年版第16号附件5)。
- 该地区所有主要的理事会(除当地规划部门)。
- 英国自然署。
- 苏格兰自然遗产署。
- 威尔士自然资源署。
- 北爱尔兰环境署。
- 保护自然联合会。
- 保护自然及乡村委员会。
- 苏格兰环境保护局。
- 环境局。
- 英国遗产署。

完美的环境综述的特点

- 清晰的结构①及逻辑顺序,例如:描述、现有的基准条件、预测的影响(性质、程度和幅度)、缓解的余地、已商定的缓解措施,不可避免/剩余的环境影响的重要性。
- 文件开头的目录。
- 清晰地阐述获得开发许可的程序以及环境影响评价是如何与之适应的。
- 恰当的交叉引用。
- 简洁、全面、客观。
- 公正不带偏见。
- 包含开发提案的完整描述。
- 有效地利用图表、插图、照片和其他图形来支持文本。
- 采用统一的术语与词汇。
- 注明所有参考文献的出处。
- 能清楚地解释复杂问题。
- 很好地说明研究每个环境议题时的方法。
- 按重要性叙述相关主题。
- 为论点提供论据。
- 包含一个清楚的关于备选方案的讨论。
- 对缓解问题作出承诺(包括计划)并进行监控。
- 不包含技术术语的非技术性摘要。

---

① 规定中的计划表4。

1.0 介绍
1.1 一般项目描述
1.2 环境影响评价的开展
1.3 规划背景
1.4 环境综述的范围及内容
1.5 环境综述的有效性及评价

2.0 环境影响评价方法
2.1 目的
2.2 范围研究
2.3 协商
2.4 定义基准
2.5 敏感性分析
2.6 影响预测
2.7 评价意义
2.8 缓解措施
2.9 其他影响
2.10 假设和限制

3.0 开发背景和替代方案
3.1 介绍
3.2 现场注意事项和限制
3.3 不开发方案
3.4 提出再开发目标
3.5 设计替代方案

4.0 现场说明和设计陈述
4.1 介绍
4.2 现场位置和布置
4.3 现场描述
4.4 设计综述

5.0 厂房拆除,修复和建设
5.1 介绍
5.2 进度概述
5.3 厂房拆除和石棉清除
5.4 拆除
5.5 修复
5.6 建造
5.7 交通建设
5.8 环境管理计划和施工指南

6.0 环境管理计划 (environment management plan, EMP),以及建筑工程潜在影响
6.1 介绍
6.2 环境管理计划的范围
6.3 总结及结论

7.0 规划和政策背景
7.1 介绍
7.2 规划政策指导
7.3 战略指导
7.4 战略规划(当地)
7.5 规划大纲
7.6 所采用的当地城市发展规划
7.7 城市发展规划的建议修改
7.8 价格合理的保障性住房
7.9 对规划和政策背景的总结

8.0 环境的可持续
8.1 介绍
8.2 国家指南和地方政策
8.3 评估方法
8.4 可持续主题
8.5 结果
8.6 总结及结论

9.0 社会经济影响
9.1 介绍
9.2 评估方法
9.3 基准数据
9.4 开发的影响
9.5 总结及结论

10.0 文物建筑、城市景观和视觉影响
10.1 介绍
10.2 评估方法
10.3 视觉效果评价的描述方式
10.4 基准条件——遗产和现有的城市景观
10.5 城市景观研究,政策和指导方针
10.6 城市景观和视觉影响评估
10.7 影响评估——地点
10.8 影响评估——全景,视觉移动和大型建筑的相互作用
10.9 影响评估——特定视角
10.10 总结和结论

11.0 考古学
11.1 介绍
11.2 评估方法
11.3 政策考虑和立法
11.4 初步评估
11.5 需要发掘的潜在地点
11.6 环境潜力
11.7 周边地区的文物资源
11.8 考古潜力汇总
11.9 开发影响
11.10 缓解措施
11.11 总结及结论

12.0 水资源
12.1 介绍
12.2 评估方法
12.3 方法和假设
12.4 基准地下水条件
12.5 基准地表水资源
12.6 便利设施/娱乐
12.7 不进行开发的影响(当地)
12.8 开发的影响(当地)
12.9 缓解措施和提出的监测手段
12.10 其他影响
12.11 总结及结论

13.0 生态
13.1 介绍及背景
13.2 生态评估
13.3 方法
13.4 现有基准
13.5 生态基线评估
13.6 预测不进行开发的条件下现有基准的改变
13.7 开发方案和缓解方案的潜在影响
13.8 考虑生态问题的设计
13.9 总结及结论

14.0 污染问题
14.1 介绍
14.2 评估方法
14.3 场地历史
14.4 地上的调查结果
14.5 地下的调查结果
14.6 风险评估
14.7 补救设计
14.8 开发与缓解措施的影响
14.9 总结及结论

15.0 交通
15.1 介绍
15.2 评估方法
15.3 现有公共交通网络概观
15.4 现有公路网
15.5 预测流量和评估开发产生的影响
15.6 交通举措及缓解
15.7 总结及结论

16.0 空气质量
16.1 介绍
16.2 现行法律和空气质量标准
16.3 规划政策背景
16.4 评估方法
16.5 基准信息
16.6 缓解措施
16.7 空气质量模型研究
16.8 影响的评估
16.9 总结及结论

17.0 噪声和振动
17.1 介绍
17.2 评估途径
17.3 评估方法
17.4 识别敏感受体
17.5 基准环境
17.6 重建过程中产生的噪声和振动水平的估计
17.7 估计运营期间产生的噪声和振动水平
17.8 重建的影响评估
17.9 场地上新的自用住宅的影响评估
17.10 缓解措施
17.11 场地上新建自用住宅的影响评估
17.12 总结及结论

18.0 微气候
18.1 介绍
18.2 评估方法
18.3 结果
18.4 未采取缓解措施的开发后果
18.5 缓解措施
18.6 总结及结论

19.0 电信
19.1 介绍
19.2 评估方法
19.3 方法
19.4 调查结果
19.5 开发的潜在影响
19.6 缓解措施
19.7 总结及结论

20.0 其他汇总
20.1 介绍
20.2 评估途径
20.3 结论

21.0 词汇表

22.0 缩写

23.0 参考文献

BN 2.04　现场调查

该流程图展示了下表中标识的十项活动。

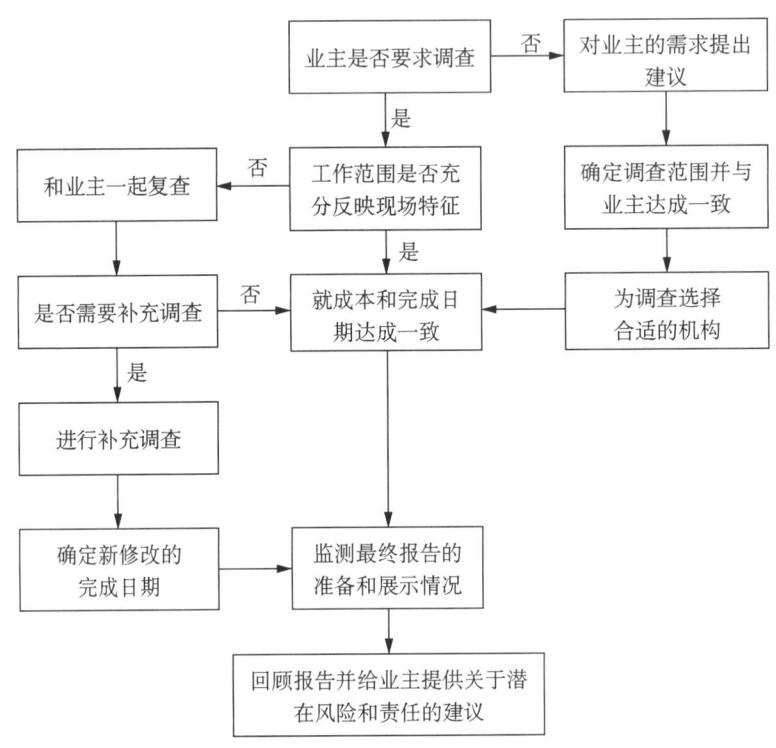

现场调查活动

与现场调查有关的活动有：

活动	责任方
现场调查	土地测量师、结构工程师
岩土工程勘察	地面调查专员
排水和公共事业调查	土木工程顾问
污染调查	环境和土壤专家
交通研究	交通顾问
临近特征调查	房屋、界墙、灯光测量师
考古勘探	当地博物馆、大英博物馆和其他相关资源
可持续问题	专家顾问
所涉法律问题	律师
规划许可大纲	建筑师

确认所有活动都已经成功完成是项目经理的职责。

每个任务都可以被分解为若干具体内容。

现场调查

- 地理位置。
- 地形测量资料参考。
- 地面高度/轮廓。
- 物理特征(例如公路、铁路、河流、沟渠、树木、塔、建筑、旧地基、侵蚀情况)。
- 现有分界线。
- 临近不动产。
- 场地访问权限。
- 结构调查。
- 历史使用情况。

岩土工程勘察

- 试坑。
- 钻孔和钻孔记录。
- 地质条件(包括地下工程)。
- 实验室土壤试验。
- 现场试验。
- 地下水观测和抽水试验。
- 地球物理测量。

排水和公用事业调查

- 现有场地排水(明渠、暗渠或管道系统)。
- 现场中或靠近现场的公共设施(水、电、电信)。
- 可能通过现场的其他设施(例如电话/数据线,石油/燃料管道)。

污染调查

- 石棉。
- 甲烷。
- 有毒废料。
- 化学测试。
- 放射性物质。

交通调查

- 查阅从地方局获得的交通记录。
- 统计交通量。
- 交通模式。
- 现有交通流的计算机仿真。
- 延时分析。
- 噪声水平。

临近不动产调查
  交通调查
  - 采光权。
  - 界墙协定。
  - 进度状况。
  - 地基。
  - 排水。
  - 接入权。
  - 公共服务设施。
  - 噪声水平（例如机场、高速公路、空调设备）。

  考古学调查
  - 审查记录。
  - 考古遗迹。

  可持续问题
  - 对当地环境的影响。
  - 环境影响评价。
  - 洪水风险。
  - 二氧化碳的排放量。
  - 废弃物。
  - 运输。
  - 污染。
  - 生态学和生物多样性。
  - 健康和福祉。
  - 社会问题。

  所涉法律问题
  - 场地所有权。
  - 限制性契约。
  - 使用权，例如采光权、通行权。
  - 租借的道路通行权。
  - 边界。
  - 界墙协定。
  - 公路协定。
  - 地方当局准许。
  - 空间使用权。

  规划许可大纲
  - 当地区域规划的影响。

BN 2.05　商业案例的开发

商业案例通过论证融资或投资的合理性,以获得管理者对融资或投资的承诺和许可。商业案例为拟开发的项目以及正在进行项目监控基准的规划和管理的可行性提供了一个框架。

以下提供一个开发商业案例的模板。

1. 项目建议书的定义
2. 项目建议书的目的
3. 战略协调性
   3.1 商业需求
   3.2 组织结构概述
   3.3 对关键组织目标的贡献
   3.4 利益相关者
   3.5 现有安排
   3.6 范围(最小范围、可取范围、可选范围)
   3.7 约束
   3.8 依赖性
   3.9 战略利益
   3.10 战略风险
   3.11 成功的关键因素
4. 方案评价
   4.1 备选方案的长名单和短名单
   4.2 合作和创新机会
   4.3 设施交付方案——谁来交付项目
   4.4 环境、社会和经济准则
   4.5 实施方案
   4.6 详细的体现方案物有所值和可持续性的评估
   4.7 风险量化和敏感性分析
   4.8 效益评估
   4.9 首选方案
5. 商业考量
   5.1 产出导向说明
   5.2 采购模式
   5.3 风险分散和转移
   5.4 合同期限
   5.5 实施时间跨度

6. 可负担性
   6.1 预算问题
   6.2 收入和支出
   6.3 现金流预测
7. 可实现性
   7.1 类似项目的根据
   7.2 项目角色
   7.3 交付战略
   7.4 风险管理战略
   7.5 利益实现计划
   7.6 应急计划

应根据下列主要标准判断一份商业计划的成效：
- 项目的需求是否明确？
- 利益的认定是否明确？
- 项目开发理由和利益与总体战略是否一致？
- 成功结果的定义标准是否明确？
- 优先方案是否明确？
- 选择优先方案的理由是否明确？
- 采购方案是否明确？
- 选择优先的采购方案的理由是否明确？
- 所需资金落实到位的方法是否明确？
- 利益实现的方式是否明确？
- 项目所面临的风险是否被明确简述？
- 风险处理计划是否被明确简述？

3 策划阶段

阶段清单

关键流程： 项目治理参数
项目战略
项目组织和控制
问责制和责任
项目团队的选择和任命
采购策略
招标程序
BIM 战略
项目执行计划
关键目标： 需求如何被实现
关键可交付成果： 项目执行计划
关键资源： 业主团队
项目经理
专家咨询方

阶段性进展和成果

策划阶段是一个以项目经理为主导的阶段,该阶段采用了受到业主推崇并通过可行性分析的项目方案,并形成了实施项目开发的具体建议。明确项目将要如何实施和管理,是项目管理角色的基本要素。

该过程涵盖了通过确定项目管控机制来建立项目的基础设施,组成执行项目的团队,以及通过整理所有信息来阐明业主的详细需求,为设计过程做了准备。

制订一个项目执行计划(或项目管理计划)对策划阶段而言是必不可少的,该计划确认了项目战略和项目的实施方式。

成果:
- 项目实施战略。
- 项目定义和程序。
- 项目团队的选择和任命。
- 业主需求文档。
- 设施管理战略。
- 项目进度计划。
- 项目资金预算。

- 项目风险登记册。
- 有关健康、安全的计划、文件。
- 采购策略。
- 咨询服务范围。
- 项目执行计划/项目管理计划(PEP/PMP)。
- 业主对项目执行计划/项目管理计划的批准。
- 业主对进入施工前准备阶段的批准。

业主目标

业主在这个阶段的目标包括设立项目组织,通过定义项目目标建立采购、交付(成本、工期、质量控制和风险管理)和试运行/入驻问题的策略,评估和管理风险,以及制订项目计划(图 3.1 和图 3.2)。

项目治理

项目治理有助于确保项目是依据组织实施项目的相关标准来执行的。项目治理使所有项目活动保持透明、符合伦理道德,同时也创建了一种问责制。

项目治理结构也将有助于确定一个项目报告系统,它概述了每个参与项目人员的特定角色和职责。项目经理可以在其项目中利用项目治理结构,来帮助设置项目的优先级。

通过理解项目治理在更大型组织中的适应程度,项目经理可以选择要努力实现的目标,或者在改变那些和组织总目标不一致的目标时获得真正的支持。项目经理通过监控治理过程,有助于确保项目与组织预期一致,并确保项目在其生命周期的进程中始终是个好的投资项目。

项目经理也可以利用指导委员会或项目委员会来解决冲突,这些委员会是大多数治理结构中的一部分。由于这些高层次的委员会成员不会每天在项目上工

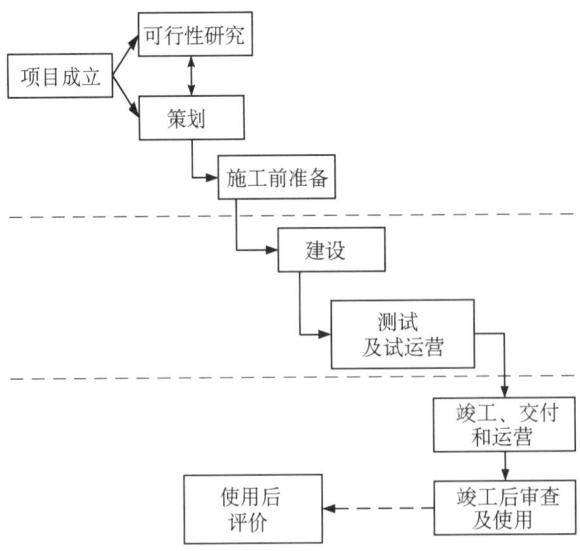

图 3.1 项目开发阶段

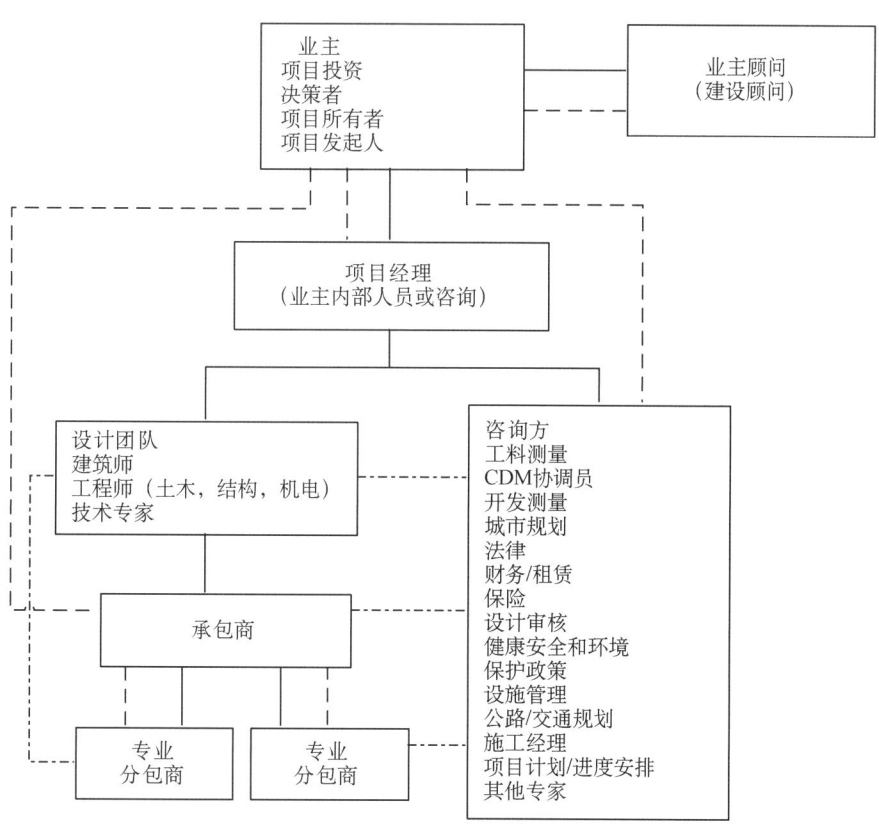

图 3.2 典型的项目团队结构

作,他们可以从新的视角观察究竟是什么引起了冲突,并对其原因提供一些外部的观点。他们也可以在坚持组织的总体目标的同时,就如何化解冲突且遵守标准提出解决方案。

项目治理将治理原则扩展到了两个层面,一是通过治理结构延伸到单个项目的管理上,二是扩展到了业务水平上的项目管理,例如对项目进行业务回顾。如今,许多组织都致力于建立"项目治理结构"的模型,这种模型和传统的组织结构有所不同,它为贯穿项目始终的战略决策定义了工作职责和义务,并且通常采用RACI[①](Responsible,负责;Accountable,批准;Consulted,咨询;Informed,通知)模型。这在诸如变更控制和战略(项目)决策的项目管理过程中可以起到显著的作用。如果实施得当,该模型对项目中重大事务的决策质量与决策速度都有着非常积极的影响。

有效的治理应创造一种环境,在该环境下,那些明显具有公认的项目失败特征的项目,在没得到问题的明确解决方案前,不能进入下一阶段。

值得考虑的是,既然企业治理将监管企业绩效的责任交给了委员会,那么与此同时委员会也就有了一个更深层次的、关于"项目管理治理"的责任。这项责任包含了对其的控制和说明以下事项的需要:

- 确保项目被管理得当,并符合跨企业的治理要求。
- 确保项目资产组合管理使企业资源回报最优化并与战略目标保持一致。

---

① Mike Jacka,J.和 Keller,P. J.(2009)《业务流程图:提高用户满意度》257 页,John Wiley 和 Sons,纽约。

- 确保具有战略意义的项目没有表现出（被广泛认可的）项目失败的情况。

项目管理协会（APM）概括了优良项目管理的 11 项原则（参见 BN 3.12），并提出项目治理有以下四个关键要素：
- 资产组合方向。
- 项目发起人。
- 项目管理效果和效率。
- 披露和报告。

建设法律协会[①]在 2011 年的一项出版物中详细研究了政府商业办公室（OGC）在 2005 年发布的报告[②]中谈到的项目失败的普遍原因，对应着项目管理协会提出的项目治理的四大要素（表 3.1）。

表 3.1 探究项目失败的普遍原因

OGC：项目失败的普遍原因	APM：项目治理的要素
项目和组织的关键战略优先事项之间缺乏明确的联系，包括达成一致的成功的衡量标准	1. 资产组合方向 2. 项目发起人
缺乏明确的高层管理和更高层次的所有权和领导权	2. 项目发起人
缺乏利益相关者的有效参与	2. 项目发起人 3. 项目管理效果和效率
缺乏相关技术和已证实可行的项目管理和风险管理的方法	3. 项目管理效果和效率
对组织中较高层次的供应产业的理解和沟通不足	3. 项目管理效果和效率
对将开发和实施阶段分解为可管理步骤的关注较少	3. 项目管理效果和效率 4. 披露与报告
方案评价以初始价格而不是长期价值（特别是保证商业利益）为依据	2. 项目发起人
缺乏对组织中较高层次的供应产业的理解和沟通	3. 项目管理效果和效率 4. 披露与报告
缺乏业主、供应商和供应链之间有效的项目团队集成	3. 项目管理效果和效率

策划大纲的制订

一个典型的策划阶段由图 3.3 所示的主要要素组成。

项目经理在该阶段所要进行的关键活动主要如下所示：
- 与业主和项目团队中的任一现任成员一同编制和审查项目纲要，以确保业主目标能够实现。以书面形式准备一个项目大纲的最终版本，并附上补充性附录，这些附录有利于从总体上理解支撑大纲的论据。
- 通过寻求业主和咨询方的建议，建立项目管理结构并明确参与方的角色和职责，包括与业主接触的途径和相关的交流手段，以及需要（共同）决策之

[①] Morgan，A.和 Gbedemah，S.（2010）《不良的项目治理是如何导致工期延误的》，发表于建设法律协会伦敦会议，2010 年 2 月 2 日。
[②] 政府商业办公室（2005）《项目失败的普遍原因》，http://www.dfpni.gov.uk/content_-_successful_delivery-newpage-50（2014 年 3 月访问）。

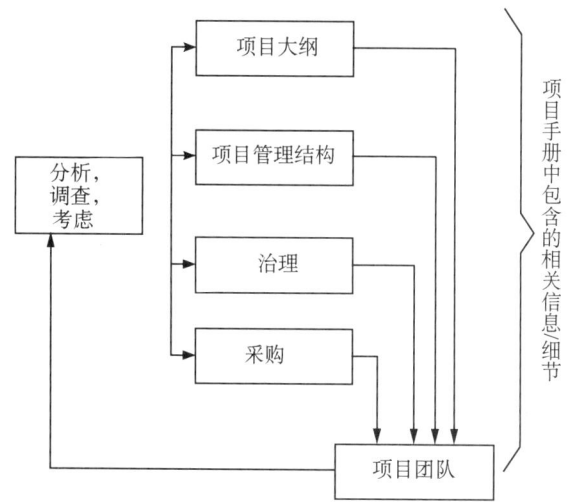

图 3.3 策划阶段的要素

处。这需要在项目文件中制订并呈现出来，以供所有项目参与方参考。

- 通过与业主协商，确保在任命建筑—设计—管理（construction design and management，CDM）协调员、设计顾问和总承包商时，已做好妥善安排以满足 CDM 规范的要求。在 BN 3.01 中对 CDM 规范下的主要职责进行了总结。

- 制订业主关于环境可持续的绩效准则，包括像英国建筑研究院环境评估方法（BREEAM）、能源与环境设计先锋（leadership in energy and environmental design，LEED）和能源绩效这类已被认可的评估指标，确定这些绩效是如何进行评估的，以及是否需要聘用一个诸如环境绩效评估员这样的专业顾问，进而制订环保措施的投资准则，并将它们纳入价值管理评审中。

- 确保从最早的设计大纲的准备阶段到设计完成期间，均有效地应用了"风险及价值管理"准则。重点应该放在实现物有所值，以及在质量、规模和规程均不打折扣的情况下生产出能在最优工期和成本的条件下建设并运营的设施。应鼓励设计团队和咨询方通过更好的设计和施工的衔接过程，有意识地寻求工期和成本之间的最佳平衡。在设计过程的各个阶段，都应该鼓励整个团队采取"在进行高质量与高效率设计的同时，缩减成本"的方法——即强调对整体价值的重视。更多有关价值管理的说明参见 BN 3.02。

- 针对其他咨询方和设计团队的成员招募和任命，给予业主以下建议：
  - 事先做好准备，对角色和职责进行恰当定义。
  - 事先做好准备，发布评选/招标文件。
  - 评估、报告和提出建议。
  - 在合同准备、选择和任命上协助业主的工作。

- 使业主关注项目保险对整个团队和工作的收益，协助业主对项目风险进行评估，将适当的应急资金纳入项目预算，并为总进度计划留出应急时间。将风险管理流程作为一个持续性的项目活动落实到位。可以采用或改编一个项目风险评估检查表（BN 3.03）作为该程序的一部分（这些风险不应该和 CDM 规范中所包含的风险相混淆，尽管 CDM 风险会形成整个风险管理体制里的一个子集）。

- 选择/制订并协商通过包括项目目标以及成本、工期、质量、功能、财务可行性和风险管理指标的最恰当的合同形式。
- 协助业主完成选址/评估、现场调查和场地征用。
- 针对诸如装修和使用/移居的特定活动是否构成独立项目,以及是否应按照独立项目来对待给出建议。
- 使业主了解在项目交付的过程中可能需要的相关法律文件和其他法务咨询。

项目组织和控制

项目管理组织结构明确地、详尽地表明了项目各参与方相互之间是如何履行其职能并为总体计划作出贡献的。这应被记录在项目手册(参见本指南术语表和BN 1.04)之中。该结构也明确了监测和控制相关管理细节的布置及程序,它会随着项目生命周期中环境的变化而更新,而且有利于有关人员对项目目标和成功准则进行沟通并达成一致,从而促进有效的团队合作。

该程序的制定涵盖了记录储存、过程监控、进度和成本控制、风险管理、项目管控等环节的关系协调和相关安排,需要项目全生命周期各阶段参建方的共同努力,并且综合考虑进度、成本、质量和决策安排。

组织结构应清晰地说明业主及其组织的后备人员的职责与义务。

项目团队结构

在项目经理的总指挥之下,项目通常是由一个项目团队来执行,典型的项目团队往往包括以下成员:
- 业主的内部团队(适当的代表)。
- 项目经理(可以是业主内部组织的人员,也可以单独任命)。
- 设计团队:建筑师、结构/土木/机电(M&E)工程师和技术专家。
- 咨询方:涉及工料测量、开发测量、计划与进度安排、法律事务、估价、财务/租赁、保险、设计审查、可持续化及能源认证、健康安全及环境保护、准入问题、设施管理、公路/交通规划、施工管理和其他专业领域。
- 承包商、分包商和供应商。

项目管理的项目团队结构如图 3.2 所示。这个结构是理想化的,在实际过程中,根据项目性质、合同安排、涉及的项目管理类型(外部或内部),以及最为重要的业主要求,该结构会产生许多的变化。就特定项目最适合的项目团队结构方面向业主提出建议,是项目经理的一项职责。

不论在什么时候,有效的项目管理必须完全遵守所有的质量保证、工期和财务控制、健康与安全、信息交换以及环境保护的条例,这些方面隐含在本实践指南所呈现的所有相关活动中。

选择项目团队

建立项目团队的时候需要许多技巧。在选择过程中,项目经理应考虑以下因素:
- 项目团队对制订定义明确且可衡量的项目目标的承诺。

- 为实现项目目标，所具有的坚定的团队工作责任感以及共享的财务激励措施。其中也应包含总体假设，以便为在项目实施过程中可能出现的问题提供一个"双赢"的解决方案。领导力、交流和团队合作等要素是实现项目成功交付的关键基石。
- 项目团队中的每个成员都能提供令人满意的证据，表明他们可以为实现项目目标做出有效的贡献。这些证据可能包括一份为应对可预见风险而合理分配应急资金的实际可行的计划、一份财务计划和一份资金充足的证明。
- 就像在启动阶段所建议的那样，在选择每个团队成员时，应特别注意其以下方面：
    - 相关经验。
    - 技术资质。
    - 对项目目标的认同度。
    - 可利用的支持性资源水平。
    - 创造/创新能力。
    - 热情和投入。
    - 积极的团队态度。
    - 沟通能力。
- 财务实力和对核心资源的掌握亦很重要。
- 在各项目团队成员之间定义明确的沟通界限。
- 通过奖励那些最终能使项目受益的方案，改善工作环境，鼓励思想碰撞。
- 对所有项目团队成员进行定期的绩效评估。
- 确保项目团队成员适得其所，并确保沟通方案的制订（特别是信息的电子化共享），以此来促进成员之间、亦或是成员与组织之间的定期交流。
- 为每个项目团队成员划分清晰的责任范围和权力界限，并在团队内部对此进行交流。
- 为每个团队成员确立一个合适的、充分熟悉项目的副手，如有需要，能够代替该团队成员履行职责。
- 为项目团队成员在工作环境外的非正式社交场合的定期会面作出规定。

项目管理程序和系统

建设项目管理有两大基本要素。一个要素是总体管理职能，这与其他类型组织的管理有很多的相似之处。它涉及项目领域内决策过程的方向和协调，其目标是使该过程中的所有相关人员（包括项目团队成员在内的利益相关者）朝着实现项目目标的方向而努力。另一要素是对特定项目所特有的专业活动的管理。这些活动具有一些明确的特征，需要特殊的管理技巧和实施方式。而识别这些专业活动，并确保正确应用了充分、适当的流程及程序以实现这些活动的有效管理是项目经理的职责所在。

项目的成功交付可能取决于项目经理在适当阶段及适当程度上对专家建议的识别和获取。

信息与交流技术

建筑业是欧洲商业经济的最大的财富创造贡献者之一,几乎占据了国内生产总值(Gross Domestic Product,GDP)的十分之一和固定资本形成总额的三分之二。建筑业是典型的信息密集型[①]和知识导向型的产业,因此,为了保持效率并实现成功,建设组织需要充分接纳信息通信技术(Information and Communication Technology,ICT)。尽管传统上普遍认为建筑业有利润微薄、市场准入等级低/壁垒小、研发(Research & Development,R&D)投资低等特点,但 ICT 的发展和集成[②]在逐步迈向更高水平。

根据 BN 3.04,将策划并制订有关项目治理和管理的 ICT 策略所需的关键指导和信息总结如下:

- 业务流程——为业务构建 IT 系统(www.construct-it.org.uk)。
- 互通性——国际数据互通联盟(IAI)BuildingSMART——英国分会(www.buildingsmart.org.uk)。
- 电子商务——建设合作技术供应商网络(NCCTP)[卓越建筑倡议(construction excellence)的一部分]。
- 电子文档及记录管理系统(EDRMS)——从建设 IT(construction IT)和卓越建筑(construction excellence)这两个 IT 建设论坛上获取的信息和建议。
- 电子交易——建筑业交易电子化(Construction Industry Trading Electronically,CITE)——从卓越建筑(Construction Excellence)网站上获取的信息。
- 企业资源计划(Enterprise Resource Planning,ERP)——ERP 溯源于制造业,制造业的材料需求计划(MRP)系统是最早采用计算机来对材料进行自动化计划的。在建筑业中,有大量软件可供使用。
- 并行工程——并行工程的概念源于产品开发领域,在该领域中,诸如设计和制造的多重功能被整合在一起,以达到加速产品交付的目的。
- 信息可视化——随着计算机生成图像(computer generated imagery,CGI)技术以及建筑信息模型(BIM)等过程同化在技术层面的日益进步,信息可视化得到了史无前例的广泛应用。
- 移动技术——移动数据管理系统被用来管理一些技术性功能,包括:
  - 健康与安全。
  - 图纸分布及使用。
  - 货物接收记录。
  - 维护和障碍检查。
  - 危险活动监控。
  - 进度监控。
  - 资源监控。
  - 质量检查。

[①] Underwood, J. 和 Khosrowshahi, F. (2012)《面临全球经济危机的挑战下英国建筑业的 ITC 费用及趋势》. 建筑信息技术(ITcon)杂志, 17, 25-42, http://www.itcon.org/2012/2 (2014 年 4 月访问)。
[②] 2020 愿景—英国建筑业的未来 (2008)—基于 SAMI 的建设能力咨询报告的前景。

- 现场设计问题的解决。
- 现场记录。
- 任务分配和监督。

从 3D 和 4D 软件(特别是通过 BIM)的持续发展和日益普及的角度来看,ICT 成为一个对建设项目的成功开发和交付有着重要且决定性意义的工具。

从 IT 建设最佳实践(IT Construction Best Practice,ITCBP)和 IT 建设论坛(IT Construction Forum)的出版物中可以获取建设项目中成功运用 ICT 的具体案例和进一步指导。BN 3.04 中有对项目管理软件的一些简要指导。

项目规划

项目总进度计划应该与业主和项目团队一同制订并达成一致意见,以呈现项目全生命周期均可利用的信息。总进度计划应该包括适当的应急方案,以适应后续各阶段详细进度计划的调整。这些调整通常涵盖了合理的、可预见的工程范围变更和/或任务的延后,以及设计/范围变化产生的经费。

在项目各新阶段开始之前以及必要参数设定的时候,通常应当统筹开展进度计划的细化工作(参见 BN 3.06)。在推动细节深化的过程中,需要特别注意不要将细节的补充与变更相混淆。与此类似,随着后续阶段的细节不断得到完善,它们的进度计划都应当与总进度计划中的整体时间安排相吻合;若无法吻合,那么总进度计划就需要改变并采取相应的管理策略。

随着项目的发展,关键路径上的活动可能会发生改变;在早期开发阶段,关键活动可能是申请和获得法定许可、外部咨询和调查等工作;法律和资金协商以及任何其他第三方协议。了解每个阶段中哪些活动是关键活动,并为它们准备适当的应急资金是非常有用的。

协调项目的进度计划是项目经理的职责——进一步的详细进度计划则是由进度负责人或专业人士来完成;确保这些进度计划与总进度计划相协调同样是项目经理的职责。关键协调工作包括:确保进度计划以清晰的、及时的方式制订并公布;确定适当的应急资金来应对可预见的合理风险;对项目进程进行监控、响应和报告,并制订一些必要措施来修正潜在或现行的违约行为。

成本计划及控制

进行开发预算研究是为了确定项目总成本及项目的预期收益,成本计划应包括所有的建设成本和其他各项目成本(包括专业费用和不可预见费)。成本计划中的所有费用也将包含在开发预算当中(除了开发商收益以及诸如项目保险、调查及代理、专家咨询等其他并无直接关联的费用以外)。

成本计划的目标是为项目中的主要组成部分进行预算分配,从而为成本控制提供基础。"预算"和"成本计划"这两个词常常被看作是同义词。然而,它们两者的不同之处在于"预算"是为项目而确定的费用限制,而"成本计划"则决定这笔钱将在何时花费在何处。因此,成本计划应当包括对项目现金流尽可能准确地估算,并为未来设施的运营成本设定目标。成本计划应当覆盖到项目的各个阶段,与此同时,它也将是项目成本管理的重要参照。

尽管随着越来越多的项目组成部分被定义得更清晰,预算的准确度随之增高,但预算的测算方法在项目的不同阶段是不同的。预算应当基于业主的业务状况来确定,也只有当业务状况发生改变时预算才应该改变。成本控制的目标是在预算之内,建造尽可能最佳的建筑。

基于总进度计划,成本计划对业主的每个财务年度的费用和收入进行分配,为现金流计划提供了依据。基于对通货膨胀的定期预测,成本费用应当从固定基准日期水平和最终产出水平两方面给出。现金流直方图和累计成本图见图3.4。

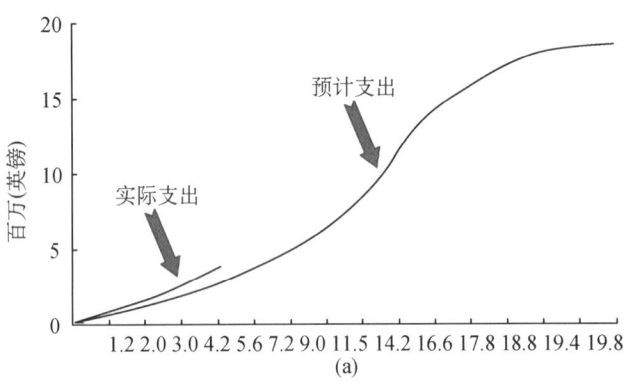 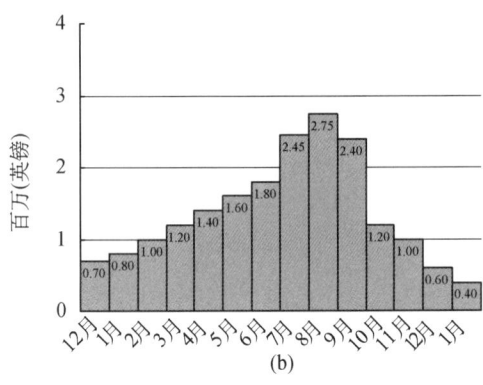

图3.4 现金流直方图和累计花费成本图的示例

运营成本目标应当根据设施运营成本的不同种类来设置。而且,应与资金成本计划一同制订,并纳入给咨询方的项目大纲中。也应考虑收益、补助和资本减免的税务计划的重要性。

一旦形成了成本计划,它就贯穿整个项目,成为对成本进行监测和控制的参照标准。其后的清单将为项目各阶段的详细的成本控制程序的编制工作提供帮助。

成本控制

成本控制的目标是在被认可的项目预算范围内保证完成项目交付。在项目全过程中,定期的成本报告有利于提高以下几项测算的准确度:
- 已建项目的当前花费成本。
- 项目预期的最终成本。
- 未来现金流。

同时,成本报告可能包括对以下几点的评估:
- 现存的成本风险。
- 完工设施的使用成本。
- 潜在的开支节省。

在任何特定日期对成本费用进行监控都无法控制未来的成本费用,因此也不可能对项目的最终成本造成影响。当整个项目团队对成本控制持有"能使业主目标得以实现"的正确态度时,才能实现有效的成本控制。

有效的成本控制需要如下操作:
- 确保在设计和施工过程中做出的所有决策,都是在预测、对比了所有可选方案的成本的基础上做出的。并且,不得选择那些成本可能超出总预算的方案。
- 在各个阶段,鼓励项目团队在成本计划的范围内进行限额设计,并且为项目采取变更和设计开发控制进程。众所周知,项目80%的成本是由设计决定的,20%是由施工决定的。重要的是,项目团队应意识到,所有成员都无权提高其所在部门或参与的工作内容的成本。某一项工作节约的成本一定是与另一项工作增加的成本相互平衡的。

- 定期更新和重新制订成本计划及造成项目概算发生变动的变更单。
- 根据目标成本、总进度计划以及通货膨胀预期的变化,调整现金流计划。
- 随着设计和施工的进展情况,与项目团队一同更新成本计划。在各个阶段,成本计划都应当包括对项目的最终成本和未来现金流尽可能准确的估计。坚持设计定稿有助于成本控制(随着越来越多工作信息的整合,成本计划的优化也意味对更多细节的考虑。无论何时获得了更好的信息,都可以用更加准确的预算或实际成本来代替旧的成本预测)。
- 作为风险管理的一部分,每隔一段时间对不可预见费和风险津贴进行审查并汇报评估结果是必不可少的。成本计划的制订不应造成项目总成本的增加。
- 检查确定那些经一致同意的变更管理流程在项目各阶段是否被严格执行亦十分重要(参看 BN 3.13)。
- 为了使索赔最小化,应确保承包商在正确的时间得到正确的信息。任何预测或预期的索赔都应当报告给业主,并记录在定期的成本报告中。
- 基于对风险进行的全面评估确定不可预见费,从而为不可预见的事件支付费用。但是那些由于技术规范或业主要求的变更或者因为错误和遗漏而导致的变更所造成的成本增加,不应使用不可预见费来支付。如果咨询方认为除了超支别无选择,那么应向业主递交书面请求,并需得到正式批准。书面请求应包括以下内容:
  - 变更的具体细节。
  - 证实变更是必要的。
  - 证明除非牺牲竣工项目质量及功能,超支是不可避免的。
- 定期提交最新的、准确的成本报告,使业主能充分了解到当前的预算和成本状况。
- 确保各参与方对成本报告中每一项的含义都很了解。预算报告中不得出现错误数据,也不得根据这些错误数据得出任何不正确的推断。
- 确保项目成本报告是通过与最初批准的预算相比较而得到的,预算的所有后续变更都应在成本报告中得到清晰的体现。
- 画出实际的支出曲线,和预期相对比,以显示项目的进程(图 3.4)。

设计管理流程(设计交付管理)

设计管理流程包括对所有与项目有关的设计活动、人员、流程及资源的管理,例如:

- 确保设计信息的有效传达和生成。
- 致力于实现竣工项目的成功交付,即准时、不超预算、以可持续的方式满足业主对质量和功能的要求。
- 通过集成、规划、协调、风险规避及创新来进行价值交付。
- 通过协同、集成工作和价值管理流程来实现目标。

然而，有关设计管理的范围和责任尚存在着不少争议，这是因为通常设计生产和设计出图都是由设计团队和设计团队领导者(Design Team Leader, DTL)最终负责的，而确保将图纸交付给项目团队和相关供应链则通常是设计交付经理(Design Deliver Manager, DDM)的责任。设计交付的过程亦是项目管理的一项活动。

在设计-建造模式合同下实施项目时，DDM 可能是承包商组织的一员，也可能是相关设计公司的一员。

关于设计管理的出版物已有很多，再增加一个出版物并不是本指南的目的。然而，有两本书是本指南强力推荐的：

1.《管理设计交付》(*Managing the design delivery*)第一版，RICS 出版，导读(GN 76/2012)。

2.《建筑设计经理手册》(*The design manager's handbook*)，CIOB 出版。

更深层次的说明，可参见 BN 3.17 设计管理流程。

风险识别和管理

与其他行业相比，由于建设活动的独特特征，如历时长、过程复杂、环境多变、财务状况紧张以及组织的动态特性，建设项目可能遭受更多的风险。因此，有效的风险识别和管理对于任何建设项目的成功都是至关重要的。在识别风险的同时，也应重视最佳风险承担者的确定。在大多数情况下，将所有风险转移给承包商并不是最有价值的解决方案，且不利于协作环境的形成。风险识别和管理的过程应当以项目利益最大化为其核心目标，并且，项目经理有责任确保该目标的一致性。BN 3.03 为项目风险评估提供了进一步的说明。

环境管理和控制

环境声明

环境问题对项目有着越来越大的影响，尤其是当项目顶着发展"棕色地块"和"重用旧址"的压力时(例如，NPPF(2012)中提供的指南)。处理污染物和其他环境问题会导致成本的显著增加以及项目工期的延长。规划部门也更有可能在规划过程中指导环境研究和限制，并要求必须在施工阶段将这些工作并入项目当中。项目经理对确保这些目的、目标和限制条件的遵守负有全部责任。项目经理应该做到以下几点：

- 理解并按照环境影响评价的要求采取行动，参见 BN 2.03。
- 确保提出有关环境的适当建议。
- 确保承包商遵守环境声明，参见 BN 2.03。
- 探寻适合承包商的补救措施，并确保承包商的所有补救措施都必须服从环境考虑。

承包商的环境管理系统

承包商应建立自己的环境管理系统(EMS)，但项目经理需确保 EMS 被合理管理以及充分运行，以实现 EMS 的所有目标。因此，项目经理应做到以下几点：

- 获取承包商的环境管理系统(EMS)和针对项目的环保计划(EP)的具体

内容。
- 确保承包商已建立所有必要的程序和结构来管理 EMS 并实现 EP 的目标。
- 检查承包商的环境管理计划是否和环境声明的目的和目标相匹配。
- 对于那些能使项目可持续性最大化和施工过程不利影响最小化的深层次目的、特定目标或倡议,应与承包商达成一致意见。
- 积极监督承包商的进度,以维持其主张和目标。

利益相关者的管理

传统意义上,建设项目的主要参与方包括业主、设计方和承包商,并由项目经理负责领导。这些参与方的密切配合和相互关系在很大程度上决定了整个项目的执行,并且对项目的成功交付有着很大的影响。然而,从建设项目生命周期的上下游来看,影响项目成功的因素是多样的,并且这些因素会受到不同个人、团体及组织所做出的各种决策的影响。这些内部及外部的参与者被视为利益相关者,即那些积极参与项目或那些利益受项目执行结果积极或消极影响的群体。

可行性研究阶段探讨了在项目背景下识别合适的利益相关者的过程,并简要阐述了可以用于承担利益相关者的部署与管理职责的工具。

内部利益相关者是指与业主订立了法律合同以及聚集在业主周围,处于需求方(雇员、顾客、用户以及投资方)和供应方(建筑师、工程师、承包商、贸易承包商以及材料供应商)的组织。外部利益相关者由私人和公共部门代表组成。私人实体可由当地居民、土地所有者、环保主义者和当地压力集团形成,而公共实体则可来自管理机构以及当地或国家政府。

项目经理的职责之一便是确保采用合适的利益相关者部署方案,并根据利益相关者在权力/利益矩阵中的位置,采取必要的相关管理流程。可能采用"报告、建议、咨询、告知"(Report,Advise,Consult,Inform,RACI)模型或其他类似模型。

质量管理

项目经理的职能是制订并实施适当的程序来管理项目质量。从项目纲要中确定的质量方针来看,质量战略的制订应该为设计方及承包商的质量计划设定标准。按商定的质量计划进行质量控制便转化成了承包商、分包商及供应商的责任。质量计划本身应确定独立质量审核(特别是构件的场外生产)的类型、范围及检查的时间节点,以及验收竣工部分的程序。

设计团队和其他相关咨询方的职责是,根据相关的英国标准、使用指南和"建筑产品认证"标准,或其他合适的标准,来明确项目中需要纳入的货物、材料以及服务。

这些标准的实现取决于选定的总承包商。在标前阶段面试承包商时,项目经理应该寻找确认那些对质量控制有着积极主动政策的公司,且这些政策应反映在其施工现场内外的所有运行工作中。

试运行策划

通常而言,试运行的信息、说明及资源都与以下三大原则有关:

- 确定项目的性能要求。
- 规划试运行过程。
- 文件合规和验收。

应重点关注的是，三大原则均适用于基本设计和施工项目的全生命周期，并需要多专业（包括业主、设计专业人员、施工现场经理和试运行方）在试运行过程中的共同努力，以实现最佳效果。

重点是要尽早启动试运行过程，并在初步设计阶段或之前让试运行方的代理或实体介入。这种早期参与对及时且有效地制订业主项目需求（Owner's Project Requirements，OPR）、设计团队的设计依据（Basis of Design，BOD）以及运营和维护（Operations & Maintenance，O&M）系统手册是至关重要的，如果这些任务直到后期才开始着手进行并需要通过"逆向工程"来匹配设计，那么其作为对话媒介和质量跟踪工具的作用将大打折扣。

在明确设计方后应立即确定试运行方代理，使其能够充分熟悉现有的程序性文件，从而在早期的策划阶段使用建筑围护手册时，能够满足所有的运维要求。项目早期规划文件中的运维要求，是设计中的能源效率和设备寿命策略的长期持久性的关键。

项目团队咨询方的选择和任命

项目经理在征询业主的意见后，连同承包商和其他咨询方一起，将决定并执行一个项目团队成员的选择程序，这些可能是代表业主直接指定的。在某种情况下，承包商和咨询方的范围是根据选定的采购途径来确定的。项目团队成员任命有两种常见方式：

- 分别任命独立的服务供应商。
- 单独任命一个服务供应商团队或提供所有服务的领导组织。

为了使项目成功的可能性最大，要求项目团队成员在性格上和工作方式上应尽可能地和谐相处。因此，应当在综合平衡质量、相容性、进度和成本的基础上进行选择。项目团队、咨询方和承包商（可能是也可能不是供应链上的供应商）应当通过筛选和结构化面试或者通过竞争性投标程序来进行任命。根据项目规模的大小，政府投资项目可能需要强制采用欧盟的采购程序（欧盟采购条例的简要指南，参见 BN 3.11）。项目经理需要完全知晓所有有关采购流程的问题，并将其告知业主。

列出候选人名单时应该征求业主意见，并邀请业主参加所有面试。相关过程如表 3.2 所示。

在采用"候选人名单"方法时，项目经理应该列出候选人名单，召集人员并组织面试，记录并且评估结果，向业主提供有关最终人选的报告以及建议（有关选择过程的更多说明，参见 BN 3.09 和 BN 3.10）。

多数的专业公司隶属于那些发布行为规范和标准条款的组织。因此，比较常见的做法是根据那些用来平衡各方之间风险和责任的标准条款来任命项目团队成员。在各方一致同意的条件下，可以对标准条款进行修正（但是在进行变更之前，所有的修正案都需要仔细考虑，以避免出现不一致和矛盾的条款）。对于那些将不可保风险或不可量化成本强加于咨询方或与咨询方的专业职责或行为规范相冲突的条款，项目经理应强烈反对。

项目经理应向被任命的项目团队发放项目手册、项目纲要、总进度计划以及预算或成本计划。在任命项目团队时，建议尽可能详细地说明这些要素。

表 3.2 项目团队咨询方的任命

活动	注意事项
项目经理的选择与任命	可能在概念/可行性研究阶段进行任命
项目团队选择标准的确定	专业知识和范围的类型 预算费用 合同采购战略
详细定义每一项职能	要求的服务内容 与其他专业相互协调统一
确定职务及责任	工作范围 职务及责任
约定参与项目的条款及条件	业主参与项目的标准条件 方案、职业责任（professional indemnity, PI）保险、担保
邀请的投标参与方的选择	使用相关数据库 就咨询方名单达成一致 明确选择标准 对所需的方案格式进行标准化 就内容及费用达成一致
执行选择程序	确定面试团队 确定选择标准 安排面试 运用评分系统
协商任命条款	为业主提供评估报告及候选人名单 推荐与建议 协商最终条款
最终任命的决议	发出任命信 发出拒绝信
审查有关职业责任保险、担保和建设的正式手续	通过法定部门使之正式化 费用由财务部门审核 发布法律文件

合作安排

项目团队为降低风险和减少冲突布置了一系列合作与伙伴关系，它的目的是为每一个参与者提供"双赢"的结果。具体表现为，定期举办项目团队主要成员的合作研讨会，以建立和培养一些旨在改善绩效的合作方式。广义上说，合作团队在考虑了所有参与方的利益后，就共同目标达成一致；建立合作的决策方式，包括快速解决问题的程序；确定具体的改进措施以达到正常绩效。在项目过程中的研讨会，通常是在独立的合作伙伴协调者的指导下举行的。

大量实践表明，合作在成本降低、质量提高及进度缩短方面，可以带来显著的净效益。然而，这些效益也带来了额外成本，包括确保所选择的项目团队成员愿意参与协同工作以及举行合作研讨会的费用。额外成本产生于项目早期，效益则取决于合作的成功并在项目后期积累。合作可能产生的成本和效益应该由所有业主共同考虑,这很可能为那些承接阶段性项目的业主或承接类似项目的业主提供效益,但已被证明能为一次性项目提供效益。除了在小型、简单项目中,还应考虑那些生产关键要素的供应链上的合作(参见 BN 3.14)。

框架协议

比起在单项工程中专门招标货物以及服务,一些大型业主更倾向于和自己更愿意合作的供货商订立框架协议。框架,即与选定的一系列供应商(例如咨询方、设计方、承包商)按照预先确定的特定条款提供货物及服务的协议。框架的范围从一个集合少数预审合格且会受邀参与项目竞标的供应商的机制,到那些能保证供应商特定团队的常规工作负荷以实现其交付项目持续改善的协议。可供使用的框架采购合同有很多,对于框架协议的简要说明见 BN 3.08。

公私合作模式/私人融资活动模式(PPP/PFI)

PPP 项目是公共机构、地方政府或中央政府和私营企业间为完成项目交付而建立的联盟。PFI 是 PPP 的一种形式。PFI 是一种更明确、更正式的长期合作关系,涉及建立项目所需的资本性资产和服务。通常而言,在一个 PFI 模式下,公共部门设定一个服务的标准,私营部门的经营者通过提供服务以换取收益,因此公共部门能够在合同期限内(一般为 25 年或 30 年)解决项目的融资问题。中央政府可能会以 PFI 贷款的形式提供资金以支持资本要素。尽管 PFI 和 PPP 项目的很多方面都有着显著差异,但许多 PFI/PPP 项目也有以下共同特点:

- 较长的项目寿命,通常至少 5 年,有时会超过 5 年。
- 需要大量的初始投资,并在项目生命周期内逐渐回收。
- 通过大幅举债融资。
- 收入及风险分担由长期合同决定。

其他形式的 PPP 项目可能包括如设计—建造—融资—运营(Design-build-finance-operate,DBFO)、设计—建造—运营(Design-build-operate,DBO)、特许经营权、联合体(Joint Ventures,JV)、业务外包及类似协议。

更多与 PPP 项目相关的信息,见 BN 3.15。

采购策划

在本实践指南中,采购被看作是对项目建设阶段所需出资进行识别、选择和委任的过程。不同的采购方式反映了不同组织的合约安排,这些安排是为了确保恰当地委托各项工作,以保障业主方的利益。

现有的不同采购模式在风险与责任分摊上存在本质差异,以适应不同项目的特点。因此,对采购模式的选择需要予以战略性考虑。项目经理应该基于业主的利益,并结合项目的特定环境,针对每个采购模式的优缺点提出建议。

采购模式的最终选择应建立在项目本身特点、业主及其要求的基础上。采购模式的选择应在考虑设计及其他专业咨询方的任命后做出,因为每种选择都会给项目团队成员委任方面的条款带来不同的影响。

可以采用的各种采购模式可归纳为以下四类：
- 传统模式。
- 设计—建造(DB)模式。
- 施工总承包管理(MC)模式。
- CM 模式。

每一种方式都有其变化形式，没有一种方式能够适用于所有环境。它们为建设和开发带来了不同程度的确定性与风险。

需要注意的是，劳务合同的选择会受到选定的采购方式的影响，并且必须与采购策略保持一致。

传统模式

承包商在一定时间内，根据业主设计的工作范围，以固定总价形式进行承包。在该类建设合同下，业主应始终对设计和咨询方的执行情况负责。业主会聘请包括负责财务及合同建议的工料测量师在内的设计团队。通常在招标流程后会选定一家施工承包商，他们会基于一种标准合同形式来实施建设。招标流程可以根据完整设计信息进行，当要求尽早开工时，也可以采用部分设计信息加临时指导的形式进行。

有些传统合同也允许总承包商负责特定方面的设计工作，有时被称为承包商的设计部分(Contractor's Design Portion，CDPs)，尤其是当总承包商牵头下部分特定方面的工作需要由专业分包商来进行设计和安装时。

设计—建造模式(DB 模式)

该模式下，业主通常在标准合同形式下委任一个建造承包商，并由该承包商以固定总价形式，在一定时间内至少开展部分设计工作并完成施工。承包商应对包含业主要求的正式文件中定义的设计要素和施工工作负责，该模式下，承包商通常需要承担与设计咨询方相同的设计责任，即承担"合理义务及技术"，但一般不会要求承包商保证"适用性"。可以通过调整招标过程中的具体方法或通过协商来委任承包商。业主可能会委托咨询方来编制涉及不同设计深度的业主要求，并在合同生效后用来代表业主进行监督管理工作。这种模式下，要区分业主要求所引起的变更(业主负责)和设计深化所引起的变更(承包商负责)是有难度的。

如果在部分设计工作完成后委任一设计—建造总承包商，那么设计—建造总承包商可以通过合同变更接管后续设计任务。合同替换的目的是为了保证在该承包商的领导下，直到施工图设计信息阶段项目质量的连续性和一致性。然而，实践研究表明，在这种模式下，设计冲突和质量不佳的隐患仍然存在。

总承包模式是设计—建造模式概念的一个扩展。总承包商应与供应链上的可靠供应商保持良好的关系。总承包商在整个设计和建造阶段进行协调和项目管理，以提供能满足特定用途的设施，并满足预期的全生命周期成本的要求。业主将有关工程量及设计过程中产生的所有实际成本和利润支付给总承包商，而总承包商所面临的唯一的风险就在于其人工成本和预备费。

施工总承包管理模式(MC 模式)

正如传统方法一样，业主委派给设计团队一些任务，并通过施工总承包管理方来进行细化，以便利用该施工总承包管理方的专业知识及建议在整个设计开发和采购过程中提供帮助。施工总承包管理方依据合同管理员批准的条款,同专业施工分包商签订合同,并由该分包商负责施工。施工总承包管理方和交易型分包商一般采用标准合同形式来进行委托。施工总承包管理方的所有费用支出均可报销,并可按项目成本的一定比例计取酬金以保证利润。

CM 模式

CM 模式要求业主与专业工程承包商直接订立合同,包括 CM 经理。CM 经理作为项目团队中的一员,扮演业主代理人而非负责人的角色,致力于组织以及对施工操作的管理。项目团队,包括 CM 经理,需要对所有与工程相关的财务管理负责。业主将支付给 CM 经理事先商定好的酬金,包含其人工费用和管理费用。CM 模式通常被认为是阻力最小的合同形式,往往在要求设计与施工同步进行时采用。这种模式在业主能够亲自回应并迅速做出决定时,可以发挥最佳效果。

混合采购模式

由于项目要求及其他限制条件,完全遵循以上说明的某一种采购模式通常是不现实的。因此,业主会选择采用"混合搭配"路线,即混合采购模式。混合采购模式的选择,取决于以下几点:

- 业主要求。
- 业主经验。
- 项目信息的制订及有效性。
- 交付时间尺度。

两阶段招标模式: 这是传统采购模式(设计—招标—施工)的变体。在这种模式下,承包商基于咨询方完成的部分设计进行投标(第一阶段招标)。随后,承包商将协助完成最终设计和投标文件,并做好施工投标的准备(第二阶段投标)。在第一阶段投标的承包商都有机会参与第二(施工)阶段的投标或谈判。这个方法增加了整体价格上涨和完工日期愈发不确定的风险,但承包商的参与又可能提高此类标准被实际应用的可能性。

开发与建造模式: 这是设计—建造模式的变体。在这种模式下,业主负责概念或方案设计阶段,而承包商则负责完成随后的设计及施工。承包商可能会重新委托(通过合同替换)原设计单位来完成设计。

一揽子交易模式: 这是设计—建造模式的变体。在这种模式下,承包商提供成品建筑。这种建筑类型通常是模块化的,因此其尺寸可以进行调整。这类模式的典型例子有农场、工厂、仓库、办公楼和学校教室。

当然,混合采购模式还有一系列其他的可能组合。

采购的创新模式

根据政府建设任务小组报告(2012)可见[①],政府的建设战略对试用新型采购模型提出了明确的承诺。这些新型采购模型包括供应商早期介入、成本透明化、集成团队工作和协同工作原则。对这些模型的指导草案已经在 2014 年年初出版,旨在介绍三条关键采购路径。

---

① 见 https://www.gov.uk/government/collections/new-models-of-construction-procurement (2014 年 5 月访问)。

两阶段开放模式: 采用两阶段开放模型,业主将邀请潜在的集成团队根据他们实现项目概要和成本基准的能力对项目进行投标。第一轮投标结束后,被选中的团队将与业主一同编制一份建议书,并在第二阶段被授予施工合同。该采购模型与成本导向的采购模式的区别在于:降低了招标成本,加速启动项目,并为业主提供了更早与单一集成团队一起工作的机会。

成本导向的采购模式: 通过应用成本导向的采购过程,业主可以运用他们对成本的专业知识设定一个具有挑战性的拦标价,并提供技术规范,使供应链各方能在竞争性框架环境中带来经验和创新。在涵盖一系列类似投资项目的框架中,成本导向的采购模式(Cost Led Procurement,CLP)通过与供应链各方的协同工作,提供了持续改进项目单方造价的机会。

集成项目保险模式: 集成项目保险模型给业主提供了创建一个整体集成项目团队("联盟委员会")的机会,以消除"问责/索赔"方面的文化差异。富有创新性的"集成项目保险"限制了团队中个体成员的风险,促进了项目的共同所有权,因此降低了成本和时间超支的可能性。

采购模式的特点

四种基本采购模式的特点在 BN 3.07 中进行了详细解释。

采购供应链

当选择供应链的关键成员时,不仅要根据选定的采购路径尽早任命关键承包商,还应同样在项目早期就对关键供应商进行任命,尤其是那些在要求中包含设计要素的供应商。使得以下内容得以完成:

- 在设计阶段就可建造性问题的决议。
- 所用材料最有效的选择。
- 给业主有关成本(实际成本而非费率)的建议。
- 专业设计师和主要设计团队之间的协调。
- 在各个方面理解业主的需求,以协助施工过程,提高质量并建造出符合业主要求的产品。
- 在设计阶段强调并结合必须考虑的健康与安全问题,包括建筑-设计-管理(CDM)规范中的义务。

可靠的采购

通常,从道德角度审视,可靠的采购与工程供应链的材料可持续管理相关。在采购过程中,除了 CDM 2007 规范中的义务之外,还必须努力确保供应链在尽可能多的层面上,通过过程和步骤来展示一个安全、可持续并符合伦理道德的采购理念。

招标流程

总进度计划将指明允许进行采购和设计的时间,也将说明一系列活动,例如招标面试、投标和定标；工作范围、发布日期、审批时间、成本核算以及适当的文件编制等。这些活动可能包括以下内容(图 3.5)：

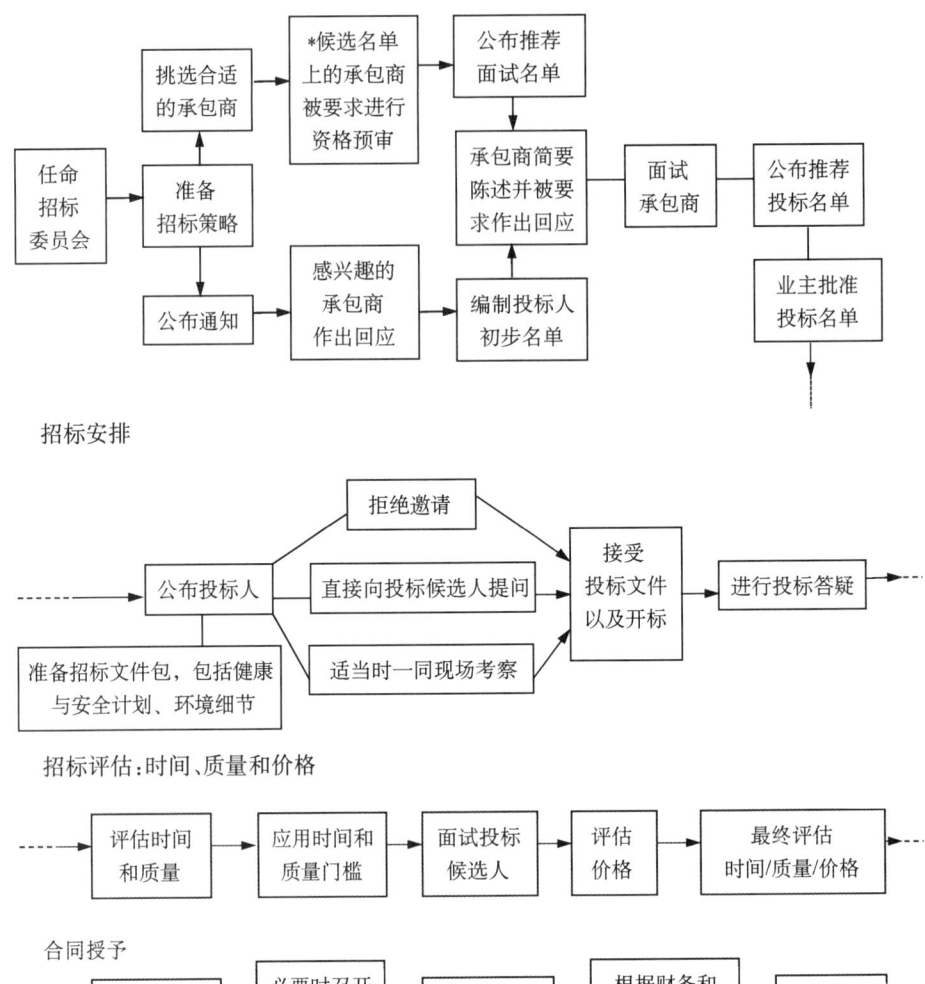

* 可选项——取决于业主的财务和采购规定

图 3.5 招标程序

- 检查是否在恰当的时间制订了各类文件，包括那些针对施工前主要工作(如拆除、场地清理、出入通道和临时围护)的文件，并确保这些文件包含了业主和当地法律机构对诸如考古和环境调查活动提出的所有特殊条款。与相关咨询方配合，准备拟受邀参加各工作要素投标的公司名单(资格预审过程)。确认名单上的公司会做好准备并在指定日期提交投标文件，并对潜在供应链公司(包括相关咨询方)进行协商会议和/或面试。
- 确保在文件中说明了所有与健康与安全/CDM 规范以及法定权限有关的适当参考资料。
- 在其他项目团队成员的协助下，检查所有合同文本的一致性，尤其是当文件内容涉及设计层面时，需要确认其在适当的地方获得了授权。

- 获得包含采购方式说明的有关供应链采购的报告。
- 必要时,可通过对合格的投标者进行答疑来澄清所有特殊条款,并与其负责人会面。
- 适当时,正式接纳成功的投标者,并发出中标通知书。
- 应基于质量、进度和价格之间的平衡来选择中标单位。
- 若提交的投标价格超出了预算,应主动采取行动。
- 确保业主理解施工的性质和条款,特别是那些与场地占用及支付有关的条款。还应确保对施工现场的占用权能在投标文件中设置的日期移交给承包商。
- 安排合同的正式签署和交换。

根据欧盟有关采购方面的指令,议标谈判招标也被认为是一种最物有所值的采购方式。更多有关欧盟采购条例的信息,参见 BN 3.11。

欧盟指令下的采购

根据英国颁布(2006 年 1 月 31 日强制执行的《公共事业合同法规 2006》和《公共合同法规 2006》)的欧盟指令(2004 年 3 月 31 日的指令 2004/1/EC 和 2004/18/EC)要求,超出一定门槛价的公共采购合同必须在欧盟官方公报(OJEU)上公布,并且需要遵守其他详细规定。这与所选的采购路径无关。有关这方面更多的建议和说明,详见 BN 3.11。

电子采购

电子采购(Electronic Procurement,简称 E-procurement)是指在采购过程中使用电子设备和系统以提高效率和降低成本的一种采购方式。欧盟的统一指令和发票指令为电子采购的运用提供了明确的指导,包括鼓励投标方采用纯在线流程进行合同竞标。除了像英国国防部、国民医疗服务和当地政府这样的关键公共部门业主以外,私人部门的业主也越来越多地运用这种采购方式。更多关于电子采购的说明,详见 BN 3.16。

业主需求文件

业主需求文件旨在精准地表明业主的需求,有利于承包商更准确地进行工程报价。与此同时,也消除了未计价工程量部分的不可预见成本所带来的风险。项目规模和业务需求复杂性,成为业主需求内容的主导因素。

该文件通常应用于设计—建造模式的采购过程中。

业主需求文件是针对单项工程来编制的,但是通常会包括以下合同信息。一旦这些文件编制完成,将会形成业主和承包商之间的合同基础。

业主需求应包括:
- 项目概述。
- 组成建设调查准备工作的前期收购或调查报告。
- 建筑物评估报告。
- 建设合同及完整附件的建议形式。

- 合同的特定条款及条件。
- 建议的招标和建设计划。
- 详细的工作范围。
- 符合法定义务的工作要求。
- 职业健康安全承诺书。
- 声学要求。
- 机电技术规范。
- 语音和数据要求。
- 视听技术规范。
- 墙地面完工计划。
- 家具规格和空间标准。
- 建议的绘图软件包。
- 概念与详细设计计划。
- 招标形式。

设施管理策略/考虑

从全生命周期理论和运营视角来看，在进行任何重大设计深化之前，都有必要充分考虑建议的设施管理要求（在资源可利用性与资源需求的背景下）。关键设计决策很有可能会依据未来对设施管理的要求和资源可利用性来制订。项目经理有责任确保在设计深化阶段之前，向适当的利益相关者进行咨询并考虑其建议，特别是那些需要对满足未来交付项目的设施管理要求负责的利益相关者。

项目执行计划

项目执行计划(PEP)是项目管理的核心文件，它是由项目发起人定义的针对政策和程序的说明，尽管通常是由项目经理为获取项目发起人的批准而编制的。项目执行计划以结构化的形式，建立了项目范围、项目目标和相对优先级。

项目执行计划是一个用于强制执行纪律和计划的"实时"文件，它比项目设计团队的影响范围更大。它构成了以下事项的基础：

- 在可行性研究与策划阶段结束时由业主主体签字保证。
- 提供资金援助。
- 项目团队的工作方法。
- 潜在承包商的信息及补充文件。

业主版本中的一些机密信息在发布给其他参与方时将会被清除。

PEP 检查表

项目执行计划：
- 是否包含项目实施、监督和汇报过程中所需的计划、程序和控制流程？
- 是否定义了所有项目参与方的角色与责任？是否能确保每个人理解、接受并执行他们的责任？
- 是否通过定义汇报和会议要求设置了质量控制、审计、检查和反馈机制？是否在合适时制订了独立外部审查机制？

基本内容

项目执行计划中的大部分内容都是标准化的,但是为了适应每个项目的不同情况,该标准还需要做一定的修改。尽管一些项目执行计划为了避免重复而采用互相参照系统的标题,但一个典型的项目执行计划可能涉及以下所列项目:
- 项目定义和概述。
- 目标说明。
- 有关成本、收入以及包含借款利息和税金计算的现金流计划的业务计划。
- 有关收入和回报的市场预测及假设。
- 功能性和审美方面的简述。
- 业主的管理方式以及对包括项目经理在内的权限设置。
- 财务流程和订购的代理权限。
- 开发战略和采购路径。
- 法定许可。
- 风险评估。
- 项目计划与逐步实施。
- 委托各咨询方的内容范围。
- 概念设计和预算的协调。
- 对设计开发、产品包装设计和招标、施工、试运行和移交,以及运营模式的陈述。
- 安全与环境问题,如施工组织设计与管理规定、碳排放量与能源目标。
- 对包括文档管理系统在内的信息系统的管理。
- 质量保证。
- 项目后评价。

通过项目设计和施工阶段,项目执行计划会随着项目进程而进行调整。它应该是一个定期更新的动态化文件,并作为一种沟通工具和控制手段的参考。

PEP 的审批

一般而言,确保项目的关键利益相关者之间建立与项目里程碑相联系的项目执行计划审批流程,是项目经理的职责所在。

由于项目执行计划是基于既定流程在项目的全生命周期内不断得到完善的,因此项目经理也必须逐步地对其进行批复。

建筑信息模型(BIM)战略

此阶段的目标是保证项目的正确建立,以确保项目成功。

关于建筑信息模型,项目的所有利益相关者应统一商定一个明确计划,以确保业主、项目本身和项目团队的利益和效率最大化。

此阶段的计划必须包括:
- 对项目实施 BIM 的目标进行明确说明和理解,例如,为何要使用 BIM?想得到的结果是什么?
- 项目的 BIM 执行计划的制订,应包含有关软件、数据存储和沟通交流的团队能力评估和集成工作协议。为了在 BIM 环境下顺利工作,供应链成员起初可能会需要额外帮助,这一点应该尽早被纳入考虑范围。
- 业主对产出的要求——例如,在移交时是否要求设置和 BIM 数据相关的设施管理?是否需要如施工运营建筑信息交换手册(COBie)之类的临时产出?目的是什么?
- 责任矩阵——包括模型元素和数据的所有权。
- 对 BIM 经理或协调员的任命需要有清晰的责任界定。他可以是现有团队中的一员,也可以是外部咨询方,这取决于他的能力和经验。
- 按照详细进展程度、不同阶段模型数据的授权使用和预期成果输出(如:COBie)等方面,记录模型的发展过程,作为 BIM 执行计划的一部分。
- 设计开发过程,包括运用哪种 BIM 工具(比如,碰撞检查、4D、5D、环境分析等)和要求遵从的迭代过程,包含对交互型设计团队会议的管理。

随着 BIM 在项目开发进程中的使用,需要定期复核执行计划及过程,以确保尽可能高效地运行 BIM 进程。

如果在项目开始阶段就可以清晰地理解和交流 BIM 的需求和用途,那么建立项目 BIM 模型以实现预期产出就相对更容易。与此相反,如果在早期阶段没做到这一点,那么建立 BIM 模型可能就不会那么有效了。

更多的信息和资源将在 BN 3.05 中阐述。

BN 3.01 建设中的健康与安全(包括 CDM 指南)

一般而言,所有的建设活动(包括设计)都涉及健康与安全有关的法律,而不只是某一特定行业。本附录包含了一些法律法规,有关如何获取这些法律法规的信息,参见本附录末尾处。

在建设活动中涉及健康、安全和福利的主要法律如下:
- 《职业健康与安全法案》1974 年。
- 《矿山与采石场法》1954 年。
- 《工厂法》1961 年。
- 《办公室、商店和铁路场地法》1963 年。
- 《雇主责任法》——多种。
- 《污染控制法》1989 年。
- 《公路法》1980 年。
- 《新建道路和街道工程法》1991 年。
- 《公司过失杀人法案》2007 年。

建设中有关健康与安全的基本法律,是 1974 年颁布的职业健康与安全法案,这部法案有 62 条独立规定,因此不可能在此探讨如此庞大的主题领域。不过,该法案中会影响设计与施工的主要规定包括:
- 《职业健康与安全管理条例》1999 年,2006 年修订。
- 《建设(设计及管理)条例》2007 年(又称 CDM 规范)。
- 《高空作业法规》2005 年,2007 年修订。

一些其他相关的法规和指南:
- 《施工现场废弃物管理计划规定》2008 年。
- 《伤害、疾病和危险事件报告条例》(RIDDOR) 1995 年。
- 《重大事故危险控制条例》1999 年(COMAH),2005 年修订。
- 《化学品(危险信息和包装供应)条例》2003 年(CHIP 3)。
- 《健康与安全(显示屏幕设备)条例》1992 年。
- 《危害健康物控制法(COSHH)条例》2002 年:工作设备的提供与使用规程(PUWER 98)。
- 《起重作业和起重设备规定》(LOLER 98)。
- 《个体作业防护装备条例》1992 年。
- 《健康与安全标志设置(安全、标志和信号)条例》1996 年。
- 《石棉控制法规》2006 年。

建筑-设计-管理(CDM)规范(2007)

1994 年颁布的建筑—设计—管理规范是一个符合欧盟指令的法律文件,其引入标志着行业对健康与安全管理方面的关注点存在重大变化。这是第一次具体而明确地规定了业主和设计方在健康与安全管理环境下的责任。该条例于2007年更新。

引入2007年的CDM规范是为了提供一个简化的管制结构,它更多地关注建设活动的规划和管理,并强化了对所有关键参与方之间合作与协调的需求。

CDM规范(2007)包含五个部分:
- 第一部分——引言。
- 第二部分——适用于所有建设项目的一般管理职责。
- 第三部分——项目须申报的附加职责。
- 第四部分——施工现场有关健康与安全的职责。
- 第五部分——综述。

此外,它也得到了CDM规范(2007)批准的实施规程(ACoP)的支持。

这些条例适用于所有的建设工作,无论其规模与持续时间。然而,"须申报"项目催生了附加责任人以及条例的第三部分中所确定的职责,包括:
- 总承包商。
- CDM协调员(CDM 1994中计划监理人员的角色已被删除)。
- 向健康与安全执行局(HSE)(F10型)做通告。
- 施工阶段计划。
- 健康与安全文件。

除去对健康安全执行局的通告,大部分职责仍然由业主、设计方和承包商承担,并在大多数情况下,会有额外职责产生。

须申报项目

申报的条件在CDM(1994)的基础上得以简化。在CDM(2007)中,当建设项目有非本国业主参与,且建设工期超过30天或建设工作超过500个人工日的工作量时,须申报项目。

业主的定义

CDM 2007将业主定义为在经营过程中或业务发展中,拥有由他人或其自身负责实施的建设项目的所有权的个人或组织,这不包括国内业主(即那些居住或将居住在工程所在地的人)。但如果业主是地方政府、地主、住房协会、慈善机构、承租人或任何其他交易或商业活动的代表,那么CDM业主职责仍将适用于这些国内业主。

对于PFI或PPP项目,从项目开始,直到特设机构成立并承担起业主的角色时,项目组织者就是业主。

CDM 2007中业主的角色

2007版CDM规范基本上没有给业主增加新的责任,然而:
- 旧版CDM规范以及其他相关规定下的业主现有义务已经明确。
- 关于这些义务应如何履行得到了说明。
- 业主要为他们对健康与安全造成的影响负责。
- 业主要确保委任一个CDM协调员来负责建议和协调须申报的项目的建设活动,并提供足够的时间和资源使项目能安全交付。

- 业主有责任向设计方和承包商提供关键信息；同时业主也要设法弥补任何形式的信息空白（例如，委托进行石棉粉尘检测）。
- 业主要任命一名能胜任的CDM协调员和有足够能力的总承包商，并确保只有在福利保障设施已经到位并且施工阶段的健康与安全计划已准备就绪时，才启动施工阶段。
- 保存和提供对健康与安全文件的访问渠道并根据最新信息对其进行更新是业主的职责。
- 对于没有任命CDM协调员或总承包商的须申报项目，业主将被视为CDM协调员和/或总承包商，并履行他们的义务。

在综合考虑了项目的性质和风险情况后，业主会缜密地对承包商管理措施的合理性做出判断，如果后续发现上述措施并不妥当或未能得到落实，在业主并不知情的情况下其不应该受到任何指责。

CDM协调员的角色

CDM 2007设置了CDM协调员这一新角色，以取代CDM 1994中计划主管的角色。CDM协调员在工程建设的设计和规划阶段向业主提供有关健康与安全问题的建议，并且只有须申报项目才需要设置这一角色。其关键职责包括：

- 在选择有能力的设计方和承包商时给业主提供建议——但关于任命的决策不需要CDM协调员的批准。
- 帮助识别设计方和承包商所需要的信息。
- 协调规划和设计工作中有关健康与安全的安排——尽管他们需要知晓这些管理体制已被落实，但不一定需要检查设计。
- 确保HSE得到项目的申报（仅限于须申报项目）。
- 对初步施工组织设计的合理性提出建议——他们不需要批准或监督指导总承包商的施工组织设计，亦不需要在现场工作或审批风险评估和施工方案。
- 准备一份健康与安全文件。

CDM协调员的义务可以由业主、总承包商、承包商、设计方或全职的CDM协调员来履行。

设计方的角色

在CDM 2007中，设计方是指从事设计或指定建设工作（包括不须申报项目和国内项目）的人员，这包括准备了图纸、设计详图、分析和计算、技术规范和工程量清单的人员。从广义上讲，还包括了土木及结构工程师、建筑设备工程师、材料说明编制人员、临时工程设计师、室内装修设计师、指定的业主以及设计—建造总承包商。然而，就相关法定要求提供建议的当地政府等人员不算作设计方。如果他们有超出法律规定的特殊要求，则应算作设计方。

在CDM 2007中，设计方的主要职责如下：
- 确保业主知道他们的职责。
- 确认他们（设计方）能胜任自己的工作。
- 为了管控风险，需要与其他参与方协同工作。
- 与CDM协调员及其他参与方合作。
- 为健康与安全文件提供信息。
- 消除来自施工、清洁、维护、拟使用（仅限工作场所）和结构拆除的危害。

- 降低其他危害发生的风险。
- 赋予降低整体风险措施相对于个体措施的优先级。
- 在设计工作场所结构时,要考虑到工作场所(健康,安全和福利)条例1992。
- 可以协助业主、其他设计师和承包商提供设计信息。
- 特别地,要告知他人显著或不寻常或"不明显"的残余风险。
- 无需考虑不可预见的风险。
- CDM 2007并不要求"零风险"的设计。
- 消除风险所付出的努力应该和风险量是成比例的。
- 核实业主已委任一个CDM协调员。
- 在CDM协调员被委任之前,只允许进行"初步"设计工作。初步设计可被认为是不超过以下范围的设计:
    - 英国皇家建筑师学会(Royal Institute of British Architects,RIBA)的阶段C之内和之外的工作。
    - 2006版英国建筑业协会(Construction Industry Council,CIC)顾问合同阶段3之内和之外的工作(2006年8月的草案)。
    - 英国商务部(Office of Government Commerce,OGC)第1部分之外的工作。
    - 2002版英国咨询工程师联合会(Association of Consultancy and Engineering,ACE)颁布的《土木工程合同文件格式》的阶段C3中A(1)或B(1)之内和之外的工作。
- 与CDM协调员、总承包商和其他设计师或承包商合作,使其都能遵守各自的CDM职责。
- 为健康与安全文件提供相关信息。

总承包商的角色

与CDM 1994相比,在CDM 2007中,总承包方的角色和职责实际上改动很小。应在所有须申报项目切实可行时尽快任命总承包商,并且应确保业主已清楚其应承担的职责,确保已委托CDM协调员,并已向HSE申报。总承包商的其他职责包括:

- 他们所委任的人员(包括所有承包商和分包商)能胜任工作。
- 对施工阶段进行了合理的规划、管理、监督,并配备了充足资源。
- 使承包商了解所允许的规划和准备的最短时间。
- 向承包商提供相关信息。
- 确保承包商之间的安全作业、协调与合作。
- 确保施工阶段健康与安全计划的制订和实施。该计划需要根据所涉及的具体项目和风险专门定制用于风险管理和协调工作的组织和安排。
- 确保从施工阶段开始就可以获取适当的福利保障。
- 确保所要求的施工现场规范得以准备和落实。
- 向承包商(包括业主指定的承包商)提供合理的指导。
- 控制施工场地的出入口,以限制未经许可的进入。
- 向那些需要施工组织设计的人员提供该文件。
- 及时向CDM协调员提供健康与安全文件的相关信息。
- 在有关设计和设计变更的方面与CDM协调员沟通磋商。

- 确保向所有工人提供适当的健康与安全的入职引导、信息和培训。
- 确保向全体工作人员征询了有关健康与安全的事宜。

在 CDM 2007 中,总承包方不需要:
- 向他们未雇用的工人提供培训(个体承包商有责任培训他们所雇用的工人)。
- 负责对承包商工作的具体监督。

承包商和个体户工人的职责

核实业主已知悉他们的职责:
- 规划、管理和监督其自身工作,以确保己方工人的安全。
- 确保他们自身及其任命的人员具有足够能力和资源。
- 通知其雇用的承包商他们需要用于计划和准备的最少时间。
- 向他们的工人(无论是受雇或自雇)提供任何必要的信息、培训和入职引导。
- 报告他们了解到的可能危及自身或他人健康与安全的一切事务。
- 确保他们所做的任何设计工作均符合 CDM 设计方的职责。
- 遵守施工现场的健康与安全方面的责任。
- 与该项目的其他参与方协调与合作。
- 向全体工作人员征询意见。
- 直到已经采取了防止未经授权者进入工地的合理措施,才可开始工作。
- 在必要时征求专家意见(例如,从结构工程师或职业环境卫生学家那里征求意见)。
- 开始工作前核实 CDM 协调员已获委任并已向 HSE 申报(仅限须申报项目)。
- 与总承包商、CDM 协调员和该项目的其他参与方合作。
- 告知总承包商其工作将给其他人造成的风险。
- 遵从任何来自总承包商的合理指导。
- 根据施工组织设计来进行工作。
- 告知总承包商其委任或聘用的所有承包商的身份。
- 告知总承包商在其工作中识别出的、且会对项目管理造成重大影响的计划或风险方面的问题。
- 告知总承包商发生的任何伤亡、疾病或危险事故状况。
- 为健康与安全文件提供信息。

现场健康与安全控制的职责

CDM 2007 的第 4 部分包含了控制特定的施工中健康与安全风险的职责。和被第 4 部分取代的 1996 年的老版建设(健康、安全和福利)规范相比,这一部分对职责的叙述有许多相似之处,主要表现在:
- 适用于所有施工现场。
- 每一个承包商和每一个控制建设工作的其他人员都有其对应职责。
- 更新了措辞和风格,改变了部分结构,但保留了大部分原条例的基本要求。
然而,也有一些变化。
- 现在,识别工地的良好秩序的方式有,根据风险级别设置的合适标识或围护或两者兼备。

- 关于爆破和拆除的书面记录有新的要求。
- 已全面修改挖掘、围堰和沉箱的规定，以使其更简洁并更具整体性。
- 报告和检查的职责有所调整。
- 对于休憩设施，现在要求使用有靠背的座椅（欧洲指令的特定要求——只在更新已有座椅时有此要求）。
- 条例的总则部分涉及了培训和能力评定的具体要求。
- 对房门和大门的要求被移到了1992年的工作场所（健康、安全和福利）规范中。
- 废除（铁路沿线）有关轨道车辆替代交通方案的条款。
- 移除了要求有资质的人员建造、维护和控制船只以预防溺水的规定。

能力和培训

为了有足够的能力可以胜任工作，一个组织或个体必须具有：
- 对所承担的特定工作及其带来的风险要有充足的知识储备。
- 要有丰富的经验和能力去承担与项目相关的责任；认识到自身受能力所限，并采取适当的措施以防止施工人员或其他相关人员遭受伤害。
- 所有在 CDM 2007 中被规定了职责的人员应该。
  - 采取"合理的步骤"以确保受雇员工是能胜任的。
  - 不安排、不命令没有能力胜任的工人来实施或管理设计或建设工作。
  - 只雇用有能力胜任的员工。

注意：
- 本条例适用于企业及个人的能力。
- 评估应集中于特定项目的需求，并与工作的风险、规模和复杂程度相匹配。
- CDM 2007 应精简针对能力的评估方法。
- CDM 协调员的一个核心职责，是向业主告知其雇员应具备的能力。
- 员工参与是指在建设活动管控人员做出决策时的参与，以便以最有效的方式来管理工地现场的风险。
- 在合适的时间与合适的人员交流合适的信息，使他们对涉及到建设项目的健康与安全问题做出恰当的决策。
- CDM 2007 中关于员工参与和咨询的关键条例：
  - 条例 5：和条例 6 协调合作。
  - 条例 10：业主提供的信息。
  - 条例 11：设计方提供的信息。
  - 条例 13：承包商提供的信息（包括入职引导、风险信息、现场制度、紧急危险程序、符合条例 13(2)(b)MHSWR 要求的培训）。
- 因转移（新工地）、职责变更、设备更新、技术革新和工作系统更新等导致新/增加风险时，应为雇员提供相应的培训。
- 对于所有项目，责任承担者应：
  - 提供在无风险情况下开展工作所需的信息。
  - 提供现场具体指导。
  - 就风险评估的研究结果提出建议。
  - 说明现场规章制度。
  - 阐明遇到紧急危险时需要做什么。

- ■ 通知对落实施工现场的健康与安全负责的相关人员。
- 考虑到有些人员无法阅读或无法理解英文的情况。
- 工人有义务报告任何有可能危及自身或他人安全的隐患。
- 工人安全代表有权参与业主出资的培训。

条例 8 MHSWR 中对重大险情的安排如下：
- 对于须申报项目，在和工人沟通如何处理时，总承包商必须：
  - ■ 制订并维持相关措施以确保总承包商自身、承包商和工人之间的合作与协商。
  - ■ 与工人进行协商。

CDM 2007：进一步的建议

关于 CDM 2007 规范的进一步建议可通过以下途径获得：
- 《CDM 2007 规范及批准的实施规程》(L114)。
- HSE 网站：www.hse.gov.uk/construction/cdm.htm。
- CDM 2007 行业指南：www.cskills.org/supportbusiness/healthsafety/CDMRegs。

设计问题：
- www.dbp.org.uk。
- www.dqi.org.uk。
- www.cic.org.uk。
- www.ciria.org.uk。

> 健康安全管理部门（health & safety executive，HSE）已经展开了咨询工作，就 HSE 方案取代 2007 版建筑—设计—管理规范（CDM 2007）并撤销已核准的实施指南（approved code of practice）寻求意见。按照对 CDM 2007 的评估和 Löfstedt 的报告《恢复所有健康与安全》中的建议，拟修订版本将增加透明度，减少官僚主义。ACoP 将被一系列根据特定领域定制的指南替代，尤其是较小的项目。因为三分之二甚至更多的工程致命事故就发生在此类小项目上。

BN 3.02　价值管理指南

价值管理和价值工程

价值管理(Value Management,VM)和价值工程(Value Engineering,VE)是与实现"性价比"相关的技术。价值工程最先是由美国人 Lawrence Miles 在二战期间为利用有限资源获取最大功能(或效用)而创立的,这是一个基于团队的系统性方法,以确保实现物有所值最大化。在这种方法中:

$$价值=功能/成本。$$

因此,可以通过提升功能或减少成本来增加价值。该技术涉及高成本要素的识别、功能的确定、对该功能是否必要(或)以及是否以最低成本实现的关键检验。就项目而言,价值工程对战略/设计阶段的影响最大。它需要合理可靠的成本数据,并在引导者的指导下组织一个专家小组开展头脑风暴研讨会。

价值管理与价值工程类似,但是就项目而言,价值管理关注整体目标,并且最适用于运用价值最大化范围最广的方案识别和选择阶段。

那些自然而然会对项目做出贡献的人和/或那些对项目成果有极大兴趣的人所参与的头脑风暴研讨会,是价值管理和价值工程的基本组成部分。参与者应该自由发表观点,并在提出和分析观点时尽可能保持独立。主持人是确保这种情形发生的关键,所以这个角色必须具备良好的引导能力和一定程度的独立性。

流程

价值技术以三大主题为基础:
- 通过参与和团队合作完成任务;基于"团队作战"总是优于"单打独斗"的假设。
- 采用主观判断,可能包含也可能不包含风险评估。
- 价值是成本与效用在广义上的函数。

价值技术应用的关键决策是:
- 应什么时候使用价值技术?
- 应由谁来参与?
- 应由谁来承担引导者的职务?

价值技术在前期应用和后期应用之间必须寻得平衡。前期应用一般在充分认识问题和明确限制条件之前进行,后期应用则在观点明确、得出结论的时候进行。尽管可行性研究(确定合适方案时)与施工前准备阶段(设计定稿之前)在大多数项目情形下是适用的步骤和阶段,但每一个项目仍然需要基于其自身价值特点来进行评估。

引导者的任务是获取支持和激发参与者,提炼出所有观点并确保公平聆讯,选取优胜者以促进观点生成,以及保持议程进度。为了达到这些目标,引导者必须是独立的、具备良好的人际关系与沟通能力,并能够引起所有参与者的共鸣。尽管他必须了解项目的属性,但并不需要达到精细的层次。大型、复杂或其他较困难项目有必要为员工配备一个外部专家作为引导者,该引导者角色对项目的成功实施和抉择时所需做的考虑至关重要。

价值研讨会的目的和议程应由项目团队决定,价值陈述应该给出针对特定项目的价值定义。例如,价值可能不仅仅与成本相关,可能也涉及风险、环境影响、入驻效用等。尽管这些因素的重要性对每个项目而言是特殊的,项目团队必须确保该陈述能反映企业政策。陈述不是为了成为一种限制,而是作为研讨会中用于维持焦点的基准。

通常每一次价值研讨会将持续2~3天,项目经理必须保证研讨会所需的支持信息以总结的形式得以利用,并且专家的意见应易于读懂。因此,项目经理必须保证参与研讨会的人员对项目有深入的了解。

与风险评估的联系

当有众多风险管理方法并需要做出选择时,价值技术与风险评估可以结合使用。当风险管理方案阻碍了多个项目目标时,采用该步骤来确定最佳缓解方案会很有价值。

在这种情况下,公开研讨会中的风险管理目标和项目整体目标都是明确的。因此,风险管理方案应根据整体目标范围进行排序,以确定总体最优方案。

潜在缺陷

- 价值研讨会的成本(资金和时间)可能很高。
- 在可行性研究/方案识别阶段,价值技术的某些方面可能与经济评估原则冲突,与价值技术所采用的主观标准不同,后者通过对收益的绝对衡量来寻求最优解决方案。例如,一个标准的保护方案不能像价值目标那样被明确定义。如果效益和成本可以直接根据所有标准赋值,那么价值管理分析(VM)在可行性研究阶段就不用进行了,尽管价值技术的激励与团队建设仍然有效。
- 当经济评估凌驾于价值管理之上时,团队建设的收益就被减弱了。
- 倘若与咨询顾问或承包商之间发生争执,业主参与价值流程就会被证明是极为不利的。但是,业主参与又是这一进程的重要组成部分,尤其是在可行性研究阶段。因此,必须由熟悉合同缺陷、有知识、有经验的人员来实施此任务。

当合理预期表明成本会节省,或风险能够实质性降低,或有必要且难以达成一致观点时,就需要应用价值技术。例如,一些对各方利益都有重要影响的高价值或复杂项目,以及一些社会、经济、环境和/或无形效益相当重要但却难以量化的项目。价值技术可用于任何需要确定目标和寻找解决方案的情况。

下图是价值管理(VM)应用于项目框架的关键阶段的例子。

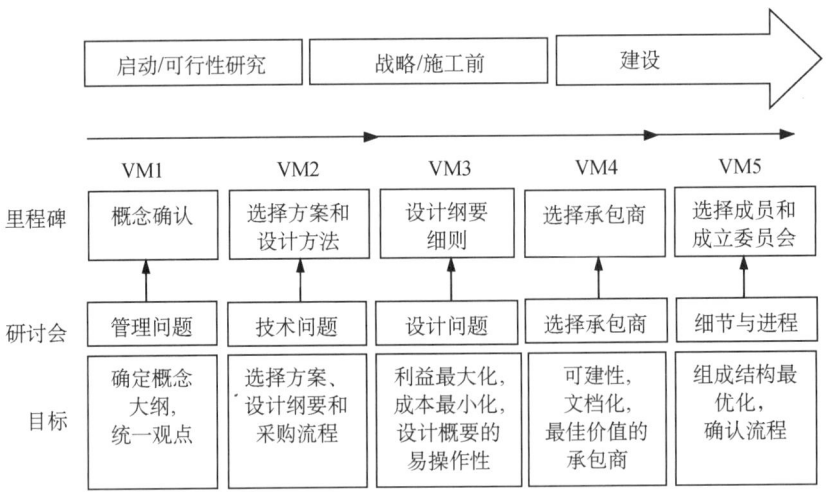

价值管理(VM)研究步骤

BN 3.03　项目风险评估

风险是几乎所有建设项目的固有属性。根据不确定性的本质及其潜在后果,需要采取不同的措施来应对风险。风险管理是对可能导致有害的变化的领域或事件进行识别、测量、分析和控制的系统性方法。通过风险管理,可以对计划和/或项目的风险进行评估,即使某些风险是推测出的,并且它们可能同时带来收益和损失。

风险评估和管理需要在足够早的阶段实施,以便对项目开发过程中的决策产生影响。小型研讨会应当把所有可能发生的、会威胁到项目基本假设的事件归纳成一个活动清单。一个需要归纳不同研讨会的典型清单可能包括:

- 收益。
- 规划许可。
- 计划。
- 设计。
- 采购和施工。
- 维护和运营。

评估应根据以下几点进行:

- 风险发生的可能性(百分比)。
- 对成本—时间—功能的影响(金钱—工作周—其他)。
- 缓解措施。
- 风险管理的负责人。
- 度过风险的删除节点(日期)。
- 采取承担—转移—保险—缓解措施的时间(日期)。

风险缓解措施需要在性价比方面进行评估。风险转移需要向最可能控制住该风险的参与方转移,因为它们在商业上定价最低。横向思维可以减少风险,甚至在极少数情况下能消除风险。风险登记册要定期检查,并且是后续决策过程的一部分。

风险登记册

风险登记册是对风险识别、评估、控制措施的正式记录。风险登记册可以分为以下三个部分:

- 一般风险:不考虑项目类型及属性而存在的固有风险。
- 特定风险:与特定项目有关的那些风险,可能是通过项目团队的风险研讨会所识别出的。
- 其他风险:这是一类被识别为不能排除或不可避免的风险,还必须为缓解该类风险准备应急费用。

必须评估此类其他风险的财务影响,以确定一个合适的应急额度,也应该考虑应急时间。

当使用风险登记册时,事件发生和结果的重要性用高、中、低(H、M、L)来评定。其他评价形式包括用很高、高、中、低和很低来计分,或者使用数值(例如,1~10 十个等级排序,10 表示具有很高可能性/影响的风险,1 表示几乎可以忽略其可能性/影响的风险)。风险登记册的部分示例,如下表所示。

风险登记册

风险编号	描述	发生可能性(%)	未缓和的影响			合适的缓解措施	负责人	上次更新	删除节点	记录日期
			影响成本	时间	功能					
1										
1.1										
1.2										
1.3										
2										
2.1										
2.2										
2.3										
2.4										
2.5										
2.6										
2.7										
2.8										
2.9										
2.10										
2.11										
2.12										
2.13										
2.14										
2.15										
2.16										
2.17										
2.18										

风险往往是外部的,会从无法影响的事件中产生。这尤其适用于市场和收益预期,有些风险甚至会成为"项目障碍物"。物有所值研究可以放弃规避方案或除去特殊的保险措施。显然,可能性高以及影响大的风险是需要重点关注的。

应急预案

应急预案是指在项目开始到完成期间,使那些可能干扰项目顺利进行的干预事件的影响最小化的战略规划。应急措施是一项计划好的时间安排,可能会被干预活动的发生所占用。

一些计划软件会在默认情况下提供哪些活动应该尽可能早或晚安排的选项,其他软件的默认项也是非此即彼。当一项活动只能尽可能晚的安排时,引入缓冲其结束日期的应急时间段可以使活动的计划开始时间比其他情况下更早,这使一定程度上的任务延迟由应急时间来弥补。像宗教上的、行业相关的或法定节假日或周末这些特定的非工作期间不是应急时间范围,故不能够将它们视作可以利用的补偿时间。只有对风险发展的后果承担合同责任的参与方,才能恰当地决定那些需要时常考虑的应急措施的数量及其分配。因此,在合同上应当(通常也是这样做的)明确谁对风险发展的后果承担合同责任,相应的又是谁来负责应急措施。

同理,在成本预算中通常有一部分资金分配叫作"应急金额",业主可以依靠这个资金来应对不可预见事件,在进度计划上必须从战略层面上安排应急活动来消除由业主承担风险的干预事件所造成的时间影响。

谨慎的承包商也会为他们在资源管理、资源分配上,及其开展的工作质量所承担的风险上设置资金额度。

应急计划应该分别为业主和承包商的风险明确制订,并为涉及以下情况的相关风险制订:

- 一个活动,或者一系列活动。
- 承包商、分包商、供应商或其他资源。
- 进入或退出的时间,或者所有权确定或放弃的时间。
- 工作,任何明确界定的部门,以及工作的任何部分。

在最低工作强度的情况下,为了给进度计划的未知部分提供一定的空间,应急事件的时间安排可能是最长的。由于该强度等级缺乏精确性,故给某一参与方或其他相关方单独分配应急时间可能都是通过方案调整来实现的。在该强度等级中,确定应急时间的一种方式是使用诸如蒙特卡罗分析等公式化方法,来给已知活动分配额外时间段。蒙特卡罗算法,是通过多次随机产生不确定变量值来生成模拟的应急时间范围。

在中等工作强度的情况下,通过理论化的公式推算,鲜有弹性空间缓冲未知的和难以量化的风险。并且,应急时间必须明确地分配给某一参与方或其他相关方,不能出现应急时间没有分配到相应责任人的情况。在中等强度的情况下,应明确识别风险,并在方法声明中对允许风险发展的可能性作出合理解释。

在高工作强度的情况下,需要考虑的风险相对其他强度条件下显著地减少。在该强度条件下,应急时间必须明确地分配给某一参与方或其他相关方。不能出现应急时间没有分配到相应责任人以及没有在方法说明中做出明确解释的情况。还有一些在该强度条件下允许发生但不需要制订风险应急计划的合理风险,诸如恶劣或不利天气、不可预见的地面条件和公用设施、设备故障、返工、旷工等,或者是在这一阶段下隐含的变更。

风险缓冲表的一种格式,如下表所示。

风险缓冲表

风险名称：	日期：	问题编号：	问题编号：

风险分类/参考：		风险所属：	

风险评估		可能性	成本	时间	其他方面（例如环境/健康和安全）	总分
		现状				
		预测				

风险描述：

风险缓解计划：	负责人：	检查节点/里程碑：
结束日期/时间范围：		

备注：

项目风险评估检查表

项目名称 _____ 日期 _____

风险总体评估:

☐ 正常风险

☐ 高风险

签字人	签名	日期
业主		
项目经理		

风险考虑因素	标准	风险评估		高风险的建议管理计划
		正常	高	
1. 项目环境				
用户组织	稳定的/有能力的 欠佳/缺乏积极性/未经培训	☐ ☐	☐ ☐	
用户管理	团队合作 内讧和冲突	☐ ☐	☐ ☐	
合作企业	业主的唯一承包商 相关第三方	☐ ☐	☐ ☐	
公共可见度	很少或没有 显著和/或敏感	☐ ☐	☐ ☐	
工地数目	2个或更少 3个或更多	☐ ☐	☐ ☐	
对当地环境的影响	高 低	☐ ☐	☐ ☐	
2. 项目管理				
管理高层参与度	积极参与 有限参与	☐ ☐	☐ ☐	
用户管理经验	项目经验丰富 项目经验缺乏	☐ ☐	☐ ☐	
用户管理参与度	积极参与 有限参与	☐ ☐	☐ ☐	
项目经理	富有经验/全职 无资质的/兼职	☐ ☐	☐ ☐	
项目管理技术	采用有效技术 无效或不适用	☐ ☐	☐ ☐	
业主的项目类型经验	业主之前有过经验 第一次委托	☐ ☐	☐ ☐	
3. 项目特点				
复杂程度	相对简单 开拓性/新领域	☐ ☐	☐ ☐	

(续表)

风险考虑因素	标准	风险评估 正常	风险评估 高	高风险的建议管理计划
技术	已证实和认可的方法和产品 未证实或新的	☐ ☐	☐ ☐	
失败影响	极小 显著	☐ ☐	☐ ☐	
组织变革程度	极小 显著	☐ ☐	☐ ☐	
范围	典型项目阶段或研究 不常见的阶段或研究	☐ ☐	☐ ☐	
基础	一期工程或延续 早期工作不确定	☐ ☐	☐ ☐	
用户认可	项目拥有强有力的支持 对项目存在争议	☐ ☐	☐ ☐	
预计工期	合理的工期延迟限额 紧凑/快速的建设	☐ ☐	☐ ☐	
计划完工	灵活的期限 绝对期限	☐ ☐	☐ ☐	
潜在变更	稳定的行业/用户/应用 不断变化的行业/用户/应用	☐ ☐	☐ ☐	
工作日(开发商)	少于 1 000 天 1 000 天及以上	☐ ☐	☐ ☐	
成本效益分析	已证实的方法或不需要 不恰当的近似值/方法	☐ ☐	☐ ☐	
硬件/软件容量	没有或已证实的方法来评估 未证实的方法/没有应急资金	☐ ☐	☐ ☐	
4. 项目工作人员				
用户参与度	积极参与 有限参与	☐ ☐	☐ ☐	
项目监督	符合标准 低于标准	☐ ☐	☐ ☐	
项目团队	充分的能力/经验 极少的相关经验	☐ ☐	☐ ☐	
5. 项目成本				
成本报价	正常(即基于时间的) 固定价格	☐ ☐	☐ ☐	
成本估算基础	详细的计划/已证实的方法 不恰当的计划/方法	☐ ☐	☐ ☐	
正式合同	非标准形式 标准形式	☐ ☐	☐ ☐	

(续表)

(续表)

风险考虑因素	标准	风险评估		高风险的建议管理计划
		正常	高	
6. 其他				

BN 3.04　信息与通信技术

建筑公司的成就在很大程度上取决于其项目的成功。成功的项目交付具有高度的数据敏感性，依赖于异构数据在众多项目参与者之间的无缝交换，而这些参与者可能在地理上或在其商业模式和系统方面是分散的。尽管稍晚于诸如制造业和航空航天业的其他产业，但毫无疑问，建筑业已经充分利用了信息与通信技术（Information and Communication Technology，简称ICT）的优势。本部分在着眼于描述典型项目管理系统的细节之前，对那些已在不同程度上使用过的技术进行概述。为了避免做出"IT不仅仅是技术"的假定，本部分将通过分析过程中的问题着手。

业务流程

业务流程是"制造满足客户需求的服务或产品的相关结构化活动的集合"。业务流程管理是一个结合了有效性和创新性的管理领域，旨在使组织与客户需求相一致。

长期以来，过程研究法在制造业中取得的成功将建设概念推广为一个制造过程，并为其被建筑业认可为是一种提高绩效和一致性的有效方式铺平了道路。然而，这种观点是通过Egan(1998)走在商业、政策和研究群体等领域最前沿的。本质上，流程是通过人、程序和技术的集成来实现目标的一系列步骤。它加快了业务重组，并为持续改进提供了一个框架。随后，它为供应链集成化打下了基础。流程是一种观点，然而它也是一种方法论。Cooper把流程定义为："推动一个新的产品项目从构思阶段到市场发行以至更远的正式行动方案、路线图、模板或思考过程。"建筑业对这种方法论的运用在斯坦福大学开发的建设流程协议（Construction Process Protocol）的发展中达到了极致。实际上，Construct IT关于信息技术的观点是贯穿于建设流程的。

Construct IT for Business是一个行业主导的、非营利性的合作成员制网络，包括代表建筑业供应链的前沿组织、专业机构以及研发(R&D)/学术机构。它们旨在通过信息技术的创新应用来提高产业绩效，并作为学术和产业间合作的催化剂。它们的使命是"为对最佳实践创新和发展作出贡献，在建设过程的信息技术应用中成为一股有效的促进与协调力量（行为主体）"。

互用性

全生命周期的项目建设的实现包含许多独立但又互相联系的规则。每个规则都取决于对其软件工具的使用，而这又依赖于在其他规则中来自应用的输入，并反之向应用提供输出结果。这些相互作用并不总是循序进行的，并且决策可能涉及多次迭代。这些应用的兼容性的不足造成了项目发展过程中的脱节和信息缺失。

互用性被电气和电子工程师协会(Institute of Electrical and Electronics,简称IEEE)定义为："两个或两个以上系统或要素之间交换信息以及使用被交换信息的能力。"在建设系统和流程的环境中,它始终指的是数据在各种软件系统之间的无缝交换。互用性促进了组织内系统以及其商业伙伴所使用的系统的集成化,它也随之具有了节约时间和金钱的能力,并促进了协同工作以发挥一些其他优势。就其本质而言,互用性的实现需要标准的制订,互用性可以通过多种方式实现。然而,迄今为止最广泛、最始终如一的实现互用性的方式是通过工业基础分类(Industry Foundation Class,简称IFC),它是一个面向对象的数据模型类基础结构,且有利于信息共享。IFC提供了应用之间交流的途径。然而,IFC模型服务器的使用为多部门环境下的数据交换提供了一种更为有效的方式,这些进展是在IAI协调下的全球性努力的结果。IAI是1995年9月由12家公司成立的建设与设施管理行业的一个非营利性全球联盟,它旨在处理诸如门窗等建筑实体以及诸如流程与空间等抽象物体的表达形式。

IAI Building SMART英国分会致力于为建设与设施管理对象技术的使用建立标准。Building SMART是2005年创立的IAI的一个新分支,专攻应用BIM和IFC以创造更智能的工作方式。它旨在提供更智能的工作方式,这将直接影响到行业中运用的流程与技能,以及诸如合同、支付系统、保险、教育和培训等其他问题。它需要与商业活动的信息联系起来。他们也旨在寻求与其他具有类似动机的组织进行联盟,这些组织可以提供补充标准,并为实现比传统方式更快、更好、花费更少、有着更好可预见性的交付成果的流程提供帮助。它们的使命是："在建设和设施管理领域为信息共享和流程改进提供一个通用的基础。"

电子商务

Construct IT对电子商务的定义是："通过计算机网络进行的自动化商务流程(包括公司内部和公司之间的),以及通过信息与通信技术实现的包括业务流程重组或商业模型再造在内的所有商业活动的集成。"

电子商务方案是有关建设项目全生命周期合作的技术,它们通常被看作是项目外联网和"软件即服务"(Software-as-a-service)。

电子商务和电子商贸的成功实现,取决于拥有一个准备就绪的基础。而且,电子商务的框架也需要业务流程重组和变更管理作为补充。

建设合作技术供应商(NCCTP)网络是在2003年成立的,它以协调的方式将电子商务供应商集中在一起。

据预测,在英国建筑业中,该网络将有助于促进在线技术的有效使用,以支持项目上的协作和资本发展。它提供了一个独立的分支,客户可以就协同技术的未来发展与其进行交流。它们的目标是在所有成员间建立并实施一套多方同意的数据交换标准,以促进数据在系统间的批量传输,并发展和促进跨项目工作的系统之间信息的常规交换。他们将建立一个团体,其成员基本上代表了建筑业内协同技术供应商,并将为处理一般市场和技术问题提供一种媒介。它们的使命可陈述为"NCCTP力图促进建筑业及相关产业中协同技术的优势和运用"。在过去几年里,虽然NCCTP基础架构仍在,但它已经失去了它的动力。

电子文档管理

电子文档管理(Electronic Document Management,EDM)系统已被证明是一种交换和管理文档的高效方式,尤其是在那些有着长期伙伴关系的行业当中。尽管有着广泛的自动化和数字化,建筑设计和建造过程中许多数据和信息的交流仍是基于纸张的。一部分原因是由于合同和法律,一部分则是由于行业文化。除了由此造成的效率低下,基于纸张的媒介方式还失去了对包含在这些文件中的知识和教训的再利用的机会。随着行业对数据高度敏感,业内已对文档管理的概念有了一定兴趣。对供应商所提供的解决方案的满意度较低,已经导致一些较大的公司去建立其自己的文档管理系统。但这些系统由于不是对用户友好的以及难以与诸如 CAD 等其他系统集成而饱受批评,同时还存在与数据保护和所有权相关的安全问题。但是 EDM 的主要缺陷在于要为所有参与方建立系统这一前期工作。实际上,为了能够获取和共享文档,项目中的所有参与方都必须在项目上使用相同的 EDM 系统。同时,由于对被处理信息的语义缺乏关注,所提供的设施在文档存储、检索、版本控制和批准方面通常是受限的。

电子交易

电子交易是将纸质业务最小化的一种尝试,它是通过集线器或直接发送和接收交易数据的。集线器的作用就是应用连通性规则。集线器的数量取决于业务的本质及选择。

显然,通过实施电子交易可以节约大量的成本和时间。其他优势还包括可视性、可控性和确定性的增强,许多公司因电子发票而被联系在一起。一项对实际客户案例的研究表明,使用简单、自动发送的电子发票可以节约 57% 的交易成本。尽管对涉及协作的建设过程全生命周期中的交易都是适用的,但电子交易倾向于在招投标、征用、订单、发票、确认、传送、声明和汇款中发挥更大的优势。

建筑业交易电子化(Construction Industry Trading Electronically,CITE)是对英国建筑业的一项合作电子商务倡议,在这里,数据交换说明为其行业自身制订,促进了建筑业的共同进步。它发布于 1995 年,正式标志着与来自业内人士、承包商、分包商和供应商的积极参与者们开展重大合作的开始。CITE 的首要目标是在最大程度上扩大建筑业内电子商务的操作使用,并借此为所有人创造一个开放的交易环境。在应用扩展服务或标准时,CITE 力求采用这些服务或标准,并以最佳实践为基础。它们的使命是"发展并促进电子商务标准在建设和设施管理行业中的应用"。

企业资源计划

企业资源计划(Enterprise Resource Planning,ERP)是一个企业范围的信息系统,它帮助组织整合、优化并管理从产品计划、材料采购、存货控制和产品分配到接受订单、财务、会计及人力资源管理的各种功能。它在整个企业中使用同一应用程序、同一数据库和统一界面。相对于库存管理及控制系统(Inventory Management & Control System,IMCS)、物料需求计划(Material Requirement Planning,MRP)和制造需求计划(Manufacturing Requirements Planning,MRP)的概念要分别追溯到 20 世纪 60、70 和 80 年代。ERP 是从 20 世纪 90 年代开始才在整合整个企业的信息系统中发挥重要作用的,并由此促进了对包括人力、材料、资金和信息等资源的有效管理和使用。ERP 系统是为巩固企业中标准化的业务流程以及业务中以流程为导向的内容而设计的。尽管启动缓慢,但它们在建筑业内的应用已在不断增加。

并行工程

并行工程是从制造业中引入的另一个概念,旨在减少成本和时间,并改善产品的总体质量。并行工程有助于将与设计相关的模糊性和不可预见问题最小化,因为它在早期设计阶段就考虑了下游产品生命周期的问题。这个特征在全生命周期都适用。在建设过程中,这个概念包含了详细设计、环境影响、空间规划、维护、操作问题、紧急疏散、安全与施工。因此,并行工程促进了包括建筑师、设计人员、承包商、计划者、工程师和维护工程师在内的协同工作。这个协作的环境得到了虚拟现实(Virtual Reality,VR)和通信工具的进一步辅助。更先进的协作工具能促进地理上分散的各参与方实现分散式合作。

信息可视化

人类视觉和视觉领域的专业知识(连同计算机工具)是强有力的工具,能实现把大量多样的数据转变为信息(经翻译的数据),从而转变成知识(源于对集成信息的理解)。可视化包含了从信息可视化(Information Visualization,IV)到科学可视化、虚拟现实、多媒体等一系列课题。在这个子模块中,关于可视化的问题将被分成三个部分。由于在更广阔的多学科范围内,这个相对较新的科学领域在工具和技术方面已经极为丰富,该领域的重要性正逐渐增加。

我们无法准确定义信息可视化,对于信息可视化的构成也未能达成共识。一些人认为信息可视化应该包括计算机的使用,但是另一些人简单地认为它只是某些形式的视觉工具,帮助我们对有基础数据的概念建立起更好的理解。也有第三种观点认为信息可视化只和非数字数据有关,这个观点得到一些创新性工作的支持。当然,一些重要案例支持了"信息可视化与非数字化情况类似"的观点,伦敦地铁地图可能就是一个典范。

自从信息可视化发展成为一个独立可靠的科学领域,在引进新技术方面就迈出了一大步。尤其是随着互联网和万维网(World Wide Web,WWW)作为全球分散信息资源的作用日益扩大,对开发新工具的需求也变得明显。另一个加快信息可视化工具出现的原因,是当今日益增加的数据规模与复杂性。因此,很明显这样复杂的数据不能通过传统的可视化工具来进行表达或视觉化。这个问题尤其重要,因为可视化的真正目的就是对数据及其所表达的概念建立更好的理解。因此,这些问题促进了一些定制的信息可视化工具——即为数据及其使用者特别设计的工具的发展。这类技术的案例包括 Glyph World、TreeMap、ConeTree、Arches、Hyperbolic、Landscape Tree 和 Websome Map。

移动技术

移动技术已经以各种方式在建筑业中被使用。在消除与该数据密集型的行业中大量过程相关的纸质工作方面,移动技术取得了相当大的进展。而移动技术的真正好处实际是它的可移动性这一核心特征,因此随时随地都可被利用。这个特征,连同"其所有交易都是数字格式"这一事实,使移动技术成为施工管理不可或缺的部分。最受欢迎的是稳健的手持智能终端(personal digital assistant,PDA)和平板电脑(Tablet PC)类型,它们采用结构化的方式进行半自动化或全自动化的数据收集,因此其可通过 WLAN 或 GPRS 与后台办公系统同步。与上游沟通的能力使配备了掌上电脑的操作者能获取分散且有用的数据或信息。下订单、货物接收数量(Goods Received Numbers,GRNs)、质量调查报告、方法说明和信息请求(Request for Information,RFIs)仅仅只是一些例子,现场操作者可以与相应的利益相关者或系统进行交流,以存档、采取措施或检查是否符合情况。

掌上电脑在硬件和软件技术方面都变得越来越复杂,后者包括能接收对现场图纸的最新修改并返回已更新信息的设备。这些与项目进程有关的数据就和图纸这类文件一样真实,并且这些数据能被现场工程师所获取,与总项目管理系统或项目集成数据库同步。目前已经开发了针对移动设备的应用来承担特定的任务。例如,Primavera 的移动经理就能实现与主要的 Primavera 项目管理软件的交互。实际上,移动技术成为主系统的扩展。

掌上电脑设备或平板的功能能通过无线射频识别(Radio-frequency identification,RFID)读写器得以增强或补充,并因此被用在检查和追踪上,必要时还可发出警告通知(例如,设备的错误使用或与危险材料或设备的接触时间过长)并通过电子邮件或 SMS 发送自动警报。这项技术最为困难的地方是能利用相机、智能安全帽甚至增强现实技术来识别维护设备、材料和工作人员,后者可借助于工作人员的移动手机进行识别。

在英国建筑业中,移动技术的创新使用是由 COMIT 进行协调的。他们已经确定了建筑业中移动技术得以使用的一些领域。其中包含下列这些领域,他们提供了实际解决方案并在必要之处生成了流程图。

- 健康与安全:
  - 该领域的审计/检测数据收集。
  - 待补救的危险通知。
  - 检索工作人员的培训记录。
- 图纸分布与使用:
  - 图纸交付至施工现场。
  - 图纸修改通知。
  - 竣工信息的获取。
- 货物接收记录:
  - GRN 生成及分布。
  - 追踪已交付货物。
- 维护检查:
  - 工作订单传送至施工现场。
  - 维护信息的收集。
  - 定位查找零配件和设备。
- 监控危险活动:
  - 记录从事危险活动的时间的 PDA 方式。
  - 对危险活动和操作人员的自动识别。
- 监控进程:
  - 获取所得进程的 PDA 方式。
  - 与后台系统集成。
  - 移动化的好处。

- 现场资源监控。
- 质量检查。
- 现场设计问题解决。
- 现场记录。
- 任务分配：
  - 施工方案交付至施工现场。
  - 概况确认的获取。
  - 进展信息的获取。

COMIT 作为一个为期两年（从 2003 年 8 月到 2005 年 12 月）的研发项目而启动，并由英国工贸部（Department of Trade and Industry，DTI）提供部分资金。

这个项目把来自建造、技术、研究和宣传组织的代表们聚集在一起，组成了 COMIT 委员会。2005 年 9 月，一个自筹资金的组织建立了。COMIT 旨在帮助它的成员们认识应用移动 ICT 的好处。他们的使命是："成为建筑业中探究、发展和实施新兴 ICT 技术的欧洲卓越中心。"

4D 项目管理

施工规划和项目管理的一个可供选择的方法就是建立对建筑物的可视化表达，并通过在任一关键点处及时地将进程和产品形象化来管理建设过程。作为传统项目管理工具的补充，这种可视化方法具有额外功能：可视化冲突检查、在任何特定时间对资源所需空间的识别、通用数据库的使用权，这些只是众多例子中的一部分。在这种情况下，通过可视化和分析施工进度，以及在一个有助于协同工作的环境中进行交流，项目参与方可以提高生产力并减少浪费。

施工进度可视化作为传统方法的替代或补充方法，早在 20 世纪 90 年代，人们就已经意识到了它的潜在效益。实际上，第一代的这类产品于 1987 年由 Bechtel & Hitachi 有限责任公司开始开发。在英国，少数公司开始把他们的业务聚焦于 4D 施工可视化。起初，在向业主提交费用更高并基于时间的施工进度可视化陈述之前，他们会先提供一个建筑物的可视化表达。这种方法依赖于传统项目管理工具和基于 CAD 的可视化工具的结合。通过引进计划流程的决策支持系统，这种方法得到进一步完善。在某种程度上，这些努力为后来所谓的 BIM 技术打下了基础。特别是，这为设计和施工阶段的主要参与方提供了协同工作的机会。

除了围绕客户关系管理、包括现金流预测在内的财务和预算管理、财产和资产管理和项目进度计划，可视化工具已经在全球范围内对交付项目管理产生了重大影响。

项目进度计划软件的应用

表面上，此类用于进度计划的"项目管理软件"仅仅只是绘图工具；而从更深层次审视，它是对可定制的关系型数据库和图形化前端的复杂统筹。为了能够构建出像时间模型一样的进度计划，该软件的核心必须具备一个足量的功能关系数据库。其原因是该软件必须要能够驾驭变化的情形，而一款仅能简单描绘进度计划编制者思路的绘图工具是无法满足要求的。

软件制造商培训了许多程序员来操作他们使用的软件，这是极其重要和有用的培训。然而，这不是为了提高软件在项目环境中时间或进度管理方面的性能，也不能被误认为是这些重要技能的替代品。以此类推，我们当中有许多人都有获得微软文字处理软件良好基础训练的经历，但是，尽管它有拼写和语法检查选项，该软件也不能保证所输入的都是有效的、技术上是准确的甚至易于理解的。无论软件质量多高，它都不能自动地生成一份与其一致的高质量的结果。即使是最佳的项目进度计划软件，也不能确保完美的进度管理。

尽管每个涉及软件产品的公司都会时常希望关注他们自身独有的事项，或者他们希望参与的项目所特有的事项，但是有些特定的关注应避免主观偏好，并且有些特定软件具有实现良好时间管理目的的属性。由于软件的日益变化和"经过改进的新一代"产品（这是一个经常与"更多额外卖点"相混淆的词）被投放至市场中，那些仅仅出于时间管理的目的、不考虑其目前在不同产品中是否均适用的各项属性会在后续逐一介绍。

如果项目的各参与方使用不同的软件，那将出现诸多无用功，因为不同的产品以迥异的方式运行，甚至即使使用了同样的数据，它们也会基于不同的算法得出差异化的计算结果。因此，项目的所有参与方都必须使用完全相同的软件，并且不得违背此原则。

尽管操作不熟悉的软件是枯燥的，但是有经验的进度计划编制者往往在一小时内就能熟悉绝大多数的新产品，极少出现需要超过一两天的时间才能完全掌握软件的情况。因此，对进度计划软件产品的熟悉程度并不是在产品选择中需要着重考虑的问题。

软件方面的主要考虑因素

项目与子项目

每次只能处理单个项目的软件是远远不能达到处理复杂项目所需要的灵活性。例如，在有的项目中需要识别多项关键日期、施工段或者实际上是将不同的作业区作为子项目进行处理。为便于实际应用，软件具有识别视为子项目的单独作业区的功能也是有用的。

活动

对于每一个活动，都应该有(a)一个专有的活动识别的字母数字代码和(b)一个专有的描述。允许复制活动标识符(IDs)或活动描述时不发出警告的软件，很可能会生成模糊的进度计划，并因此和良好实践不相符合。软件完全不应该提供复制，或者，如果它提供的话，应该就复制的缺点在进度计划上有一个清晰的永久性警告。

软件应该能够区分下列活动和事件类别：
- 持续时间确定活动。
- 资源计算活动。
- 集合工作。
- 动工里程碑或标志。
- 完工里程碑或标志。
- 业主自有的应急资金/风险分配。
- 承包商自有的应急资金/风险分配。

软件中能够将自由文本和数据作为注解或说明的活动栏往往是一个便捷的工具,软件应该能够识别不同形式的活动持续时间。尽管对于大多数建设目标而言,以天为单位的活动持续时间也许完全能满足要求,但是对于有限所有权的目标,持续时间要以小时甚至分钟为单位。在进度计划大纲中,以周和月为单位的持续时间是必要的。软件应清楚地显示它的计算结果是采用哪种时间单位(天、小时、分钟或秒)得出的,最佳软件是用秒计算的。

软件应该能够识别出哪些活动理论上确定的持续时间会比应用逻辑确定的时间更短,它也应该能够识别这些活动的持续时间是否会由于逻辑或者逻辑改变而被"延长"或"中止"。

逻辑关系

软件应允许执行逻辑工作流,并且禁止不可能被执行的逻辑关系指示。任何无法做到以上这点的软件,很可能生成与良好实践相矛盾的进度计划,而且由于其缺点,它无法为实践提供帮助或者做出针对进度计划的明确的永久性警告。

软件应该能够识别所有逻辑链的波动,无论它们是单独的还是组合起来的。如果某软件需要限制用户使用"完成到开始"(finish to start,FTS)的逻辑编制计划或限制一项工作与其他工作的逻辑关联数量,则其实用功能和价值将"大打折扣"。

软件应该能够识别逻辑和应用该逻辑的活动持续时间之间的矛盾。对于模型内任一指定节点,逻辑应该能够用"驱动"或者"非驱动"来进行描述。关于逻辑应区别以下几点:
- 工程逻辑(无资源限制的施工顺序)。
- 资源逻辑(与可用资源一起执行的施工顺序)。
- 优先逻辑(有对纯"工程"与/或"资源"施工顺序进行修改的附加限制的施工顺序)。
- 关联区域与/或子项目的逻辑。

软件应该能够识别确定点的超前和滞后,以及需采用的超前或滞后进度计划的工作日程表。超前和滞后应该被列为逻辑属性。

限制

手动应用限制可能在大部分项目上是有用的。当被正确应用时,下列限制是可接受的:
- 不早于给定日期开始。
- 不迟于给定日期开始。
- 尽可能晚开始(也称为零自由时差)。

当手动限制被应用在一项活动中时,软件应该能够清楚地识别出来。一些软件能促进那些能控制临界状态和约束软件能力的限制的使用,以实现精确的时间模型。这些限制在用来管理时间的进度计划中大多是不可接受的,如果在软件产品中可利用,但在进度计划中没有一个明显的永久性警告用于告知其影响的情况下,也是不被允许的。可能的限制有:
- 为任何活动或里程碑设置最早和最晚日期的限制组合。
- 一个强制开始日期。
- 一个强制结束日期。

- 零总时差。

关键路径

软件应该能够识别：
- 完工的最长路径。
- 中间的关键日期或局部完工日期的最长路径。
- 对一个或多个完工日期非关键的关键逻辑和关键活动。
- 每条路径上的总时差。
- 每条路径上每个活动的自由时差。

软件应该能够通过关键路径上的每个活动的驱动逻辑，不时地跟踪一个或多个关键路径，直到特定的完成日期或关键日期。

日程表

软件应该能够促进多项关于活动、资源和滞后的不同的工作日程表的使用，而且能够识别：
- 工作周开始日期。
- 工作周和周末。
- 工作日。
- 工时。
- 假期。
- 标准日程表和特殊情况。

资源

软件应该能够促进大量不同资源的使用，并决定是否参考以下特定资源来计算其被分配的活动持续时间：
- 资源名称。
- 单位工作时间段。
- 分配的工作日程。
- 每个日程周期的工作单元数量。
- 每个单元的成本。
- 实用性。

工作分解结构和活动编码

软件应该能够识别工作的分解结构。具有八个层次的结构是理想的，而少于五个层次的结构在复杂的项目中几乎是不实用的。一个可展示多元化定制数据库领域的设备，通常是复杂进度计划的基本需求。

组织

软件应该能够在任何字段和属性的组合下完成组织布局，并对任何字段内的活动、逻辑、属性和数值进行排序。

筛选

软件应该能够筛选掉所有的布局内容，来确定各个字段或属性的数值，无论这

些字段是单独的还是和其他字段的组合,也无论这些属性是基于数值还是基于特性:
- 等于。
- 包含。
- 不等于。
- 不包含。

并且在包含数值的字段内,也应该有与那些数值有关的功能,来满足在或不在一个特定范围内的值的逻辑测试。例如,对一个逻辑问题的正确或错误的回答(下限)<(数值)<(上限)。

布局

最小的可用布局应包含下列内容:
- 无逻辑的横道图。
- 有逻辑的横道图。
- 网络图[(箭线图法(ADM)或者优先图法(PDM)]。
- 资源负荷表。
- 成本报告。

软件应该具备创建和储存各种不同字段和属性的组合的功能,这些组合都是经过组织和筛选、目的是用于汇报的布局中。在项目开始前6个月和项目计划完工之后12年的这一期间内的任何持续时间和强度上,将布局限制在视图上的时间尺度应该是可识别的。

每个布局都应该是可印刷的,包括复印件和便携式文档格式(PDF)。

竣工数据

软件应该能够确定每项活动和资源的下列真实数据:
- 实际工期。
- 开始日期。
- 结束日期。
- 完成率。
- 剩余工期。
- 核算成本。
- 实际成本。
- 核证价值。
- 资源消耗。

更新

软件必须能够通过一条穿越活动进度条至特定日期的直线识别出数据日期,软件也必须能够将进程与当前议定的基线做比较,以便清晰地显示活动顺序的任何延迟和/或更改。

软件必须能够根据数据日期重新计算关键路径,以及所有活动和资源相对于数据日期的最早和最晚的开始和结束日期,这些活动和资源所对应的数据日期应具有以下效果:
- 显示已经开始或结束的所有活动都已经早于数据日期开始或结束。

- 没有活动晚于数据日期开始或结束。
- 数据日期中正在进行的活动应显示其在与进度水平成比例的数据日期之后的某一天完成,该进度与其在数据日期的计划期限相关。

输入和编辑数据

软件应该能够保存输入的数据并在内存中编辑,这样就可以撤销它们并仅在肯定的指令下保存。

存档

为了便于存档,文件应该能够以压缩数据的形式被保存。

培训和支持

对于有经验的计划编制者而言,能够获得有效并与软件产品相关的培训依然是极具价值的。即便是使用最简单的软件,能够理解软件供应商所确定的产品使用方式还是很有启发。由于现代软件的复杂性,以及制造商在产品发布之前没有能力或不愿意对产品进行严格的测试,因此被承诺和容易获得的软件支持以及不断更新的软件在今天比以往任何时候都更加重要。

软件方面的次要考虑因素

这些因素不能提高计算输出的质量,却有助于优化使用方法。根据具体情况,这些因素可能具有如下的某些重要性。

企业级软件

企业级的软件能够通过网络直接连接一个或多个项目,以至于对世界范围内的大型复杂项目都能够进行规划和有效控制。该软件能够把所有项目和有关的公司连接在一起,这对加强公司的管理非常有用。

沟通

由于预先确定的、被控制的访问权限对进度管理十分重要,因此需要考虑其他团队是否有恰当的访问权限(例如,只读、读写、可读和限制编写等)访问进度计划?如果有,是全部数据都能被访问还是只有其中一部分数据对外公开?

外观

能够进行个性定制的软件是非常实用的。根据公司对房屋样式的需求,对于数据库和背景资料中每个可利用的领域或可用数值,可采用不同字体、不同粗细或样式的线条以及不同颜色进行定制。

另外,可以用来强调报告中某一方面的绘图工具也是很有帮助的。

进度计划的比较

为了识别不同进度计划在审核、校对、更新、影响因果事件的过程中所产生差异的影响,一种能在逐条的基础上比较两个或更多进度计划的工具是十分有用的。在实践中,这通常也意味着用于识别一个或更多目标进度计划的工具可以同时用来查看当前的进度计划。

组织

能按照逻辑上紧前和紧后任务的顺序组织布局的功能是非常有用的。

与其他软件的透明度

用来向其他进度计划软件输入和输出的功能也许是可以实现的,但如果可以的话,那它必须能够列出这类输入或输出所导致的结果差异。

时间与成本核算所集成的系统可以促进时间、设备和材料记录的自动更新。这个系统与资源充足的进度计划相关,可以实现自动更新的功能。

用来为活动代码设置超链接的功能应有助于促进一些诸如图片、影音资料、流程图、程序、施工方案和工程进度记录等文档之间的联系。

风险分析

能够通过分析建设活动中发生的潜在转变,来确定关键路径上随之发生的变化的功能是有用的。蒙特卡洛分析会针对给定标准给出一个成功可能性分布,如果对数据的预测准确,并且被分析数据仍保持不变,那么它就能预测出可能产生的结果。

存档

能够根据设置的默认周期或可手动执行的生成备份文件,是一项非常有用的功能。

BN 3.05　建筑信息模型

建筑信息模型(BIM)定义

> 建筑信息模型(Building Infromation Modelling,简称 BIM)是对设施的物理特性和功能特性的数字化表现,它创建了与设施相关的共享知识来源,并从项目最早的概念阶段开始到最终拆除,即项目全生命周期为项目决策提供可靠的保证。
>
> 该定义大致基于美国国家 BIM 标准委员会(NBIMS)的定义,由建设项目信息委员会(CPIc)提出。

注意,这里并没有提及任何 3D 建模!在建筑信息模型中的"建筑"可能是某种类型的建筑环境资产,例如一项基础设施、核电站、火车站、机场、城市郊区或仅仅只是一栋楼房。这里所指的资产是具有生命周期的,它会沿着时间线,从项目定义、采购、交付走向运营,直至最终回收再利用。

BIM 是有关该资产的一种信息数据库,这样的信息在整个生命周期都潜在地与该资产共存。从概要信息到设计、采购、成本、合同、场地移交与建设,再到竣工、交付以及运营和维护,这些信息构成了项目设施管理(FM)服务的基础。并且,随后也可以为再利用、改造、扩展到最终拆毁、清除和回收再利用的信息使用奠定基础。

该数据库中的信息可以有多种形式。当然,在这个数据库中会有 Revit、Bentley、Tekla 系列软件所制作的 3D 设计文件,但同时也会存在电子表格、Word 文档、PDF 文件和所有有关技术、程序、成本信息和其他任何与这个数据库挂钩的信息的各类文档。

当前的观念似乎倾向于建立一个相对较小的模型文件,并与一个相关的 SQL 或其他类似数据库相连,该数据库内存储着大部分信息。当然,可以按照需求对这些信息进行分类、搜索、查询和输出。

因此,尽管许多人仅仅将建筑信息模型等同于三维模型,但是实际上在资产生命周期中,BIM 在数据管理方面可以做得更多。试想一下,整个项目生命周期的信息都被收集起来并流通——BIM 提供了一个可以整合与检索信息知识的环境。

BIM 本身并不是一项新的技术,它曾经在其他行业和部门使用了数十年。当前 BIM 技术的前驱在 20 世纪 80 年代就已经开始应用了。

由此,施工运营建筑信息交换手册(the Construction Operations Building information exchange,COBie)就值得一提,它是设施经理在资产生命周期内所需获取和传递的信息的规范或格式。COBie 中的信息可以在项目的任何阶段产生,目前而言这些信息经常以一个广泛的电子表格的形式呈现。英国政府 BIM 战略的一部分就是面向公共部门,确定它们在项目任一阶段所需的 COBie 数据传送或信息交换。这些包括示例与模版在内的指导方针,已在政府工作组织网站上作为 COBie UK 2012 发布(参见之后给出的资源)。

BIM 层面

使用 BIM 能使下列方面与活动成为可能:很自然地,在提到促进 BIM 进程或活动的特定软件、软件包或公司时,这是非常中立的。

3D 设计协调与冲突检测

这恐怕是最著名的层面之一了。将每个专业设计模型整合至一个环境中,那么就可以识别出这些专业设计之间的冲突与不协调了。这是一个完全集成化的模型还是一个由许多模型组合而成的"联合"模型,还有待进一步探讨。确实,联合的方法缩减了文件大小,减弱了对 ICT 基础设施的影响,而这在执行过程中也是重点考虑的对象。通过使用诸如 Navisworks 或 Solibri 这类能实现冲突检测的软件包,也将使不同软件生成的模型进行联合成为可能。

利用工业基准分类(IFCs)向另一个软件包导入模型也是有可能的。尽管有各种报告评价其可取得很大的成功,但毫无疑问,未来仍需加强平台之间的互操作性,向"OpenBIM"环境转变。

4D 时间轴/进度计划

这就是被普遍接受的"4D"了。它能够将时间属性添加到模型部分中去,以便建立一种能显示施工顺序的视图。在这之中还可以增加诸如起重机、临时围护、脚手架、升降机等元素。上述动画视图目前已司空见惯了,它们通常被用于向业主、现场团队或供应链合作方解释说明施工顺序与现场的物流情况。这对于理解有关施工顺序的要求及其三维模型中涵盖的内容很有帮助。

5D 工程量计算与成本计划

一旦模型设计完毕,即使只是设计概要,就可以计算出其元素与构件的工程量。尽管为了使技术方面可行,需要预先定义实际的操作方式,但输出应以软件所支持的成本计划或估算的形式去呈现。随着时间的推移,基于项目的资料库逐渐被建成,这可以实现信息访问,从而使快速高效地编制成本计划成为可能。

值得注意的是,将资料库中的信息添加到模型与数据库中是在项目管理过程中提高效率、速度、可靠性的关键因素。

仿真模拟——光照水平、防火性能、人群流动、热量、碳排放、能源

除了最基本的三维设计软件包之外,BIM 还有很多额外的插件程序及各种各样的软件包,它们都可以利用模型来模拟各类情形,例如光照水平、防火性能、人群流动(包括电梯运行模拟和排队模式)、热量损耗与传导、碳排放量、能源消耗量等。

在编制模型时,对于那些能够实现所需功能的元素和组件,需要将其相关数据输入到模型当中。但随着数据资料库的建立,输入工作的速度将大大加快。

运营/维护(O/M)指南与信息

BIM 可以作为一种存储和获取运营/维护和建筑-设计-管理健康安全文件信息的手段。这些信息都可以通过一个便携式平板电脑来获得,因此当你走进一个房间时,你可以调出该房间的数据表、相关制造商的信息等。任何拥有条形码或 RFID 标签的大型设备,或是家具、固定设施及设备(FFE)都可以被扫描,并从而获取此物品的信息,例如出厂日期、安装情况、缺陷责任期、保修情况,以及任何你想要了解的其他相关信息,可选择将其保存。

可视化

这可能是大多数人所熟悉的另一方面。设计模型的可视化是利用选定的"相机"视图中的定格影像,或是围绕工地现场和建筑物的飞行动画来实现的。这对于向客户或利益相关者说明方案尤为实用,同样对于向规划部门或其他感兴趣的相关方说明方案也有一定帮助。通过耳机、眼罩和手套,就可以让你拥有一次完全仿真的模型体验经历,从而使你彻底地体验模型。大多数诸如斯坦福大学这类 BIM 授权的大学,都拥有这样的设备。

这些形式的动画制作已经扩展到之前讨论过的施工顺序模拟动画中了。

工地安全计划

一些承包商会使用"二次建造"这种说法,即先进行项目的虚拟建造,再进行实体建造。随着 BIM 模型的内容越来越精细,并且涵盖了许多建筑状况信息,因而可以从安全的角度详细审查建设过程。需要考虑施工顺序、获取需求、需要特殊的临时工作的特定领域与其他因素。

这就将风险评估上升到了一个新的高度,使项目团队在进入工地实际建造之前考虑该如何进行虚拟建造。

可拆卸装置、固定装置及设备(FEE)

在完成了基础建设的设计之后,针对 FFE 需求进行设计也同样简单,将这些设计要求与空间数据资料表文件包(例如 Codebook)相联系,并与采购、运营/维护信息等也进行连接。

制造商正在开始制订其产品系列的资料库,这也将使设计人员更容易将产品数据纳入设计模型当中。

目前有不少资料库网站正在开发当中,例如美国国家标准局(NBS)的 BIM 资料库与 BIM 存储库。

进度管理

运用时间轴与物流要素,可以将提出的施工进度方案以动画视图展示出来。工地现场经理利用平板电脑,可以记录下施工进度和巡视工地时所发现的问题,可以将这些记录上传至 BIM 中,从而得到关于进展的模型视图。

KanBIM 就是这样一项有趣的研究,它结合精益思想,关注基于 BIM 的进展情况。

场外制造

在建立了一个详细的、零冲突的数据模型后,分包商可以检索出他们在制造元素及构件时所需要的信息。在某些情况下,数据可以直接输出至计算机数控(CNC)授权设备,这使计算机生成的制造流程得以实现。如此一来,避免了两至三倍的信息处理过程,并且可以直接从模型中获取信息以促进制造流程。由于供应链建立其系统和组件的对象资料库,设计人员就能够将上述信息纳入设计阶段的BIM当中了。当然,其物理数据还可以加入其他属性,例如采购数据、成本信息、引入时间、实现仿真模拟的技术性能数据以及运营/维护信息。

生命周期成本计算与管理

利用插件程序或附加软件包,可以针对碳排放量、能源消耗等指标,实现建筑物生命周期仿真模拟的运行。因此,为了能提炼出最优方案,从整个设计过程的早期就应从运营的视角来做出决策。

设施管理/建筑运营

当建设完工时,BIM也将完成竣工更新。载入运营/维护信息后,客户的设施管理团队可以利用该BIM模型进行资产管理。

这一方面是英国政府推动行业BIM应用的重要因素。如果数据一致性可以在政府投资项目中得以应用,那么这必将有助于效率和管理水平的提高。

就如我们之前所讨论的那样,使用便携式平板电脑即可访问BIM模型,因此正在现场巡视的经理可以即时地检索和更新信息。条形码扫描器与扫描设备的使用,可以快速获取设备或装置中特定项的相关信息。

平板电脑的应用已进一步扩展至依据类似原理进行障碍清除和缺陷记录。

回收利用

在最终拆毁和/或回收利用时,如果需要的话,BIM可容纳能实现安全拆除以及回收利用的材料规格的信息。

此外,如果BIM保持同步更新,当面对建筑改建或扩建的提议时,BIM能为后续设计团队的工作开展奠定良好的基础。

RFID(射频识别标签)

这是智能条形码的功劳。在构件或对象中植入或安装一枚小芯片,那么这些芯片信息就可以被射频读取器所读取。读取器可以检测出条形码的编号,并由数据库来识别条形码所对应的对象并调出相关信息。

这项技术的一个应用就是通过利用工地入口处的扫描器,承包商可以追踪材料运输情况,并与BIM中的物料进度追踪信息相连接。

大型设备或装置或其他设备都可以拥有其独一无二的身份ID。当设施管理经理扫描其ID时,可以从BIM中调取出与之相关的准确信息。

整修/翻新

BIM的大部分进展都是在新建项目中取得的。但现在,通过使用激光扫描技术,就更容易获取测量模型。

通过使用激光扫描站,可以收集测量数据并将其转化为可以导入 BIM 的三维模型。这在设计阶段早期就提供了更高的准确性,并且其成本与传统测量方法基本持平。另外,在交通事故道路场景还原中同样也使用了这一技术,这也加快了交通事故后道路重新开放的速度。

合规性/验证

在 BIM 环境下工作的一大好处,就是在任何给定阶段都可以检查与验证几何模型与数据集的各个方面。

在任何给定阶段,都可以运用评估工具来检验信息的完整性与准确性,这使团队在进行决策时能更加有把握。利用规则检查平台,可以检测模型是否遵从规划与建设规范,承包商也可以快速评估获取的投标信息以完善投标过程。这种评估信息的能力使整个过程变得更为透明、责任界限更加分明,也加强了协同和团队工作。

在新加坡,一种建筑规划许可在线工具已被使用超过十年,该工具使得可以对提交的文件在一天之内做出决策。

实施 BIM

BIM 不仅仅是一项技术或是三维几何建模,它开启了实施工作的一条新途径,向整个项目团队和利益相关者提供资产生命周期内的可靠数据。

BIM 中最难驾驭的是那些交织在一起的流程、文化和团队角色方面的问题。BIM 技术的推动改变了项目进程的运行方式和信息流动模式。

早前我们处于"推动式①"模式,即当信息产生时,输出结果将会发送至有需要的对象,例如,图纸及相关信息会发送给分包商以开展 CDP 设计。在 BIM 中,模型本身就是一种有效输出。如果信息为某人所需,他们可以轻而易举地获取这些信息。当他们需要时,根据信息形式、描述等定义他们想要如何获取信息即可。在 BIM 中,责任会转化为"拉动式*"模式,即那些为了他们的活动需要信息的人可以从资料源——及 BIM 中得到信息。

益处

在 BIM 环境中开展工作的益处现在已经显而易见了,英国标准协会(BSI)投资者报告提供了对此关键问题的简要说明。BIM 手册罗列出了许多详细的案例研究(我们将会在后续部分提及这些案例研究)。

BIM 带来了大量收益,包括减少设计返工以及现场返工,从而使设计和采购过程在早期就拥有了更高的确定性。它不仅实现了更高效率的工作方式,同时使更多切实可行的设计方案得以产生,这些方案的价值管理从一开始就更接近于用户需求。

无论是从资产的整个生命周期来看,还是仅从设计/采购阶段来看,BIM 应用都显著地节约了时间和成本。

在同设计人员的讨论中,他们愿意接纳能生产更优的产品、使用更少的资源以及更快地产出信息的 BIM 应用。一名承包商曾表示,若在新项目的 BIM 领域进

---

① 推动式和拉动式:在商业运行中,推动式/拉动式系统与信息或产品在两个对象之间的流动有关。

行适量投资,通过冲突检测和避免以及风险消除,数月之后他们就能收回投资并获得更多收益。

英国 BIM 战略

英国 BIM 战略及其实施是被政府建设战略所推动的,由当时的首席建设顾问 Paul Morrell 和他的团队提出。

BIM 战略有两个主要目标:
- 将公共部门的资金开支减少 20%。
- 减少二氧化碳排放以实现控制气候变化的目标。

BIM 战略的长期影响是减少项目生命周期成本,并提高公共部门物业采购和管理的效率。

许多组织和工作团队被建立起来,如今正在为英国建筑业制订标准和指导文件。试点项目也在一些政府部门的资助下开始运行。

如想获得更多信息,请访问政府 BIM 网站[①]。

资源

书籍/出版物

BSI 投资者报告(可在英国政府网站免费下载)。
- 关于 BIM 的 10 条事实——WSP(可在 http://www.wspgroup.com 免费获取)。
- BIS BIM 报告(可在英国政府网站免费下载)。
- BIM 手册,第二版,Eastman, Teicholz, Sacks, Liston, Wiley, 2011。
- 建筑信息模型的影响,Ray Crotty, Spon Press, 2012。
- BIM 揭秘,Steve Race, RIBA 出版,2012。

网站

www.bimtaskgroup.org 英国政府 BIM 网站。
- www.cpic.org.uk 建设项目信息委员会。
- www.bimgateway.co.uk 分类和信息。
- BSI B555 路线图,BIM 成熟度及标准信息。

http://www.bsigroup.com/en/sectorsandservices/Forms/BIM-reports/。
- http://www.buildingsmart.org.uk BuildingSMART 英国分会。
- https://www.bsria.co.uk/services/design/soft-landings/ BSRIA 软着陆和交付/试运行过程。

"重大突破"BIM 文件 — 2013 年 2 月

英国 BIM 任务组及其工作小组在过去的两年中致力于许多关键性文件的

---

① http://www.bimtaskgroup.org (2014 年 4 月访问)。

编制。

这些文件都已发布,均可在政府 BIM 网站上免费获取。编制这些文件的任务组十分欢迎收到它们在行业中得以运用的反馈。

只需注册并登录 http://www.bimtaskgroup.org/task-gourp-labs/即可。

那么,这些文件是:

政府软着陆

http://www.bimtaskgroup.org/gsl/。

"为了确保资产在运营生命周期内实现其价值,通过 BIM 驱动的政府软着陆(GSL),可以使我们建成的资产在设计和施工阶段产生更好的结果。"——任务组网站。

"BIM+GSL=更好的结果。"

基于 BSRIA 软着陆过程,GSL 鼓励对于任何建筑项目,其最终用户从建筑设计阶段就开始参与,这也优化了建筑设计、建造及运营过程。

GSL 的 Golden Thread 从项目一开始就参与进来,关注最终成果和运营性能,将业主、最终用户、设计人员和建设方都相互联系起来。

数字化工作计划

http://www.bimtaskgroup.org/digital-plans-of-work/。

工作组考虑到了工作的产业计划过多这一情况,故制订了数字化工作计划(dPoW)。这提供了一个协调的阶段结构,它可以为所有由各机构提出的其他工作计划提供一个总体框架,比如预定于今年晚些时候更新的 RIBA 工作计划。

被纳入 dPoW 里的有:各阶段要求的活动、与 COBie 要求的联系以及业主信息要求。

数据层次

http://www.bimtaskgroup.org/data-hierarchy-overview/。

与 dPoW 相联系,数据层次对每个阶段的信息要求都作出了从笼统到具体的定义,包括协调工作阶段,用于确定需要哪些信息的纯语言问题,以及用于确定哪些信息应纳入 COBie 文件的需求矩阵,它们构成了与 dPow 一致的每一次信息交换的一部分。

Uniclass 2

http://www.bimtaskgroup.org/uniclass-2/。

在像 BIM 这样的数字化信息环境中,我们需要一个数字分类系统,即 Uniclass 2。实际上,它依旧是一个测试版本,但正在不断开发当中。而且随着我们越来越多地使用 BIM,这个分类系统也会随之持续改进。该分类系统不仅要能够随着模型数据成熟度的增加而发展,还必须适应资产全生命周期中的变化,并能够被过程中所有利益相关者使用。

COBie 工具及测试

http://www.bimtaskgroup.org/cobie-tools-and-testing-overview/。

COBie UK 2012 指南已经发布了一段时间,但在此次更新中,在各个阶段都有一个建好了模型的示例项目并输出了相应的COBie文件。此外,还对COBie测试和提取的工具进行了检测。

CIC BIM 协议

http://www.bimtaskgroup.org/bim-protocol/。

CIC BIM 协议是一种针对建设业主和承包商客户之间合约的补充合同协议,它包含了 BIM 模型的生成和交付要求,同时也提出了信息要求。该协议可以通过简单修订纳入一份合同或合约内。

业主信息要求

http://www.bimtaskgroup.org/bim-eirs/。

业主信息要求(EIRs)包含在招标和任命文件中,它对每个阶段的模型要求和输出作出了定义。EIRs涵盖了相关要求的技术、管理、商务层面,并在网站上进行了详细的叙述。

信息管理服务范围

http://www.bimtaskgroup.org/scope-of-services-for-information-management/。

这些文件详述了信息管理在一个项目的 BIM 交付中起到的根本性作用——管理通用数据环境及项目信息,促进协同工作、信息交换和项目团队管理。它的作用并不涉及设计责任,但它可以由承担设计责任的顾问或总承包商来实施。

Pas1192/第二部分

http://www.bimtaskgroup.org/pas11922-overview/。

"公用规范(PAS)的目的是通过详细说明该等级的要求,为采用 BIM 技术的项目建立协同工作框架,并为与使用 BIM 进行交付的项目的有关的信息管理要求提供具体指导,以帮助对象达到 BIM 成熟度 2 级。"——任务组网站。

PAS 是建立在 BS1192:2007 基础上的一个关键性总体文件,定义了在通用数据环境下一个将要交付的项目从需求定义开始直到交接完成的 BIM 流程,并详述了在多专业的 BIM 环境下所需的管理流程。PAS 1192/第三部分将于晚些时候建立起来,它将详细阐述对于帮助维护和投资组合管理活动的运营资产的信息管理。

保险指南

http://www.bimtaskgroup.org/professional-service-indemnity-insurance-guidance/。

CIC 就职业责任保险市场进行了广泛的咨询,并为所有在 BIM 环境下参与设计的人员提供了一些简要指南,这些指导文件均已在网站上发布。

影像资源(位于"资源"选项卡下)

http://www.bimtaskgroup.org/video-resources/。

任务组的许多领导成员已制作了能够概览政府 BIM 规划的影像,该规划涵盖了包括教育及培训、商务、技术和政府软着陆在内的多个方面。

结论

这是政府 BIM 提出倡议的一个关键性时刻。

英国最近在 BIM 应用方面已经跃居世界第二,仅次于芬兰。此时,该文件的广泛发行为所有在项目中实施和采用了 BIM 的利益相关者,提供了很多他们迫切需要的指导意见和标准。当这些文件与行业实践相结合时,它们将提供一个推动 BIM 应用的平台,并且很可能成为行业转型的一个里程碑。

RIBA 工作计划 2013

尽管 RIBA(英国皇家建筑师学会)工作计划并非英国 BIM 任务组文件,但它却是一个行业标准,并在过去的 50 多年中一直制订项目流程。于 2013 年 5 月发行的新版本将 RIBA PoW 移到了数字化环境下,可作为一个免费的在线定制工具使用,并与整体的数字化工作计划保持一致。

参见 www.ribaplanofwork.com。

BIM 带动成长

CIC UK BIM 大使 Richard Saxon 发布了一份题为"BIM 带动成长"的报告,记述了 BIM 在英国的潜在发展和未来几年的可能影响,这是一项杰作。作为"国情"报告,对于所有对建筑业中 BIM 感兴趣的人而言,该报告都是不容错过的文件和必读作品。

"BIM 带动成长"可以在以下网址中免费下载:

http://www.cic.org.uk/news/article.php?s=2013-04-25-cic-publish-growth-through-bim-by-richard-g-saxon-cbe。

关键网络资源

BIM 任务组——http://www.bimtaskgroup.org。

建筑工业委员会——http://www.cic.org.uk。

BIM 区域中心——http://www.bimtaskgroup.org/cic-bim-regional-hubs/。

请注意,所有提及的网址在本书出版时是准确的。

BN 3.06　项目策划

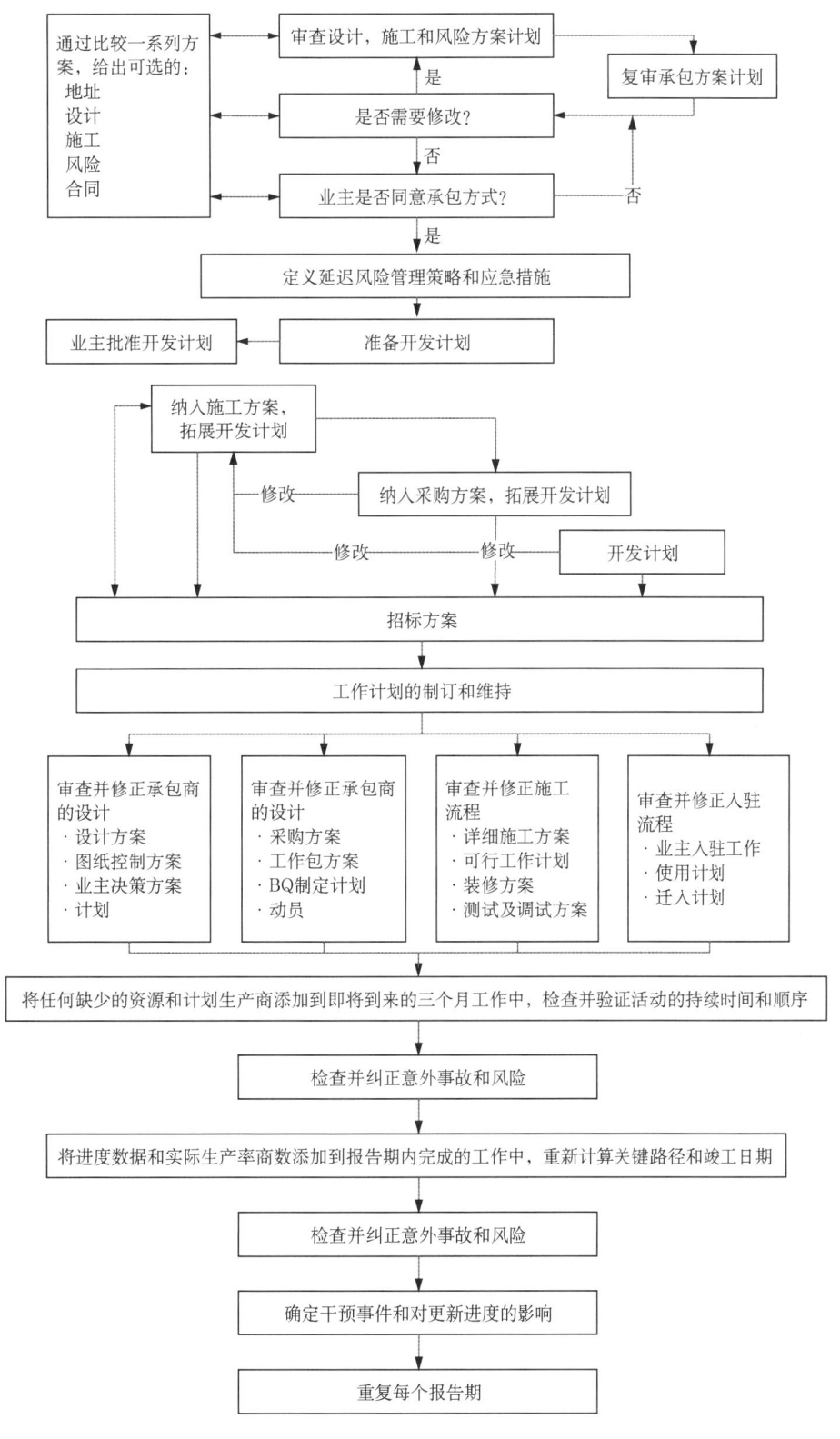

BN 3.07　不同采购模式的特征

序号	特征	传统模式	DB模式	MC模式	CM模式
1.	责任分散程度	中等	有限	高	高
2.	成本可测的市场规模	中等	有限	中等	大
3.	成本确定的工期	中等	早	晚	晚
4.	需要早期精确定义业主需求	是	是	否	否
5.	可以在制订大纲时获得第三方协助	是	否	是	是
6.	施工单位进场速度	慢	快	快	快
7.	执行变更的灵活性	合理	有限	合理	优秀
8.	可以采用得到认可的标准合同文本	是	是	是	有限
9.	在有限且渐进的责任下逐步提出有效建议的能力	合理	有限	合理	优秀
10.	先进的贡献 对成本的监控 为设计提供专业的施工经验	合理 优秀 中等	有限 差 优秀	合理 合理 优秀	优秀 优秀 优秀
11.	对设计生产方案的管理				
12.	程序、流程	差	优秀	优秀	优秀
13.	业主对贸易承包商的影响	有限	无	优秀	优秀
14.	施工材料和工艺的质量控制	中等	中等	中等	优秀
15.	承包商对现金流的占用机会	是	是	是	否
16.	促进承包商有效管理的财务激励	强	强	弱	极小
17.	产生争议的可能性	高	中等	中等	极小

上表中列出的特征的意义可以概括如下：

1.将不同的工作责任分散可以增强项目经理的控制力,比如专业咨询方的选择。不过,这可能使界定责任变得困难。

2.根据项目预算和设计标准,限制投标者的数量是可以在实际工作中采用的。当投标包含大量设计工作时,此时的投标成本将会使部分承包商放弃投标,除非邀请函做了限制。但这种限制条件不利于获得最具竞争性的价格,除非在招标前已经做了仔细的评估。

3.虽然在项目开发的早期,确定明确的财务预算能减少业主的风险,但这会对合同价格造成一定影响,这是因为投标者会去考虑他要承担的风险。因此需要根据项目情况,在业主和承包商各自承担的风险中实现平衡。

4. 业主对设计和工程采购的需求必须有明确的文件说明。这份文件应该尽早编制,以作为后续活动的基础。其他采购模式允许业主分阶段编制设计大纲,在不确定性或复杂性较高的情况下,该方式可能有更好的效果。

5. 与第4点相似,当存在不确定性或者较高复杂性时,设计大纲作为采购模式必不可少的一部分,在其编制过程中,如果能获得第三方的帮助将会非常有利。

6. 当采用传统采购模式时,因为大部分的设计工作必须在选择承包商之前完成,所以施工单位进场速度相对较慢,而其他采购模式能够使设计和施工加快。

7. DB模式(设计—建造模式)适应变化的灵活性较小,而其他模式可以通过提出变更或订立附加工作合同来提高灵活性。

8. 采用行业通用的标准文本有利于协议的达成。尽管标准合同已经考虑了项目的具体要求,但起草一份定制合同仍需要大量的协商工作和费用。

9. 在存在突出的不确定性因素或资金受限的情况下,对项目进行分析和评估可能是有利的,甚至可以采取渐进的方式分阶段进行施工。

10. 虽然不同项目的细节可能不同,但所有采购模式都应该有助于业主对成本进行控制。

11. 在保证承包商利益的前提下,承包商参与设计能够使设计方案更加经济。通过采用DB模式,承包商在提供此类投入时,可明确地获得既定利益。

12. 生产信息的准备计划对于施工方案是非常重要的,并且应该依据施工方案确定。

13. 不同的采购模式对选择实际执行工作的专业承包商或劳务承包商有不同的影响;采用DB模式时可能没有影响,采用传统模式时可能仅产生有限的影响。

14. DB模式对施工质量监督没有明确的规定——业主要求的所有监督必须单独委托。在其他的采购模式中,设计团队成员(或项目管理承包商或施工现场经理)可能具有监督的责任。但是,除了最后一种采购模式外,其他模式对质量的控制也是有限的。

15. DB模式的标准形式通常没有对工作进度做出规定,因此,可以对标准形式进行必要的修正以加强对工期的控制。这能够使项目经理在控制项目工期方面正确地履行其责任,这对于有效的项目控制是至关重要的。

16. 建设工作涉及大量的财务交易,因此对于总承包商而言,尽早获得业主的款项并延后对分包商的支付款项将带来巨大的经济效益。但这可能对专业分包商的态度、表现及其工艺质量产生显著的负面影响,使现有采购模式下有限的质量控制工作"雪上加霜"。当业主/CM经理直接负责专业承包商的款项支付事宜时,此类问题可以得到有效避免。

17. 在管理采购模式中,管理型承包商(Management Contractor,MC)或施工现场经理(Construction Manager,CM)的报酬是基于费率标准计取的,而不一定直接与绩效相关,这是因为绩效衡量总是很难做到公平公正。DB模式对加强承包商管理有较强的促进作用;在传统采购模式中,基于费用标准的报酬方式对承包商亦有激励作用。

18. 通过良好的团队工作,施工质量、进度和成本都能得到改善。能够准确且合理地确定各方责任的采购模式是最有利于避免冲突产生的。

采购模式的选择

根据上述内容，可见不同采购模式最重要的特征都能够很好地适应某一特定类型的项目。例如，当业主对设计或施工过程缺乏兴趣，并且提出了明确、清晰的要求（包括尽早确定成本等）时，采用 DB 采购模式是显而易见的。

考虑项目的所有特征，并将它们与可采用的不同采购模式的特征进行比较是非常有必要的。首先应确定项目最重要的特征，然后考虑次要问题，并对基本采购模式中的具体细节进行必要的调整。例如，虽然 DB 模式也许能够很好地适应项目的特征，但是可能需要业主委托建筑师或规划咨询方处理项目审批工作。然后，将编制的文件与业主需求结合，作为 DB 承包商的投标基础。

在调整任何特定的采购方法以弥补已察觉的缺点时需要特别谨慎，以避免在基本原则和必要特征上妥协。例如，当设计方辅助参与业主需求的编制时，必然会削弱 DB 模式的单一责任属性，但是通过仔细定义责任和雇用条款能够减轻这种影响。即使在传统的项目采购模式下，当发包内容涉及设计工作时，也必须加以重视。

因此，在所有项目的策划过程中，采购模式的选择是一个重要的因素。考虑到四种基本采购模式在原理上的根本差异，应在尽可能早的阶段就确定好采购模式，以便对合适的项目资源做出及时的决定。只有在尽可能早的阶段考虑应该采用何种合适的采购模式，才能使项目实施过程得到优化。

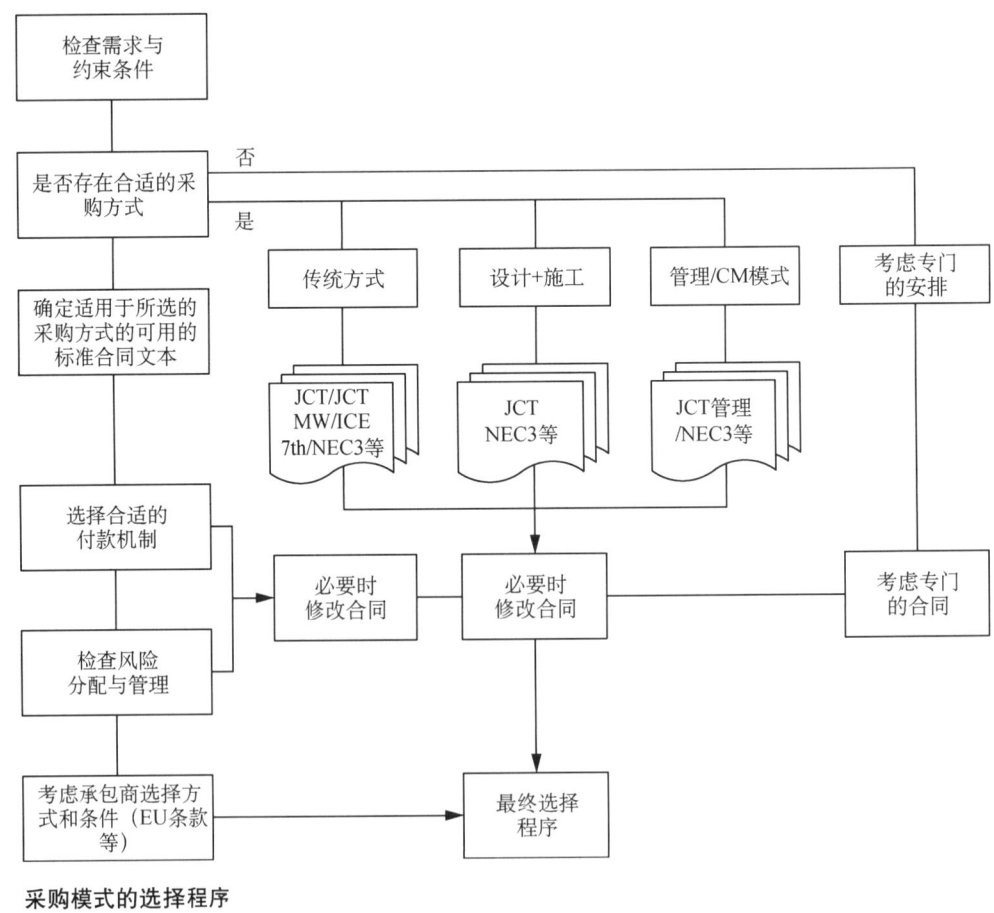

采购模式的选择程序

BN 3.08　框架协议

框架协议被描述为指定数量的供应商(如咨询方、设计人员和制造商)之间按照预定的条款和条件提供货物和服务的协议。然而,加入框架协议并不意味着需要对其中一方在采购或提供产品、服务方面进行绑定性约束,框架协议通常会指明如果他们被提供时将应用的条款。框架采购协议有很多形式,包括 JCT,NEC,OGC 制订的一些形式。

当前的欧盟指令(2014/18/EC1-文章 32)和英国规定(在 2006 年 1 月 31 日颁布的规则 19)也特别提出了这种采购形式。可以注意到,框架协议不同于框架合同。

公告要求是什么

OJEU 合同中公告,至少必须包含:
- 明确框架协议是被授予的。
- 包括在框架协议条款下,所有有权叫停的承包方的权利特征。
- 声明框架协议的持续时间,通常最长为 4 年。
- 包括框架协议涉及的产品、工作或者服务的总估算价值,如果可能的话,包括授予框架协议的价值和频率。

框架协议是如何被签订的

- 能使用公开的、有限的或在特定情况下,可协商或可竞争的谈话流程。
- 能够授予给 1 个或多个(至少 3 个)供应商。
- 强制的停滞期间申请——仅适用于当前协议——不能用于未来发布的协议。

发布的流程是什么

- 在框架协议下授予单一合同时(称为发布),机构不需要再执行欧盟指令规定的完整程序步骤。
- 在特定条件下权重标准是多变的,即在小型竞争中使用的准则和在框架协议中的可能不同。
- 如果框架协议中制订的条款足够明确,那么发布可能不需要小型竞争。然而,在规则中却没有陈述该怎么做。
- 并不是所有供应商都需要参与到小型竞争中,尤其是当框架被划分为不同模块的时候。

框架协议和发布的流程图如下。

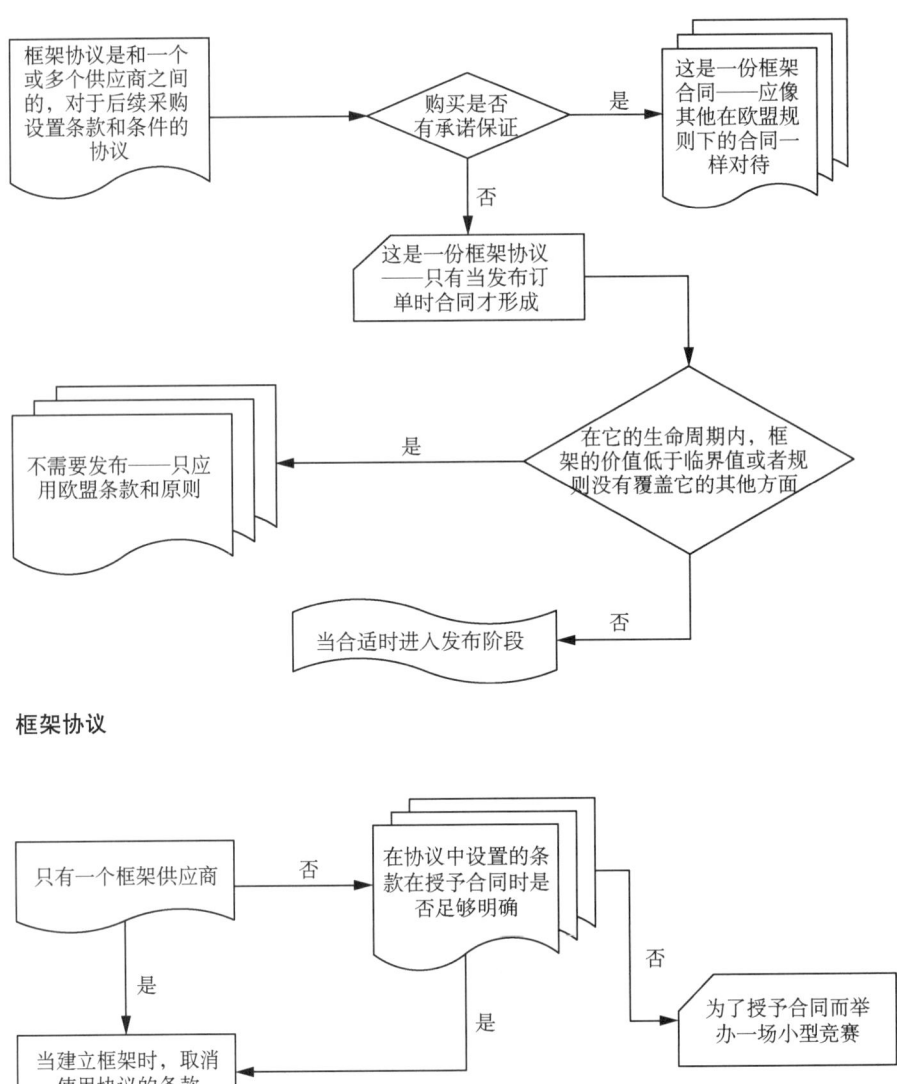

框架协议

发布阶段

BN 3.09　专业咨询方的选择与任命程序

阶段	关键步骤
策划	■ 决定工作采购策略 ■ 准备项目纲要 ■ 准备咨询方大纲 ■ 确定聘用条款,包括单一/多个任命和分阶段任命的选择
预选	■ 准备初选名单 ■ 确定选择标准
选择	■ 邀请投标 ■ 评审投标 ■ 评定投标
任命	■ 确定最终任命条款 ■ 确定管理、监督和审查程序

选择流程指南

1. 确定专业咨询方应承担的责任和义务并准备一份责任一览表。如果可行的话,应考虑在现有专家中选择水平满足要求的进行聘用。

2. 核对业主是否有现成的关于专业咨询方任命的内部程序或者标准条件,并分析其与要求有何不符。

3. 确定项目最需要的咨询方特质和聘任方式,并与业主协商一致。

4. 建立专业咨询方的评价指标,并对每一项指标设置权重(例如,5—重要,0—不重要)。

5. 根据选择指南和推荐信列出候选人名单,注意审查内部审核通过和已更新的咨询方名单。

6. 通过搜集潜在候选人的信息列出一张候选名单,核对哪些公司或个人原则上已准备好提交提案。

7. 根据一般标准来评价候选人,并向选定的候选人发出邀请函(每个专业不多于 6 人且不少于 3 人)。邀请文件需根据随后给出的检查表来准备。如果要求进行竞争性费用招标,则应与相关的实施规范相一致。

8. 安排聘用条款的拟定。条款及其形式会随着工作需要和业主类型的不同而变化,它需要根据专业咨询方被任命阶段的职责安排来制订,并需要遵守项目手册的口述条款。聘用条款应尽可能地与行业标准相一致(如 CIC,RIBA,ACE,NEC 和 RICS 制订的标准)。团队不同成员之间合同条款形式和结构的一致性,有助于成员明确自己和他人的责任。每个合同都应该包括这个方面的要求。费用计算、支付条款以及开支的处理方式(即是否包含在议定费用当中)在一开始就应明确。

9. 确定咨询方建议书的评价标准,与业主协商并取得业主批准。

10. 评审建议书,并选择最适合项目的专业咨询方。建议书需要依据一致同意的标准并采用权重分析法来进行评审。

11. 必要时,可以对指定候选人(不少于2人)安排进行最终面试,为最终的选择/协商做准备。

12. 向业主提交报告和推荐意见书。

13. 业主任命选中的专业咨询方。

14. 通知落选的候选人任命工作已完成。

文件清单

1. 咨询方大纲应包括:
- 项目目标。
- 其他参与方的要求。
- 提供的服务。
- 项目进度计划,包括关键时间节点。
- 报告要求,包括关键时间节点。

2. 邀请文件必须包括:
- 责任一览表。
- 面试小组的形式。
- 合同条款草案(表明所采用的合同类型)。
- 要求的设计技能或专业知识。
- 参与项目的人员及其角色、工作时间、承担的义务、产出。
- 必要的担保,以明确受益方和具体条款。

邀请文件应要求候选人提供当前关于专业责任保险水平(贯穿整个项目周期)的信息。投标策略的详情、投标截止日期和分包服务范围必须在文件中明确。

项目不同阶段的咨询服务举例

以下是在项目不同阶段,通常需提供的咨询服务的简要清单。但是,它既不是一个完整的清单,也没有概述优先选择顺序,因为它会随项目的不同而变化。具体的服务范围可以参考如"CIC服务范围"的文件。

启动/可行性研究阶段

- 确定业主的要求、目标和承担的可持续性义务,并准备项目纲要。
- 可行性研究,包括方案评价、环境影响评价、场地评价、规划指南以及商业评估。

策划/施工前准备阶段

- 开展设计,包括初步设计和设计方案的准备。
- 进行成本估算、招标准备及评标、准备项目进度计划。
- 编制施工标准和进度计划。

施工/试运行阶段

- 编制和提交施工图纸和变更。
- 项目/施工管理。
- 施工检查、监督与评估。
- 付款证明。
- 商议争议解决方式。
- 竣工确认。
- 辅助项目移交。

竣工/交付阶段

- 确保缺陷已经修复。
- 完成项目清算,包括决算。
- 确认运营与维护程序。
- 项目后评价与反馈。

BN 3.10　承包商的选择与任命

招标前期流程

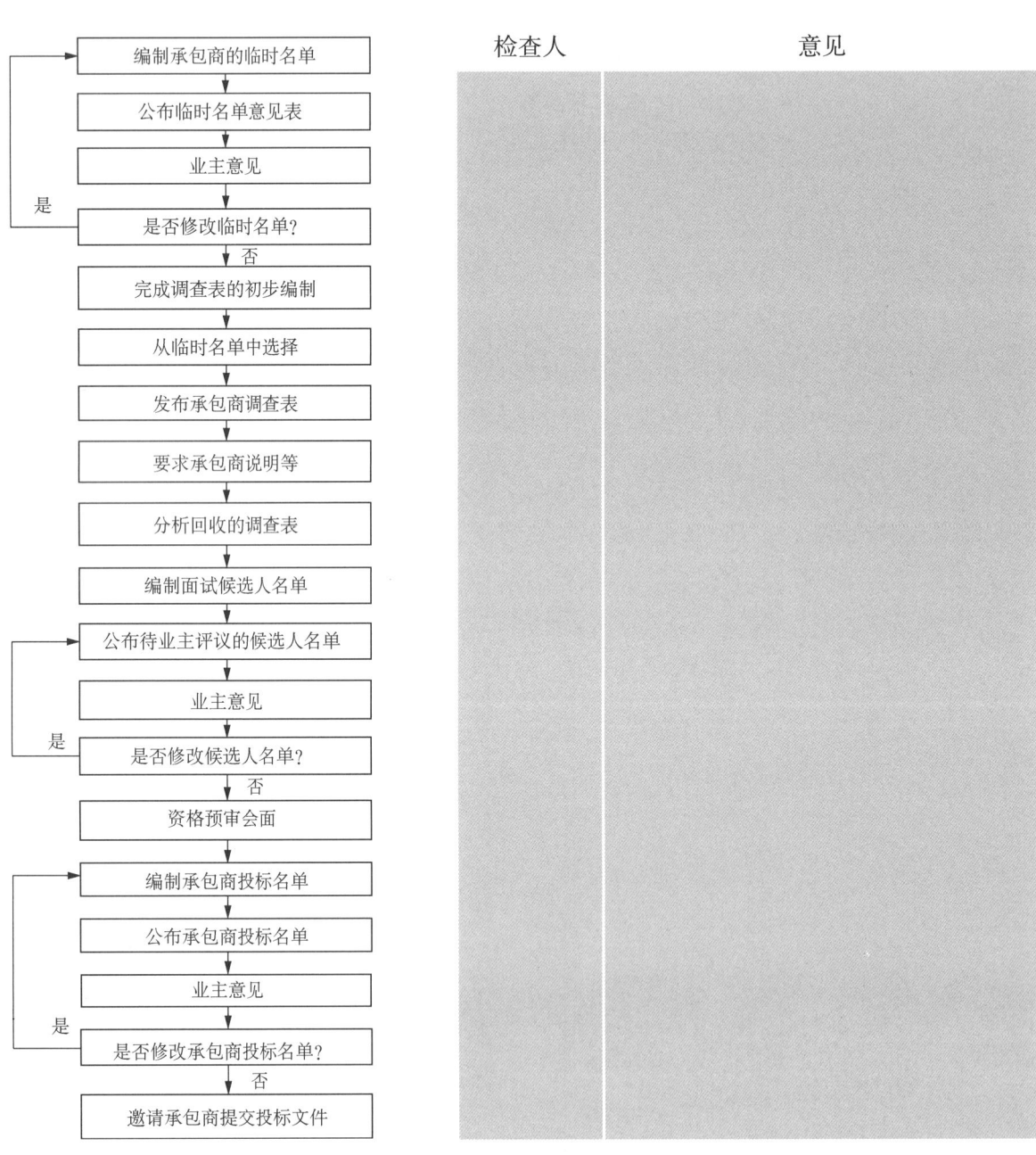

初步调查表

	参考形式:
文件编号:	
合同名称:	

项目编号	问题	回答
1.0	公司营业额?	
2.0	迄今为止承担的合同总金额?	
3.0	目前最高金额的合同是什么?	
4.0	贵公司是否愿意投标?	
5.0	贵公司是否愿意与本项目其他成员一同工作?	
6.0	合同期限是否可以接受?	
7.0	若不能接受,多久可以完成工作?	
8.0	预计的投标有效期是否可以接受?	
9.0	若不能接受,需要多久可以投标?	
10.0	以下工作需要多长时间: (a) 完成图纸所需时间? (b) 完成准备工作所需时间? (c) 开工通知发出后,进入工地现场所需时间?	
11.0	用工方式:自雇型用工还是劳务外包?	
12.0	拟将合同中哪些部分进行分包?	

意见

签名和日期

选择调查表

1. 企业名称：

2. 地址：

3. 电话号码：   传真号：

4. 业务性质

5. 贵公司是：
   (1) 制造商 ☐
   (2) 供应商 ☐
   (3) 分包商 ☐
   (4) 总承包商 ☐
   (5) 设计-建造(DB)承包商 ☐
   (6) 管理承包商 ☐

6. 贵公司是：
   (1) 独资企业 ☐
   (2) 合伙企业 ☐
   (3) 私营企业 ☐
   (4) 国有企业 ☐

7. 公司注册号：

8. 注册年份：

9. 开户行及分行：

10. 增值税(value-added tax, VAT)登记号：

11. 免税证书编号：   到期日期：

12. 过去四年的年度营业额：

13. 明年预计的营业额：

14. 承担过的最大和最小的项目：

15. 是否有质量鉴定合格认证？

16. 列出公司之前承担的项目：

17. 是否准备签订设计质量保证书？

18. 是否准备提供履约担保？

19. 是否准备提供母公司担保？

(续表)

20. 说明产品责任险(product liability，PL)、就业保险(employment insurance，EI)和职业责任险(professional insurance，PI)的详情：

21. 是否有环境认证：

22. 是否有健康与安全合规认证：

23. 是否有安全政策？

24. 是否愿意作为CDM条例下的总承包商？
    依据CDM条例下定义的总承包商提供资质证明

25. 合同的哪些部分需要分包？

26. 列举曾承建的与本项目类似的项目
    项目1：
     地址：
     建筑师：
     联系方式：   电话号码：
     承包商：
     联系方式：   电话号码：
     总投资：
     竣工时间：

    项目2：
     地址：
     建筑师：
     联系方式：   电话号码：
     承包商：
     联系方式：   电话号码：
     总投资：
     竣工时间：

    项目3：
     地址：
     建筑师：
     联系方式：   电话号码：
     承包商：
     联系方式：   电话号码：
     总投资：
     竣工时间：

资格预审面试日程表

文件编号：

合同名称：

1.0 介绍
1.1 会议目的
1.2 出席人员介绍

2.0 项目总体情况说明
2.1 项目概要
2.2 主要日程安排
2.3 合同的简介

3.0 解释合同条件和条款
3.1 合同大纲与范围
3.2 承包商的责任
3.3 合同条款概述（包括重要修订）
3.4 日程安排
3.5 规程
3.6 图纸
3.7 预备性措施
3.8 预算价格

4.0 项目组织
4.1 现场管理和项目团队
4.2 放线与测量控制
4.3 材料使用与控制
4.4 场地布置
4.5 承包商监督及现场代表
4.6 劳动关系
4.7 质量管理
4.8 健康与安全计划

5.0 投标
5.1 投标有效期
5.2 标前会议
5.3 开标日期、地址与联系人姓名

6.0 需采取的行动
6.1 行动概述与截止日期

招标过程检查清单

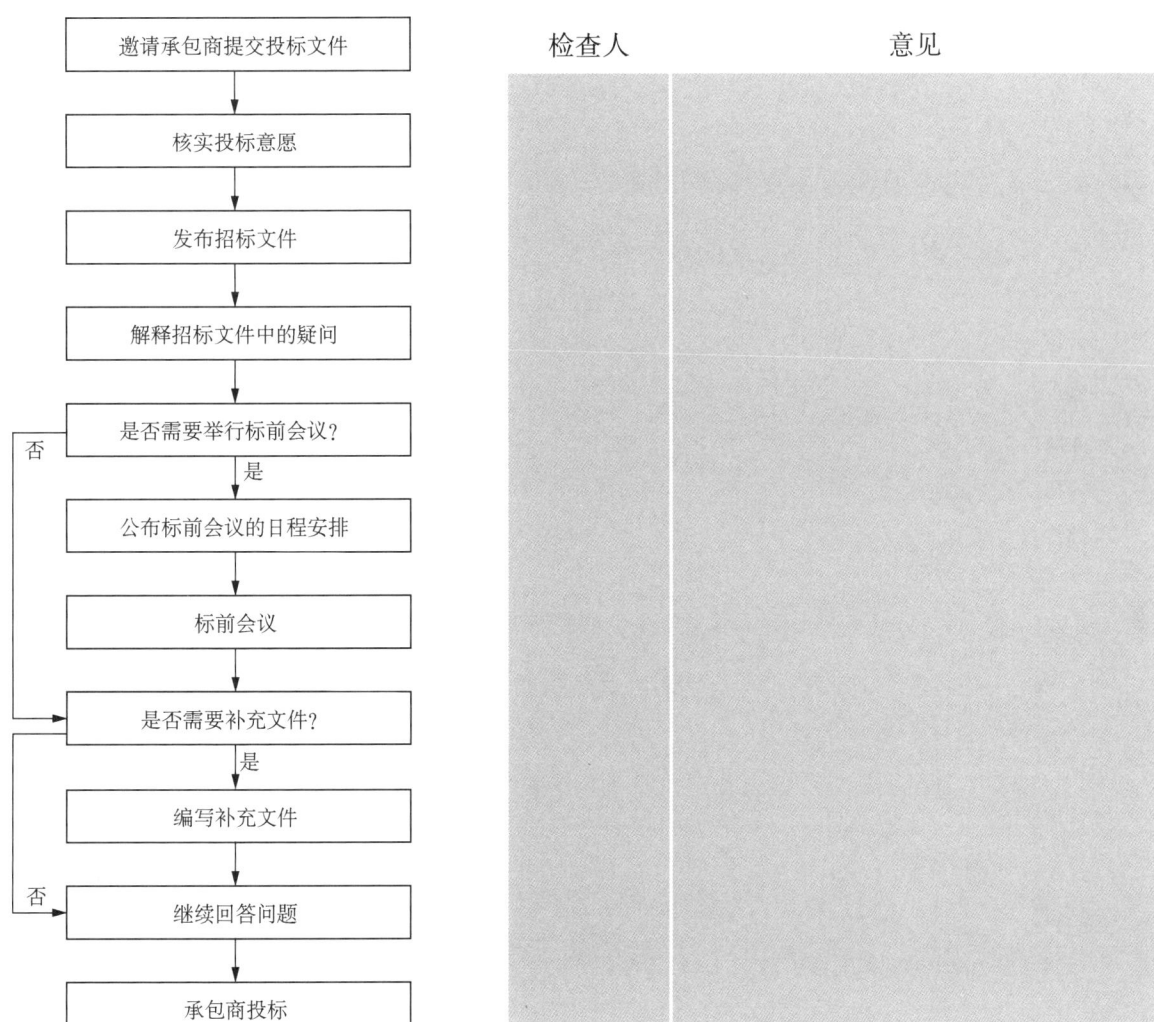

投标文件清单

| 文件编号： |
| 合同名称： |

- ☐ 投标邀请函
- ☐ 合同的介绍及范围
- ☐ 投标人介绍
- ☐ 投标形式
- ☐ 一般准备工作
- ☐ 特殊准备工作
- ☐ 合同形式及修正案
- ☐ 合同日程安排
- ☐ 施工方案
- ☐ 质量管理
- ☐ 项目健康与安全计划
- ☐ 项目资源细节
- ☐ 规程
- ☐ 图纸清单
- ☐ 工程量清单或报价单
- ☐ 总结
- ☐ 不与其他承包商串通的保证
- ☐ 履约保函
- ☐ 担保
- ☐ 施工前信息
- ☐ 调查报告（土壤、污染等）

其他文件（请在下面列出）
- ☐
- ☐
- ☐
- ☐
- ☐
- ☐

标前会议日程表

文件编号：

合同名称：

1.0 介绍
1.1 会议目的
1.2 出席人员介绍

2.0 发布补充信息的确认

3.0 回答所提出的问题
3.1 承包商
3.2 建筑师
3.3 土木及结构工程师
3.4 机械和电气工程师
3.5 其他咨询方
3.6 工料测量师
3.7 项目经理

4.0 其他附加信息
4.1 承包商
4.2 建筑师
4.3 土木及结构工程师

4.4 机械和电气工程师
4.5 其他咨询方
4.6 工料测量师
4.7 项目经理

5.0 承包商提出的问题

6.0 确认投标安排
6.1 日期
6.2 时间
6.3 地点

7.0 其他事务

退回的投标审查流程

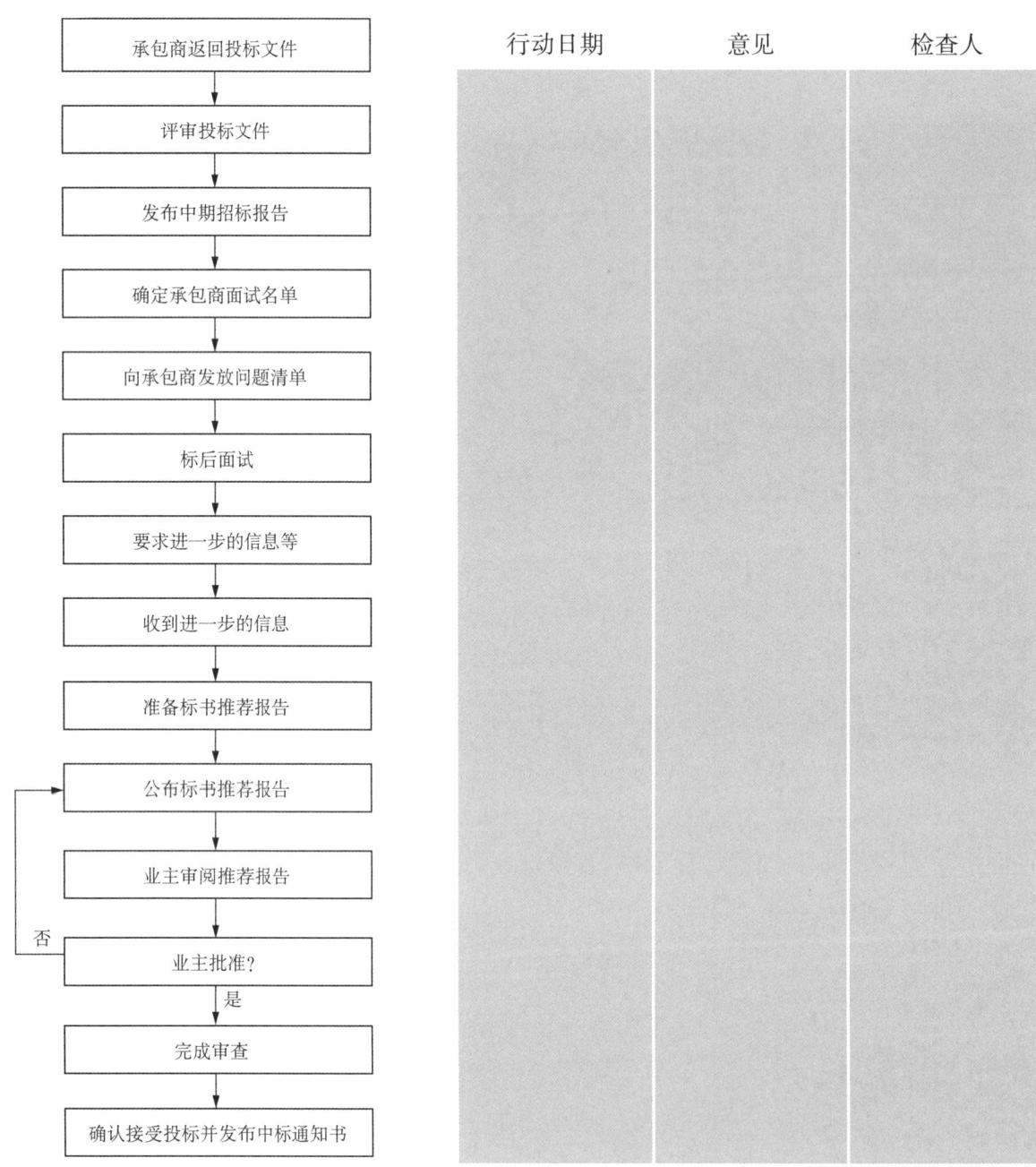

退回的承包商投标记录表

文件编号:			
合同名称:			

预算:英镑		工期:	
编号	承包商资质证书等	计划	投标报价
1.			
2.			
3.			
4.			
5.			
6.			
7.			
8.			

以下签字用以确保本表之及时性、准确性和真实性

收到投标报价:

具体日期:_____ 年_____ 月_____ 日

签字:

公司:

签字:

公司:

签字:

公司:

签字:

公司:

标后谈判日程表

文件编号：
合同名称：
1.0 介绍
1.1 出席人员介绍
1.2 会议目的
2.0 确认合同范围及责任
3.0 详细的投标讨论
3.1 合同内容
3.2 成本
3.3 进度
3.4 施工方案
3.5 技术问题
3.6 资源问题
3.7 供应商/分包商问题
3.8 健康与安全问题
3.9 质量与环境管理
4.0 承包商提问
5.0 措施和回复
5.1 针对各项措施的协定
5.2 针对各项措施完成日期的协定

最终评标报告

文件编号：

合同名称：

1.0 对标谈判后的最终投标报价的总结

2.0 成本评估

3.0 进度评估

4.0 方案评估

5.0 技术评估

6.0 合同评估

7.0 质量和环境管理评估

8.0 健康与安全评估

9.0 资源评估

10.0 对执行合同的建议

    附件

    1. 所荐投标人的完整标书

    2. 招标过程中的补充文件和其他资料

    3. 标前会议记录

    4. 问题清单和回复

    5. 标后会议记录

    6. 招标发布后的其他信函等

    7. 采购状况总结

批准签订合同

文件编号：

合同名称：

根据（合同形式）_____

中的 _____ 条款

我们 _____

完全同意与 _____ 就 _____

签订合同。

请于 _____（日期）将所有遵循招标建议报告的相关材料提交给我们。
在呈递招标推荐报告的过程中，承包商完全遵照招标文件，有关咨询方表示非常满意。

签字：

签字：

签字：

最终复核清单

文件编号：

合同名称：

复核下列内容是否落实：

- [ ] 初选名单
- [ ] 电话问卷调查表
- [ ] 承包商选择调查表、公司账户、推荐信和来访人员的报告
- [ ] 候选人名单
- [ ] 资格预审会议记录
- [ ] 投标名单
- [ ] 替补投标名单
- [ ] 投标文件与核对清单
- [ ] 标前会议之前的投标提问列表附件
- [ ] 标前会议记录
- [ ] 标前会议之后的投标提问列表附件等
- [ ] 投标书及其总结报表
- [ ] 招投标中期分析和推荐报告
- [ ] 给承包商的标后提问表
- [ ] 标后面试记录
- [ ] 标后附加信函等
- [ ] 最终的投标分析和推荐报告
- [ ] 承包商可接受性的最终审查
- [ ] 批准签订合同

BN 3.11　欧盟采购指导条例

欧盟(EU)采购指导条例在英国落实,促成了公共采购法规。其目的是开拓欧盟的公共采购市场,并保证货物和服务的自由流通。

这些法规适用于那些超出设定货币门槛值的公共机构和某些公用事业的采购。它覆盖了所有的欧盟成员国,并根据国际协议,其受益方也会扩展到许多欧盟以外的国家。

在使用该法规时,合同必须在欧盟官方公报(OJEU)上公布(除非它获得例外资格,如涉及国家安全),并且还需要遵守其他细则。这些规定通过成员国议会和欧洲法院(European Court of Justice, ECJ)来执行。

有什么关键性的变化

现行规定(2006年1月31日颁布)引入的变化包括:
- 供应、服务和工作合并成一套系列规定。
- 明确纳入了框架协议和电子竞拍。
- 引入了全新的竞争性谈话程序以及开放的限制性程序。
- 引入了动态采购机制。
- 为购买主体制订了特殊条款。
- 强制排斥有犯罪记录的实体,无论是负责人还是其他决策者。
- 在合同签订之前的授予阶段提供10天的停滞期。

混合合同怎样规定

- 当合同同时包含服务和供应时,应该由两种元素各自的价值来进行分类。
- 当合同同时包含工作/供应或者工作/服务时,则应该根据它的主导目的来分类。
- 当合同规定提供设备供应和操作员时,它应该被视为一份服务合同。
- 软件合同被认为是供应类的,除非它们是按采购者的要求定制的,则为服务类。

公共采购的要求是什么

通常,规定涉及的合同必须通过在OJEU上发布一条合同公告来邀请竞标。在大多数情况下,允许响应或投标的时间必须不少于某一固定时长,但在特定环境下可能有所减少(更详细的内容参见SIMAP网站)。

一些降低其公开程度的服务(分为A服务和B服务)需要进行申请;详情可以

在 SIMAP 网站上找到(http://simap.europa.eu)。

公开时间段的要求见下表。

程序	文本内容	天数
公开	招标之日起到收到中标通知的最短时间。在预先通知信息(PIN)发布(针对限制性项目)后可适当减少时间,通常为 36 天,不少于 22 天	52
限制	招标之日起到收到参加申请书的最短时间。从邀请函发送到收到中标通知的最短时间。在预先通知信息(PIN)发布(针对限制性项目)后,可适当减少时间,通常为 36 天,不少于 22 天	37 40
加速限制	招标之日起到收到参加申请书的最短时间。从邀请函发送到收到标书的最短时间	15 10
竞争性谈话和竞争性磋商	招标之日起到收到参加申请书的最短时间	37
加速竞争性磋商	招标之日起到收到参加申请书的最短时间	15

* 时间段在准备文件时是正确的。运用电子通信手段时可获得特许

采购模式有哪些

- 开放程序:所有感兴趣的团体均可响应。
- 限制程序:邀请参与投标的响应者在数量上有所限制。
- 竞争性磋商程序:遵循 OJEU 合同公报和筛选程序,权威方和潜在投标人进行谈话来为他自己的需求制订一个或多个合适的解决方案,并且选中的投标人会被邀请参与投标。
- 谈判程序:采购者可以选择一个或多个潜在投标人就合同条款进行协商。合同通常需要在 OJEU 上公示,但在某些特定的情况下合同不必在 OJEU 上公示。例如:由于技术或工艺原因,或者是由于对专有权的保护时,合同只能由一个特定的投标人执行。

该条例对私营部门项目的影响

对于公共事业特许合同(即合同的承包商有权开发工程,例如收取过河费),竞标成功的特许经销商必须遵守工作合同特定的 OJEU 公示要求,并将该合同计划授予给第三方。对于一些资助项目合同(土木工程活动、医院建设工作、体育设施、休闲娱乐设施、学校和高校建筑或者有行政目的的建筑),授予拨款的公共机关有责任要求资助机构遵守规定,这些规定可以理解为公共机关拨款的条件。例如,该规定已被运用于众多彩票基金资助项目。与资助项目相关的资助服务合同也有类似需求。

尾注

本指南并不作为项目专项法律意见的替代品,但可以作为官方参考意见之一。欧盟采购制度并不是一成不变的,它可能因欧洲各国和欧盟不断发展的案例法、欧洲委员会不断的磋商、新修订的指令和现有的英国法规的修订而改变。更多信息可以从 SIMAP 网站或政府采购主管部门获得。

BN 3.12 项目治理

治理准则

1. 优秀的实践指南推荐了很多应该用来支持项目治理的准则。[1][2]
2. 董事会对项目管理的治理全权负责。
3. 对项目管理治理的角色、责任和绩效标准有明确的规定。
4. 在恰当的方法和有效控制的支持下,有条不紊的治理安排被应用于项目的整个生命周期。
5. 一个具有凝聚力和相互支持的关系体现在整个业务战略和项目投资组合之中。
6. 所有项目都有得到批准的项目计划,该计划包含经营状况审核及批准的授权信息。授权阶段做出的决定会被记录并传达。
7. 委托授权机构的成员必须拥有充分的表达权、足够的能力、权限和资源来保证他们做出正确的决定。
8. 项目经营状况有切实可行的相关信息的支持,这些信息为做出权威决策提供了可靠的基础。
9. 董事会或它的授权代理机构决定何时需要进行项目或者项目管理系统的独立审查,并相应地实施该审查。
10. 一方面需要对项目信息的披露设定明确的标准,另一方面亦需要明确风险升级等问题的等级划分。相关组织要培养一种不断优化与真实披露内部项目信息的文化。
11. 项目利益相关者的参与程度取决于其对组织的重要性以及双方的信任程度。

项目治理的这四个领域将帮助组织实施上述 11 条准则:
- 项目组合指导。
- 项目主管。
- 项目管理。
- 披露与报告。

项目组合指导

项目组合指导重点在于确保项目组合(在项目建设和开发背景下类似于策划)与包括营利能力、客户服务、企业声誉和可持续性在内的组织目标相一致。主

---

[1] 变更指导——一本关于项目管理治理的指南 (2005)。 www.apm.org.uk (发布于 2014 年 4 月)。
[2] 也可以参考 Morgan, A. & Gbedemah, S. (2010):缺失的项目治理如何造成拖延。 一篇于 2010 年 2 月 2 日在伦敦举行的法制社会建设会议上汇报的论文。

要包括以下问题：
- 组织的项目组合是否与包括营利能力、客户服务、企业声誉、可持续性和发展在内的关键业务目标相一致？
- 组织的财务控制、财务计划和支出审查过程是否适用于单个项目和作为整体的项目组合？
- 考虑外部因素和在保证混合项目继续支持战略的方式下，项目组合是否是优先的、更新的、持续的、完善的？
- 组织是否对那些应作为项目来管理的活动和那些应作为非项目操作来管理的活动做出了正确的区分？
- 组织是否评估和处理了与项目组合相关的风险，包括公司破产的风险？
- 该项目组合是否与组织能力相一致？
- 组织与项目供应商能否通过确保他们的尽早参与以及风险分担和利益共享来实现长远合作？
- 组织与客户之间的合同是否支持长远合作？
- 组织与项目投资方的合同是否支持长远合作？
- 组织是否能确保实施项目组合带来的影响对其运行而言是可以接受的？

项目主管

项目主管是高层管理和项目管理团队之间的一个有效的纽带，其核心是企业的领导和实现组织目标利益的决策。因为其角色涉及项目目标和组织战略的集成，所以说项目主管对于项目治理是极其重要的。它是项目经理向董事会报告进度与问题并获得解决问题的权力与决定的沟通桥梁。它拥有对整个经营状况的控制权，负责确保预期收益成为项目目标并实现。因此，项目主管的成功取决于个人能力和使工人完成任务的能力。

- 是否所有主要项目都有优秀的项目主管？
- 项目主管是否为项目贡献了足够的时间？
- 项目主管是否和项目经理定期开会，以及他们是否充分了解项目状况？
- 项目主管是否提供了明确且及时的指令与决定？
- 项目主管能否确保项目经理可以利用充足的、有可靠技术含量的资源来完成项目交付？
- 项目是否依照进度计划完成？
- 是否采用第三方建议来进行项目评估？
- 主管是否对经营状况的管理和实施负责？
- 主管是否对实现项目利益负责？
- 主管是否向组织充分展示了项目？
- 包括供应商、监管机构和投资方等在内的主要利益相关者的利益是否与项目目标相一致？

项目管理

项目管理的有效性和效率与项目团队实现项目目标的能力有关。优秀的项目管理经验证明，在一个拥有强大的能力和有效的管理系统的组织中，导致项目失败的风险可以得到有效降低。
- 是否所有项目都有明确的关键性成功标准，并被用来衡量所制订的决策？
- 董事会能否确保组织的项目管理程序和项目管理工具适合它发起的项目？
- 董事会能否确保负责项目交付的人员（特别是项目经理）得到明确授权、足够胜任并且有能力实现令人满意的项目成果？
- 项目经理是否为改善项目成果做出了努力？
- 项目治理中的关键角色和责任是否清晰和合适？
- 服务部门和供应商是否能够且愿意提供关键性的资源、及时有效的服务来满足变化中的不同项目的需要？
- 合适的问题、变更和风险管理实践是否按照所采取的政策执行？
- 授权程度是否合理？效率和控制是否得到平衡？
- 项目应急资金估算和控制是否与被授予的权利协调一致？

披露及报告

项目治理中的披露及报告是整个组织文化中最稳定的部分。对有效的报告而言，公开、实事求是的披露文化是至关重要的。该文化必须贯穿于项目组织乃至整个供应链之中。

为了使项目组织在正确的时间做出正确的决策，报告内容必须可靠和及时。若没有以下有关及时性的要素，项目很可能会失败。
- 董事会是否收到了及时、相关、可靠的项目预测信息，包括那些商业案例在项目授权时所产生的信息？
- 董事会是否收到了及时、相关、可靠的有关项目进度的信息？
- 董事会在与项目相关的重大风险和风险管理上是否拥有足够的信息？
- 由组织向董事会报告时，是否有用于应对日益升级的问题、风险和机遇的最低标准？
- 组织是否针对关键成功驱动因素及指标采取了措施？
- 组织能否正确地对基于目标、投入的项目预测同预期结果加以区分？
- 董事会是否在恰当时间寻求第三方对项目报告和项目组合信息进行认证？
- 董事会在与关键利益相关者的沟通中是否展现了项目组合的重要性？
- 企业文化是否鼓励开诚布公的报告？
- 哪一方应对披露和报告的是被授权的或被间接授权的？董事会能否确保所收到信息质量是没有"打折"的？
- 在项目管理中是否有积极的政策支持有效的检举和投诉？
- 项目程序能否使报告的要求最小化？

项目管理的治理并不是复杂方法的简单套用。明智地应用权责对应的原则，合理地把内部监理控制系统应用于实践将产生最理想的结果。

BN 3.13　变更管理

建设项目中的变更是指会影响下列内容的任何一个意外事件、决策或者其他情况：
- 项目范围、目标、要求或项目纲要。
- 项目价值(包括项目成本和全生命周期成本)。
- 工期里程碑(包括设计、施工、入驻)。
- 风险分担与缓解。
- 项目团队的工作(内部或外部)。
- 项目任一阶段的任何项目进展。

设计开发阶段的变更

该程序用于控制从设计大纲制订到招投标文件准备期间项目设计的发展过程。它包括：
- 提出设计大纲中的问题。
- 设计大纲的变更,包括设计团队的变更和业主的变更。
- 制订符合设计大纲的详细纲要。
- 审批关键性的设计开发阶段,即方案设计审批和详细设计审批。

该程序建立在设计开发控制表的基础上。审核通过的设计应当包含设计大纲和一整套审批通过的设计开发控制表。该程序包含下面几个阶段：
- 设计团队成员在设计团队领导的协调下,指出大纲制订过程中的每个设计问题。
- 设计方案通过提交详细报告或由项目经理组织会议与项目核心团队成员对提出的建议进行讨论。报告不应是对设计大纲的重复,而应该将其拓展开,说明问题并做好变更的准备。
- 设计团队领导协调设计开发控制表的编制,表单需要给出：
  - 设计大纲和页码索引。
  - 问题说明。
  - 备选方案说明。
  - 成本计划事宜、参考资料和当前成本。
  - 推荐方案对成本计划和进度计划的影响。
  - 说明是否需要将业主的偶然事件转移为设计建议(比如,业主对设计大纲的改动),如果需要,则要说明需转移数目。
- 控制表的设计团队报告部分要有以下人员签字：
  - 负责推荐方案的设计团队成员。
  - 工料测量师(负责成本影响)。

- 设计团队领导(负责协调)。
- 设计团队领导将设计开发控制表提交给项目经理,项目经理得到业主的审批签字后返还给设计团队领导。
- 工料测量师综合考虑审批通过的推荐方案对成本计划的影响。
- 项目经理综合考虑审批通过的推荐方案对主要进度计划的影响。

设计开发控制表

业主名称:

项目名称:

表格编号:

设计团队报告

设计大纲部分:

问题: 页码:

可供考虑的方案:1.

　　　　　　　2.

　　　　　　　3.

推荐方案:

成本计划:

参考资料:

现行成本:

推荐方案对成本和进度的影响:增加/降低

业主偶然事件的转移申请:　　　　　　是/否　　　　　　数量:

建筑师/维护工程师/结构工程师:　　　　　　　　　　　　日期:

工料测量师:　　　　　　　　　　　　　　　　　　　　　日期:

设计团队领导:　　　　　　　　　　　　　　　　　　　　日期:

业主审批:

设计开发/批准的业主事件转移(恰当时可删除)

职位　　　　　　　　　　签字　　　　　　　　日期

变更管理流程实例

- 识别变更需求。
- 变更评估。
- 考虑包括风险在内的作用和影响。
- 编写变更指令。
- 审核变更指令：业主决策阶段。
- 实施变更。
- 包括变更原因在内的反馈。

变更指令申请表

项目编号：	日期：	编号：	
业主： 项目：			分管部门：
主题——变更定义：			做什么
确认人：			谁进行
变更原因：			为什么
	可控因素：	不可控因素：	
对成本的影响：			
对进度的影响：			
建议措施：		项目经理：	…日期
要求业主决策：		日期：	
递交业主：		日期：	
业主决策：		日期：	
项目进度计划和成本 成本计划（预算）修订于		项目经理：	

变更指令登记表

项目：		业主：	工作编号：	参考文件：			
请求编号	日期	签发人：	变更描述	请求业主决策	获得业主决策：	业主决策	业主决策编号：

BN 3.14　战略协作

什么是伙伴关系

伙伴关系是一种用于两个或多个组织之间的管理手段,通过使每个参与者的资源效用最大化来实现特定的商业目标。这种关系建立在各方有共同的目标达成共识的决策流程以及积极寻求持续明显的改进的基础上,并要求各方在开放互信的关系中合作。

伙伴关系是承担各类建设工作(包括新建建筑及基础设施、改建、翻新和维护工作)的最有效的方式。其基本特征已在长期的实践中得以体现,但效益还未得到相关方的认可。如果项目的各参与方之前有过合作,并且在早期阶段就加入项目中,那么合作的特征就会非常明显。在该理想情况下,每个人都会自然而然地参与团队协作。

伙伴关系可以基于一个单独的项目,但是只有基于长期的战略共识,其效益才有可能真正实现。特定项目的伙伴关系,指的是关于某个独立项目的伙伴关系。战略伙伴关系,是指准备在较长时间内合作的各方之间的长期关系。通过依靠不同企业的个体优势,战略合作措施可以在若干年内稳步提高绩效。

项目伙伴关系的定义

项目伙伴关系是项目团队的多个工作团队所采取的一系列措施,以促进他们在提高整体绩效方面的合作。项目团队需要考虑项目的关键特征以及团队自身经验和正常绩效,来协商决定具体措施。措施的选择要依据对共同目标、决策流程、绩效提高和反馈的结构化讨论来确定。

项目伙伴关系涉及初始成本,并带来实质性收益。它没有一个固定的工作方式,它会随着项目团队在寻求实现共同目标的最有效方式的合作中不断发展。

战略协作的定义

战略协作是由一群企业采取的一系列行动,目的是促进彼此的合作并帮助他们提高一系列项目的共同绩效。

行动最初旨在就全面战略达成一致,确保合适的企业加入协作关系中,整合支持伙伴关系、公司文化、流程和系统的财务安排,进行整体绩效基准测试,持续改善项目流程,并且整体战略合作安排要以反馈意见为指导。最终,这些行动的目标是建立并持续发展一项长期业务,该长期业务基于一个综合建设循环,能将业主对建设设施的使用与其自身的发展和生产联系起来。

伙伴关系的应用越广泛以及获益越多,战略性的长期伙伴关系则越有可能建立。伙伴关系是一种或多种有利于建设项目关系的形成与发展。伙伴关系为参建方创造了大量机会与责任,包括供应商的早期参与、基于价值对参与方进行选择、绩效考核与持续改进、共同的团队流程、使各方的风险和回报与行业供需相一致的商业安排。"协作"一词经常被用来帮助消除以前对伙伴关系定义的误解,它似乎是在鼓励人们学习新的最佳实践方法并接受协作行为。

伙伴关系的本质特征

伙伴关系包含了三个本质特征:共同目标、达成共识的决策过程以及积极寻求持续的改进。它们形成了如下的伙伴关系标志:

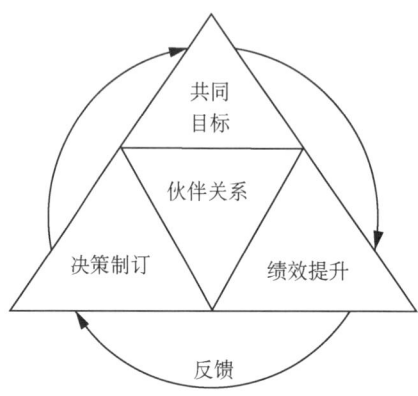

项目伙伴关系的本质特征

共同目标

伙伴关系的最基本要求就是具备达成共识的共同目标。其目的是为参与项目的每一个人建立坚定的目标,即只要专注于项目的全面成功就能实现个人利益的最大化。当人们采用"双赢"态度进行合作时,也增加了它们的产出能满足每个人合理需要的可能性。

伙伴关系允许企业关注其自身利益。它要求业主保持坚定不移的认知:只有在咨询方、承包商和专家拥有切实的机会做好工作并获得合理的盈利时,他们才能获其所需。它要求咨询方、承包商和专家保持同样坚定的认知:只有在业主获得极佳价值、良好的建筑或基础设施并且无异议时,他们才会取得最佳成功。这种聚焦于共同目标的行为反映出一个观点,即当人们合作时,他们会有足够的产出来满足每个人的合理需要。这通常被描述为"双赢"态度,该态度与传统的一方得益而另一方必遭受损失的零和假设不同。

业主应确保达成的共同目标考虑到了受项目影响的每个人的利益,这可能需要花时间来处理每个人关注的问题。业主、设计方、项目经理、专业承包商和制造商对成功的具体含义持有不同看法是不可避免的。人们往往会担心,如果他们配合去满足他人的需求,那么在某种程度上自己会吃亏。尽管这可能是一种自然而然的疑惑,然而经验表明,当项目团队聚在一起讨论其个人利益的时候,他们也可以找到共同目标。最初耗费的成本和时间是值得的,因为经过深思熟虑所得出的共同目标,可以避免项目后期由于设计问题造成对时间和资源的浪费。

达成共同目标可能需要解决许多与过程和结果相关的问题,常见的主题包括:

- 物有所值。
- 保证利润。
- 可靠的质量。
- 快速施工。
- 按时向业主移交。
- 成本降低。
- 成本在约定的预算之内。
- 运营和维护效率。
- 提高用户效率。
- 建筑工程质量。
- 特别的技术创新。
- 良好的场地设施。
- 安全施工。
- 风险分担。
- 及时的设计信息。
- 可靠的设计信息流。
- 计算机系统的共享。
- 有效的会议。
- 决策技能培训。
- 管理控制系统培训。
- 零索赔。

在达成共同目标的过程中,理清财务安排以使每个人在商业关系中获得公平的回报是必要的。任一咨询方或者承包商发生亏损,是建设项目中最糟糕的情况。

只要企业尽了最大努力,合同安排就应确保该企业相对于他人不会吃亏。业主获得的良好价值与咨询方、承包商和专家的公平盈利在本质上的平衡,为伙伴关系的蓬勃发展提供了平台。

决策过程

建设项目将许多来自不同企业的工作团队聚集到了一起,这些工作团队需要就如何制订决策达成一致。业主是需要该项目产生一个现存的、完善的解决方案,还是一个初步设计,将直接影响决策系统的本质。这个选择会对业主及其员工制订决策所需的时间产生重要影响。初步设计需要耗费更多时间,但能使建筑和基础设施支持用户的活动,并使看到他们的每个人都满意。标准解决方案占用业主的时间更少、工期更短、成本更低,并可以提供可靠的质量,但是很可能会强迫用户做出更多妥协并使其变得枯燥。

项目团队需要就他们将使用的信息和沟通系统达成一致,还需要确定将使用的质量、进度和成本控制系统。他们需要商定谁来操作这些系统,以及谁会得到各种输出结果。项目团队要确定面对面会议的开展形式与频率。他们需要考虑使用专门工作小组、研讨会、公共的项目办公室、社交活动等方法以使团队更紧密相连。整体而言,系统应确保优秀的观点能被有效捕捉并得到充分的考虑。由此意味着要在利用现有合理、满意的方案以及寻找并设计更好的新方案之间找到成本、时间投入方面的利益平衡点。

不论商定采用哪种决策系统,它都应该包括强大的程序,以确保问题得到迅速解决从而促进团队的合作,这意味着大多数问题都能用这种工作团队直接参与的方式解决。当出现不能以这种方式解决的问题时,就应该立即咨询项目核心团队,或者在特殊情况下咨询高级经理。

持续的绩效提升

伙伴关系的主要目的是提高项目团队的绩效,不能提供共同目标并商定决策方式的伙伴关系,将会陷入低效的工作方式中。伙伴关系要求项目团队寻找更好的解决方法。刚刚接触伙伴关系的项目团队,应该将目标定在一个所有团队成员都认为重要且适度的改进程度上。随着伙伴关系的经验增长,改进的程度和范围也将随之增加。

在某一领域的绩效提升,不会妨碍工作团队继续提供他们在所有其他领域已经建立的正常绩效。这是一个很容易陷入的误区,因为人们会不知不觉地把注意力集中在改进上,察觉不到其他工作质量的下滑,这就是为什么伙伴关系程序会明确关注达到正常绩效和传递绩效提升的限制条件。

关于鼓励工作团队提高其绩效的最佳方式还存在很多争论。许多经济学家认为,竞争为提高绩效提供了最好的动机。然而,建筑业中的竞争可能很轻易地变得激烈,并且投标价、质量和安全会下降到糟糕透顶的低效率水平,结果可能有索赔、争端、缺陷、推迟竣工以及优秀企业被逐出竞争行列。竞争在伙伴关系中占有一席之地,它鼓励咨询方、承包商和专家进行投资培训和创新来提高自身绩效。即使企业之间建立的是长期合作关系,这也是可以实现的。通过拥有两个、三个或四个主要关系的可选项,所有的合作伙伴都会被激发持续提高自身绩效的积极性。

在伙伴关系合同中,通常会有商定好的激励条款,这可以使参与方之间共享他们所实现的成本节约,但也可能由于失误或成本增加而产生一个类似的损失分配。

标杆管理为提高绩效提供了另一个武器。仔细搜集有关最佳国际实践的信息,是被有经验的业主用来指导目标的一种选择。关注每一个业主、咨询方或承包商将什么视为其最大问题,也是一个好方法。

设定项目团队目标有很多好处。当团队获得了有关领先实践可取得绩效的信息时,他们往往会设定比项目经理的要求更为严格的目标。

在一致同意了他们确定的绩效提升目标后,最佳的伙伴关系团队会尝试不同的想法;继续进行有效行动并改变那些没有改进的行动。他们通常会设置专门的工作小组来帮助找到实现目标的方法,该小组由项目团队中拥有相关知识的人员组成,可能还包括外援专家。应该给予专门工作小组一小段时间用于寻找能实现显著绩效提升的创新方案。

第一次伙伴关系研讨会应建立程序,以确保所发现的有利于提高绩效的创新和新措施将被纳入标准和程序当中,以实现当前和未来项目的效益。

反馈

如果团队要传递伙伴关系所带来的实质性好处,他们应该以其绩效的反馈作为指导。能否实现绩效提升,取决于是否向项目团队提供了最新的、客观衡量的反馈。项目团队应衡量其自身绩效,并将结果绘制在控制图上,以形象地展示出他们为实现目标是如何做的。团队相信他们自己得出的反馈,并且利用它来寻找更好的工作方式。积极的词汇所表达的反馈是最有效的,例如,质量应依据达到质量标准的频率来衡量,而不是失败的次数。

当成功得到宣传和庆祝时,绩效提升得更快。当目标实现后,让高级经理了解并注重祝贺和奖励相关人员是十分重要的。奖励可以是一个简单的表示,即使在一个轻松的典礼上对周最佳工作团队赠予十几瓶啤酒,也可以激励所有团队力争成为下周的赢家。

失败不可被忽略。但不要追究责任,这会适得其反。失败应该被用来指导团队找出更健全的解决方案,从而使绩效迅速回归到目标水平上。一些有效率的团队坚持庆祝失败,是因为这些失败为他们提供了一个找到更有效的工作方式的机会。当失败发生时,他们会开一个派对,重燃热情,专注于找到更好的解决方案。对于高级经理而言,时刻掌握绩效提升的最新动态是十分重要的。如果他们想要维持伙伴关系的话,这一点也是必要的。至少大多数组织的部分经理对高竞争性引以为傲,并对伙伴关系中的合作方式是有效的这一观点持怀疑态度。如果没有伙伴关系带来绩效提升的有理有据的定期反馈,那么将具有对抗性的方式重新引入总是存在风险的。

反馈应在项目之间流动,太多的创新想法会由于疲软的反馈系统而流失。必须总结经验教训,以确保好的想法被应用到未来的项目当中,并确保问题和缺陷不再发生。参与伙伴关系的主导企业已建立起标准和程序,能系统地捕捉到来自他们项目的最佳实践。基于反馈的标准和程序,能帮助所有项目团队专注于有效工作。这是成功采用战略伙伴关系和战略协作的必要因素。

在项目上维持伙伴关系

任何项目中的首次伙伴关系研讨会都是非常重要的,它可以为项目团队奠定一个确保伙伴关系能带来效益的坚实基础。然而,最佳实践方法包括通过研讨会审查项目进展情况,如果有必要的话,在首次伙伴关系研讨会上可以商定并确定必要的变更事项。变更可能是因为项目比预期进展得更好,且团队意识到他们可以把目标定得更高。但对于项目而言,出现问题可能更为常见。这些问题应该在首次研讨会上讨论,如果问题特别严重,会议应有专门的主题。研讨会应该探寻并就彻底解决顽固问题的措施达成一致意见。伙伴关系以行动为导向,迅速处理问题是其成功的核心。

最终的研讨会是用来找出项目实施过程中确定的好想法和经验教训,从而可以将它们记录下来,并用于未来的项目当中。

伙伴关系是持续进行的活动,它通过研讨会来指导方向,而所有人员都必须严肃对待研讨会,尤其是相关的资深管理者。伙伴关系所带来的潜在效益很大,而这些效益的获取依靠的是专注并不断加强的团队合作。CIOB的《建筑业中的伙伴关系:战略协同工作实践指南》提供了更为详细的指导和建议。

BN 3.15 PPP/PFI 安排

在英国的背景下,与 PPP 项目相关的法规可以从这三个方面得到最佳阐释:
1. 1997 年前的政府政策。
2. 1997 年后的政府政策。
3. 欧盟委员会有关 PPP 的指南。

然而,必须要指出的是,除了欧委会的指南,在英国的公共部门并没有明确的法案或法律法规来控制 PPP 项目,因此所有不同的部门都在监管、立法、行政部门的投入和支持下制订各自的有关 PPP 项目的协议条款。虽然 1999 年颁布了第一个标准的 PFI 合同,但不同的部门还是制订了各自的合约来满足他们各自的特殊需求。

在很多部门,并没有标准的指南来提供有关 PPP 过程的规范文件和建议,其中的一些文件资料见表 3.1。

2006 年第 5 号《公共合同规范》颁布后,政府建议使用竞争性磋商程序来完成 PPP/PFI 采购,而谈判程序只在一些例外情况下使用。显然竞争性磋商程序在《公用事业合同法规》下不存在。

PPP/PFI 的标准文献资料

标准指南(HMT 出版)	标准化 PFI 合同(第 4 版) 变更协议准则 更新合同草案 物有所值估价指南
国防	MoD 项目协议
教育(BSF 项目)	PFI 合同的校园标准
住房	住房(住房收入账户 HRA)标准合同
ICT(信息通信技术)(OGC 出版)	ICT 标准合同及指南
废物管理(废弃基础建设交付项目,WIDP)	WIDP 采购包 WIDP 指南文件
地方行政机构	火灾 & 援救 & 治安服务指南 修改草案 社会保障指南 路灯照明的采购包和标准合同 联合服务指南 有关 PFI 合同废物管理的标准化
行动特遣小组 来源:英国合伙经营机关,2010	合同管理指南

1997年前的政府政策

PFI开展得很缓慢——在1993年至1994年只签署了三个支出超过500万英镑的项目。1993年民间融资小组成立,英国政府认为应该考虑将PFI用于各个公共领域的项目(通用测试规则)中。

1996年政府做了一个包含很多问题的调查,其中包括PFI项目支出是属于政府花费的额外支出还是替代政府花费;私营部门在不同体系中是否会设置特权;对未来公共支出的影响能否得到合理控制;以及这样是否能更好地实现财物的价值;所有项目均应用PFI模式是否合理;以及对成果和风险转移的规定。结果显示,政府承担PFI未来支出的部分会被列在财务报表和预算报告上,期望通过服务设计的紧密集成、风险的更好分配及正确的激励体系来实现物有所值;并且识别了不适合PFI模式的案例。

在1997年议会的开端,新政府废除了通用测试规则,并委任Malcolm Bates来复审PFI体系。接受这次复审建议后,政府废除了民间融资小组,并用由"双臂"组成的财政部任务小组代替:

1. 政策方面,负责PFI及PPP项目的规则、过程及最佳实践的管理,同时负责以PFI为导向的公共部门的员工培训。

2. 项目方面,在重大项目采购开始前审批(签字)其商业可行性(通过在《欧盟公报》上公布其合同告示),并监督他们(包括其他项目,在时间和资源允许的情况下)确保其进程。不久后,财政部将"重大项目"定义为"范围大,收益高,可高度复现或具有开创性的项目",且任务小组会负责监督80个此类项目。地方部门项目由"项目评审组"(由任务小组掌管且包括"公私伙伴关系项目小组"(4Ps)的代表)进行审批和监督。4Ps作为地方政府的顾问,在1996年4月由地方政府联合会建立。

贝茨的复审建议单个部门应该为他们自己的PFI项目负责,且应按照合适的专业意见强化各部门的私人财务部(PFUs)。而最终,由于在项目方面不是无限期地需要任务小组,它只存在了短短两年时间(直到1999年年末)。

1997年后的政府政策

随着任务小组最初阶段工作的结束,在1998年11月,政府宣布Malcolm Bates爵士会进行第二次复审:报告在3月份完成并在1999年7月公布。而其最重要的结论是中央的项目支持还是需要的,但任务小组在项目方面的职责应该由一个联合的公私合作部门取代,其随后被命名为"英国合伙经营机关(Partnerships UK, PUK)"。PUK的作用会在之后进行详细解释。2000年颁布的法令规定,PUK被包括在政府资源和账户清单中。

在第二次Bates复审的同时,政府让Peter Gershon爵士来检查中央政府的国内采购,他的报告同样在1999年7月公布。报告建议,应该在财政部下建立一个政府商务部(OGC)。任务小组依然隶属于政府商务部(OGC),但此时任务小组的项目权利被缩小。

国家审计局(National Audit Office, NAO)同样也在检查早期的PFI项目,它做出了许多报告,同时产生了很多与公共账目委员会(Committee of Public

Accounts，PAC)意见一致的报告，PAC 也将之前的建议总结在一起做了一个综合的报告。国家审计局(NAO)同样做了一个报告，陈述了在未来 PFI 项目的评估中需要考虑的因素，其中重点强调了所有 PPP 项目中的物有所值(VfM)责任。

1999 年 7 月，财政部任务小组委任 Arthur Andersen 为顾问来检测那些已经开始服务交付和支付的 PFI 项目的资金价值方面的问题。此外，公共政策研究学会(Institute for Public Policy Research，IPPR)在 1999 年 9 月成立了一个公私合作模式委员会，其报告在 2001 年发表。

2000 年 3 月，政府在一个名为《公私伙伴关系：政府的方式》的文件中重申了有关 PPP 和 PFI 项目的政策。该政策文件明确规定了按照 PPP 安排公共、私营部门各自的作用以及需承担的责任。接着在 2000 年 5 月发布了一个文件，简要总结了他们的作用与责任。

政府的基本角色

首先，政府交付目标的最好方式，可能是通过公共与私营部门的结合来实现，政府保留了以下方面的责任和民主的义务：
- 竞争目标间的决策。
- 定义选定的目标，并监督它们达到交付标准。
- 确保更广泛的公共利益得到保护。

在公共服务应用 PPP 方式的案例中，虽然许多服务交付要素的责任会转移到私营部门，但是公共部门仍对以下方面负责：
- 作为公共服务的集体购买者，决定所需的服务水平以及可用于支付这些费用的公共部门资源。
- 制订这些服务的安全、质量和性能标准并监督。
- 强制实行标准，并在他们未遵守的时候采取行动。

与之相似，就国有企业而言，当 PPP 将私营部门引入这些商务的所有权和管理中时，政府保留对保护公共利益问题的责任。其中包括将特别的、实施独立管理的实体保留在公共部门中，其作用是为了确保更高的安全标准和避免垄断权力的滥用。

私营部门的贡献

PPP 的这种潜力在私营部门缺少的情况下只能部分释放出来。私营部门可以通过下文的准则和技巧来增加其机会。

商业刺激

私营部门在一种易变的且快速转换的环境中运营，如果不能进行可盈利的交易，那它们就无法存活。私营部门市场的现实情况是要在私营部门的管理和雇员中运用强有力的准则来使效率最大化，并在商业机会出现时充分利用它们。

因为政策目标的多样化和部分基于保护纳税者财产的风险规避文化，这些准则不能完全在公共部门中复制。因此，与私营部门相比，公共部门以更少的准备来挑战无效率的过时的工作实践，并创造有想象力的方法来交付公共服务和管理国有资产。

在公私合作的情况下，政府通过引入将自身资本置于风险中的私营部门投资者，来试图利用私营部门的创新和准则。这可以通过将私营部门的所有权引进到国有资产或商业中，或使私营部门承担特殊服务或其他规定形式的产出交付的金融风险的合同来实现。如果企业或服务提供商在一个竞争激烈的市场中运营,市场准则将会激励他们最大程度地提高服务质量。如果这样的准则不存在,或者不能被简单地引进,则可以通过法规或与公共部门签订的合同中的绩效要求来强制实施质量标准。通过这样利用私营部门的准则,PPP可以提高资金的价值,从而使政府能够提供更多的公共服务,并在有限的资源下达到一个更高的标准。

关注顾客要求

私营部门为了能产生回头客,它们需要寻找能够提高其服务水平的方法,并以此来适应客户变化的要求和期望。如果它们不能做到这点,客户就会不断流失。而此类刺激对于公共部门的供应商并不是那么明晰,所以它们往往对客户需求的反应较慢。

新的创新方式

与之类似,寻求对发展有利的商业机会,激励私营部门去创新和尝试新方法,这反过来也造就了更优质的服务、更灵活的交付和更高的标准。

商业和管理专家

私营部门通常更擅长运营商业活动和一些服务交付的要素,包括在规定时间和预算内管理复杂投资项目,以及评估新的潜在商业机会。

该文件的摘要总结如下:

- PPP使政府能够运用私营公司在日常商业活动中发展得到的一些准则、激励、技能和专业知识。
- PPP能够激发出公共部门中人力、知识和资本的全部潜力。
- PPP能够使政府更好地实现目标,同时基于政府的角色更专注那些最好由公共部门执行的活动——采购服务,执行标准并保护公共利益。

按照政策文件中设立的政策,2000年英国政府设立了一个新的实体,即英国合伙经营机关来监督英国的PPP项目。

英国合作伙伴关系组织

英国合作伙伴关系组织(Partnerships UK,PUK)是一个与公共部门以及私营部门合作的组织,它用于处理PPP/PFI项目实施过程中的关键脆弱点。通过与公共部门的合作,它会使公共部门成为一个更高效的业主并在私人投资的项目中确保公共部门成功交易的可能性最大。事实上,它是为了加强公共部门的"智慧业主"能力而设立的。

PUK的目标是通过与公共部门合作以实现更好的物有所值。对于特定的项目而言,它会与公共部门采购机构合作,并在决策过程中对实际因素进行更详细的考察,并推动交易达成。这样,通过配置经验丰富的开发人员和资源来帮助项目开发,会帮助部门和其他公共组织更好地完成PPP/PFI的采购和交付。

PUK并没有任何形式的垄断或担保市场,而是力求通过实力来赢得市场。政府有信心同时帮助公共部门和私营部门:

- 对公共部门而言,它的活动会促进投资流进入国家的基础设施建设,并帮助公共部门实现PPP/PFI交易采购的物有所值。
- 对私营部门而言,它可以帮助创建一个更好的结构合理的项目流程,并为PFI项目中的投资人实现成本、工期延误和不确定性减少的期望。

截至2010年5月,"英国合伙经营机构"已监管超过920个项目。

英国基础设施局

2010年,英国设立了第二个部门即英国基础设施局(Infrastructure UK,IUK),其作用为各个部门提供新的战略重点。IUK整合了HM财政部的PPP政策团队和基础设施融资部及英国合伙经营机关的支持,这些支持可以提高重大工程项目的交付能力。IUK就英国的长期基础设施需求向政府提供建议,并提供专业的商业知识来推动重要项目和计划。它遍及所有关键的基础设施网络、公共部门以及私营部门,以识别和处理关键的跨领域问题。它也负责为基础设施建设识别并吸引私营部门的投资;支持财政部优先考虑政府对基础建设的投资,并帮助提升基础设施的交付能力。

欧盟委员会有关PPP的指南

整体而言,对于PPP/PFI采购并没有特殊的法律或法定框架。然而,在适用的情况下,除一般欧委会条约原则外,还应遵守欧盟公共采购规则,尤其是欧盟公共部门的采购指令2004/18(已纳入英国法律)。

欧盟委员会PPP绿皮书:2004

在2004年4月,欧盟委员会发布了名为《关于公私合作模式、公共合同与特许权的欧共体条约》的绿皮书。

公私合作模式(PPP)条款并不是在欧共体层次上定义的。总体上,该条款以保障基础设施的融资、建设、整修、管理、维护和服务为目标,致力于促成政府机构和全球商业机构的合作。

该绿皮书分析了PPP关于公共采购和特许权中的欧共体法律。在欧共体法律中,没有明确的体系来管理PPP。在授予公共合同的协调程序下,符合标准的PPP项目必须遵守这些指令的具体条款。符合"特许工程"条件的PPP项目仅被一些次要立法的分散条款所覆盖,而符合"特许服务"的PPP项目完全不包含在"公共合同"的指令中。然而,所有涉及到第三方经济活动的工作合同,无论是否受二级立法管辖,都必须根据欧共体条约的规定和原则进行审查,尤其要注意其中的透明度、平等对待、均衡性和相互承认的原则。

此绿皮书的目的是探讨如何在成员国开发的不同形式的PPP项目中应用采购法,以评估是否需要在欧洲层次上阐明、补充或完善现有的法律框架。

它描述了在不同类型的PPP背景下,当选择了私营合作伙伴时,为了评估是否有必要在欧洲澄清、补充或改进现行法律框架。绿皮书还提出了一系列问题,旨在更深入地了解这些规则和原则在实践中如何发挥作用,从而帮助委员会确定它们是否足够清晰并适用于PPP项目的要求和特点。

欧盟委员会关于PPP的沟通:2005

在就PPP绿皮书进行公开辩论后,委员会于2005年11月份正式通过了PPP的沟通和公共采购与特权的共同体法律。这次沟通提出一个有关确保PPP有效竞争性的政策方案,解除了对设计创新和复杂项目所需的灵活性的限制。

制度化 PPP 的指南:2008

在 2008 年 2 月,委员会通过了关于将公共采购和特权欧共体法律应用于制度化公私合作模式(Institutionalised Public-Private Partnerships,IPPP)的解释性通告。

该通告解释了欧盟关于 IPPP 选择私营伙伴的规则。根据要归于 IPPP 的任务(公共合同或特许权)的性质,把公共采购指南或一般欧盟条约原则应用到选择私营伙伴的程序中。该通告解释了委员会的观点,即在欧共体法律下,建立 IPPP 时要符合投标程序。相应的,欧共体法律并不需要双重招标——建立 IPPP 时,一个用来选择 IPPP 的私营伙伴,另一个用于授予公私合作实体公共合同和特许权。

该通告同时强调,从原则上讲,IPPP 必须保持在最初目标的范围内,且如果不遵循有关公共合同和特许权的欧共体法律程序,则无法获得其他任何的公共合同或特许权。但是,众所周知,IPPP 通常是为提供长期的服务而建立的,因此必须能够适应经济、法律或技术环境的改变。该通告解释了何种情况下应该考虑这些改变。

PPP 项目的传播

PPP 项目的价值、范围和规模在过去 10 年左右的时间里大幅度增长,其中 the Channel Tunnel Rail Link 是迄今为止英国授予的最高价值的民间主动融资(Private Finance Initiative,PFI)项目。虽然相当大部分的公共部门仍然使用非 PPP 的方式来进行采购,但是 PPP 的确已成为重要的公共部门采购方式。

自 1998 年以来,PPP/PFI 的发展和传播已经达到一定程度:当其他国家在寻求私营部门帮助公共部门提升服务发展的方法时,他们会借鉴英国的方法和经验。包括荷兰、南非、葡萄牙和芬兰在内的许多国家都对此十分感兴趣,并一直在研究和模仿英国模式。

英国政府商务部(OGC)于 2002 年 12 月发布报告称,迄今为止,英国共签署 500 多个 PFI 项目,超过 80% 的新医院正在用私人资金进行建设。

PPP/PFI 项目:目前的经济环境

自 2008 年以来,经济环境产生出一些与 PPP/PFI 项目相关的额外注意事项和规定。

在过去,政府部门曾期望:

- 即使在委托首选投标人之后会进行正式的尽职调查,投标人也应事先与潜在投资人讨论。
- 投资人提出的条款要反映在竞标模型中,并出具可靠的声明,表明其条款可能会维持至财务结算。
- 投标人需保证有关债务的有效性和条款(包括定价)的显著确定性。
- 投标人应管理与投资人的关系(包括对关键合同是否满意,如分包合同),因此这不是公共部门的重要工作。

然而在目前的市场中,投标人发现很难明确融资的可用性和条款的确定性,或者,在他们都认为能够提供这种确定性的时候,问题却不断出现。总体影响是,直到采购的后期融资仍然缺少确定性,公共部门的不良承受能力和/或合同变更的风险增加。

政府部门（即公共部门业主）及其顾问的责任是在选择首选投标人之前，确定需要多少投资人参与。政府部门应与其财务顾问合作，切实评估项目，以在对投资人提出的不必要的风险承担要求与无法确定由于投资人的担忧而导致的延误这两者间取得平衡。项目要考虑的因素包括复杂性、潜力以及规模：

- 对于规模较小的、简单的项目（如那些没有需求风险、显著保留地产、具有挑战性的建设要求、未经验证的技术或高运营杠杆或非标准出资额的项目），在这一阶段投资人的参与通常仍然是有限的。因此，在选择首选投标人前，政府部门及其顾问应关注并确保投标是可以进行融资的。
- 对于复杂的项目，政府部门应确保投资人了解其复杂性，并且不会出现任何影响融资能力的问题。
- 对于大型项目（其中银行俱乐部在可接触到的投资者中占有重要比例），更多的参与很可能是适当的，并且政府部门应当确定所承担的条款与目前阶段的立场是一致的。

一旦政府部门确定了合适的投资人参与水平，他们应始终如一地对所有投标人采取所选择的方法。

在选择首选的投标人之前，政府部门应寻求投资人参与，投资人应确定所有对项目获得信贷审批产生不利影响的因素。政府部门应该准确了解文件涉及的范围、资金模型、合同风险分配（包括分包合同）以及投资人已经考虑到的该项目的技术方面。不应采取含糊的担保函（仅包括项目文件、初步技术报告和融资模式），建议明确披露投资人分担的具体工作。因此，投资人应在担保函中明确分包中标价格的下降情况，以及披露已传达给发起人的所有函件或其他条件。发起人同样有一个平行的义务，在投保中披露此类函件或条件。如果投资人都支持投标，应在由选定的投标人与投资人拟定的首选投标人委托书中重复这些陈述。

从公共部门的角度来看，现阶段的目标不是让发起人根据投资人的回应来评估他们，而是让政府部门预警在后期的对话或首选投标人中可能出现的难题。

政府的主流建议是，在采购阶段，政府部门应拒绝依赖于使用公共部门资金的融资建议。投标人不应提交包括公共部门融资在内的投标书，政府部门不应假设可以在预计的资金截止日内使用公共部门的融资。

在银行贷款团队资源有限的环境中，最好不要要求投资人对不存在特殊技术、法律或财务风险的项目进行过多尽职调查。然而，对于更复杂的项目，政府部门应意识到这可能会影响投资人对项目的兴趣或产生更高融资成本，或者直接通过信用保证金或间接通过履约保证金，准备金要求和覆盖比例要超过普通项目的比例。政府部门在做出这项决定时应征求财务顾问的意见。为了避免后期与投资人之间产生问题，必须保守地进行评估。投资人可能关注的因素包括：

- 已知不良基础条件或交通不便的现场。
- 高负债经营。
- 关键分包合同背后存在的企业支持。
- 具有很多"未知数"的翻新工程。
- 对于新的或特殊的施工技术的要求。
- 施工期在三年以上。
- 具有唯一供应商的建筑材料或设备。
- 固定的或异常严格的施工交付计划。
- 难以保证的物资。

- 需求或数量风险。
- 未经验证的技术。
- 培训或教育成果的风险。
- 特殊的维护要求。
- 需要特殊供应商或供应商的数量非常有限的服务。
- 需要新型债权人安排的融资方案。
- 权力资本贡献的时机和条件。
- 涉及多重权限的项目。

政府部门应确定投资人可以接受承包商的支持计划以及项目的整体风险分配。

参与 PPP 融资市场的银行数量的减少使项目的数量增加了，而其余贷方正在考虑给这些项目投资。面对市场的不确定性，这些机构可能没有明显增加员工数量，因此交付给贷款团队的项目会超过他们的管理能力。

风险

风险、物有所值和负担能力之间的关系，是 PPP/PFI 中最复杂和最有争议的内容之一。简而言之，商业案例纲要(the outline business case，OBC)应确定与项目相关的所有风险，以及风险如何在采购方和提供资源的财团之间分配。然后，根据建议的风险分配，请私营部门投标以运行该计划。公共部门比较基准(public sector comparator，PSC)将被进行测算，并基于所有与该计划有关的风险由采购方承担的假设，计算计划的成本(如果该计划完全由公共部门创建和管理)。

如果 PSC 比私营部门的出价更高，则表明 PPP/PFI 计划将能够提供物有所值的价格，但采购方仍然必须证明该方案是负担得起的——他有委托和付款的资源以维持该计划的长期运作。由于业主通常要承诺按合同约定在 30 年内支付，因此支付能力是一个关键问题。

风险的分配

所有组织都面临结果会与计划不同的风险。风险是由于未来的不确定性产生的，但也可能是由于有关现有条件的信息不准确导致的，亦或是遏制或控制风险系统的失败导致的。所有个人和组织每天都在处理风险，某些风险(诸如由于火车事故而造成计划会议停开的风险)具有相对较小的影响，而其他的风险可能产生巨大资金损失。

所有部门的所有项目都会存在风险，但 PPP/PFI 的引入，已使公众部门关注传统采购方式不会涉及到的风险。风险应由最能控制或管理的一方承担，但采购方还必须考虑是否有必要将风险适当转移给私营部门。

对采购方而言，那些由 PPP/PFI 项目提供的服务需求变化所带来的风险，几乎不能转移到私营部门。与 PPP/PFI 资产的设计、施工和运营相关的风险，可以更容易分配给私营部门，或者在采购方和私营部门之间分担(通常，但不一定，需支付额外费用)。这些内容将在后续讨论。

PPP 项目的经验倾向于证实风险分配并没有在 OBC 的生产和合同终止之间改变太多。采购方表达了他们在风险和可承受程度方面的要求，并且私营部门承包商在很大程度上提供了与这些要求匹配的提议，而不是试图改变这些要求。

风险的降低

PPP/PFI 对风险的强调使采购方有机会创造性地思考如何降低风险成本。例如,采购方可能会责成供应商,要求其保证电梯在每个工作日都正常运行。这给承包商带来很高的运营风险,产生的成本也会被增加到单位费用中。采购方可以和承包商探讨其他可能性,以降低该运营风险的潜在成本。比如在电梯故障时,承包商可以提供其他可用的空间,从而有效降低了风险模型中电梯可靠性的重要性和项目成本。然而,我们发现几乎没有证据表明采购方在使用这些更具有创造性的方法来降低风险。

政府指南表示,如果这种安排只能带来较低的物有所值,则采购方不应将风险转移给运营方,以此获取特定核算的结果。然而在实践中,承包商接受的风险水平与合同中的风险价格之间不总是存在线性关系,这一联系的强度可能会受到市场状态和整个合同的盈利能力的影响。

此外,大型承包商可使用自身权益,不必说服投资人使之相信所涉及的风险是可解决的。如果承包商真要牵涉进来,他们很可能准备接受一揽子风险,而业主可能会感到惊讶,因为相比他们自己的估计,承包商附带的某些风险价格会明显偏低。其结果是,从采购方到承包商的风险转移并不一定意味着显著的额外成本增加和物有所值减少。

量化风险和相关概率可以更多地用于确定某些分配给承包商的风险是否应在协商过程中重新分配。如果询问承包商,重新将风险分配给公共部门时价格会降低,项目的物有所值可能得到提高。

风险模型并没有真正用于探索风险及其概率。相反,风险模型往往仅用于评估 PPP/PFI 模式相较于传统融资模式的优劣性。

尽管可以通过演示风险价格可能的变动趋势来使用风险模型,从而帮助有经验的谈判者,但是他们不能依靠它来生成一个"正确"答案。考虑到市场特性以及各私营公司采用的方法,围绕风险的 PPP/PFI 谈判很少是简单的或可以预测的。

风险的转移

与其他形式的 PPP 一样,PFI 可以通过把风险转移给私营部门来实现物有所值,私营部门被认为有处理风险的优势。能转移到私营部门的风险可以分为两类,即所有类型的公共/私营服务项目的一般风险和特定 PFI 公共服务项目的 PFI 的特定风险。

PFI 特定风险

风险有多种形式,通常取决于特定项目的特征。学校操场建设所涉及的风险,必定在某些方面与大规模运输项目的风险不同。风险转移和 PFI 公共服务合同不同,差别是它能够把项目融资风险转移到私营部门。因此,任何 PFI 项目的基本条件都是把大量的融资风险转移到私营部门以确保物有所值。将融资风险转移到私营部门的主要好处在于,在管理融资风险方面私营部门被认为比公共部门更有优势。大多数成功的私营企业都有风险分析师,特别是在财务方面。作为提供经济可行的融资方案的风险,公共服务项目融资风险可以被分为两类——内部处置风险和外部融资风险。内部处置风险是指高估盈余部门资产预期价值,详细地说是高估投资公共服务的 PFI 合同的预期价值。部门可以通过转移资产来减少接触这种风险。被转移的资产例如多余的医院建筑物和场地,对私营部门承包商而言,那已经或正在成为 PFI 合同中过剩的东西。外部融资风险是指私营部门承包商没能在市场中为公共服务项目成功融资。在合约签订之前,主管部门要确定私营部门承包商有获得完成 PFI 项目所需资金的能力。外部融资风险同时也与利率风险有关,利率风险是指利率会在投标和签署合同期间发生变化。在此期间,利率的不利变动意味着私营部门承包商不得不花更多的钱来偿还他们的债务,这也许会减少 PFI 合同的吸引力。项目融资风险的转移,会激励私营部门按时提供更优质的服务。因为他们只有在公共服务流程真正启动后才开始收到服务款项,并且是否持续支付取决于专门的绩效标准。把项目财务风险转移到私营部门带来的一个更长远的影响是,这能降低由公共部门保留的公共服务项目的一般风险。然而,风险与回报同时出现:被转移到私营部门的风险越高,承包商向公共部门要求的风险溢价就越高,用以补偿他们承担风险的损失。考虑到某些风险难以量化,所以很难确定私营部门承包商用于接受特定风险而索要的风险溢价对另外一方而言是否合适。

风险的优化分配

一旦确定了与特定 PFI 项目相关的风险,下个任务是在公共和私营合作伙伴之间共同分配风险。为了遵守广泛接受的原则(风险应该分配给最有能力管理它的人),公共部门不能只为了自身利益转移风险。但是,作为一条基本规则,PFI 方案总是倾向于将设计、施工与运营的风险(成本和绩效)转移给供应商。需求和其他风险应该是关于物有所值影响的谈判问题,在适当的情况下,可以通过竞标替代性风险转移基础上的最低和合规要求来判断物有所值的影响。

公共部门持有的风险包括:

- 错误的需求详述的风险:最初不能完全确定需求,就像一些 IS/IT 项目,有可能要和供应商共同分担在发展和实施阶段确定的剩余需求的风险。公共部门仍然保留初始详述时的风险。
- 受到批评风险:即使公共服务失败完全是供应商的责任,也可能导致政府和主管部门和供应商一起接受批评。
- 长期需要服务的风险:由于这些合同经常持续 25 年或更长时间,公共部门可能不再需要某些特定服务。即使不再需要某项服务,承包商也有权在整个合同期内获得支付。
- 政府部门支付长期项目的能力风险。
- 征地风险。
- 差别对待或者特殊的法律变更。

如果在某种程度上,私营部门有能力处理这种风险,那么公共服务项目风险只能转移到私营部门。在私营部门被认为有能力处理风险的情况下,比如施工风险,公共部门应该尝试并转移完全责任。在私营部门被认为没有能力处理项目风险的情况下,这些风险责任应该留在公共部门。

下图强调了 PPP/PFI 项目的通用风险转移模型。

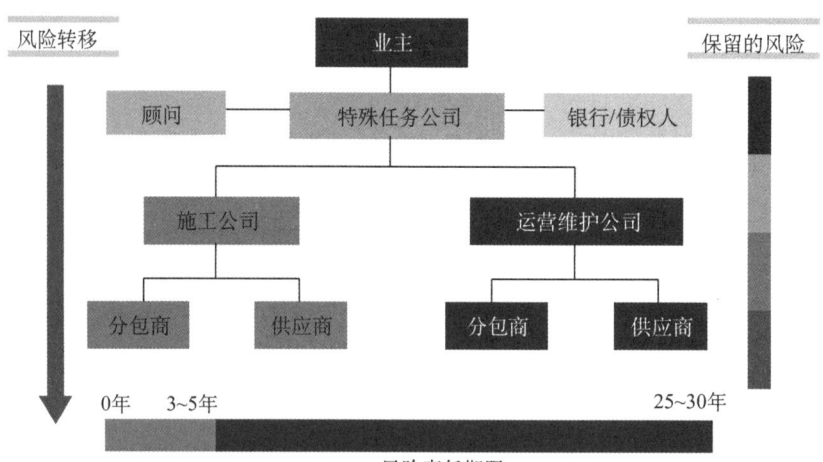

PPP/PFI 项目的通用风险转移模型

计划

规划批准和相关问题的风险通常是公共部门的责任。在某些情况下,尤其是运输部门,政府可能会使用法定授权,否定使用总体策划法律的必要性,从而避免风险。

英国计划流程不是为 PPP/PFI 项目定制的,当成果不明确时,它通常进展非常缓慢。所以,对于公共部门而言,将其纳入风险矩阵很重要。

当采购方是地方当局时,为了先发控制所有因利益纠纷而导致的对未来司法审查的挑战,需要合理区分地方政权和策划当局的职务。

公共部门通常负责环境影响评价、公众咨询、与利益相关者协商相关的风险。

虽然为项目提供土地通常是公共部门需承担的风险,但在某些情况下,也有可能将风险转移给私营部门。例如,使其成为招标要求;如果 PPP/PFI 项目需要收购一块地,并且和土地所有者的谈判并不成功,那么在某些情况下公共权力机构可能会通过权力来强制获得土地。但是这种程序并不是专门用于 PPP/PFI 项目,这样做的进展会非常缓慢,并且结果也不确定。

设计

显而易见,在 PPP/PFI 协议里,几乎所有设计风险都转移到私营部门。但是在招标/授权之后,由不充分或不准确的初始规定和公共部门要求的变更引起的风险,仍由公共部门承担。在某些项目上,例如在 IS/IT 项目中,对于公共部门而言,在招标或授权阶段提出精确的要求也许是不可能的。在此种情况下,风险分担通常通过双方的谈判来解决。

施工

一般而言,施工风险在几乎所有 PPP/PFI 协议中都是私营部门的责任。这符合被广泛接受的观点:风险应当转移给那些最适合管理风险的人。

但是,如果初始规定是不正确或者不充分的,又或者有规定变更,那么任何其引起的施工风险都必须进行分析并按照协议条款分配。

在建筑业的案例中,施工相关的风险通常通过传递链向下传递到分包商。但是,在责任被项目公司向下传递时,可能需要一个更好的机制,用以在分包商之间分摊责任,这可以用分包商之间的界面协议来解决。

在PFI项目中,这些是基本的"平等项目救助"中关于分包的规定,而这些规定力图使分包商对项目公司的要求与项目公司对公共部门的要求相匹配。但是,在最近一项案例中,法院认为在英国法律体系内,施工分包商必须立即将争议提交判决,"平等项目救助"中关于施工承包的相当一部分内容都被认作无效。尽管人们尝试用这些"平等项目救助"的规定来降低分包合同和项目合同之间的决策的不匹配,但法律仍然会导致决策不一致的危险。因为施工和维护分包合同要求将争端提交判决,而PPP/PFI项目协议没有这项要求。

PFI/PPP债权人不愿意接受那种因项目没有按时按预算完成而造成的原始施工风险。所以,除了建立比项目协议更加严格的施工条款,项目公司还要求承包商提供施工风险缓解方案或让承包商为可能发生的风险预置一些资金。在某些司法管辖区,法律还详细规定承包商必须提供最低水平的外部支持,这样才有资格竞标政府合同。

施工风险缓解方案的设计通常从给定项目的独立施工风险开始考虑,然后它合并了几种可能的财务和绩效支持。这种支持旨在保护项目公司和债权人免受项目成本或进度超支的影响,同时在施工期间提高项目债务的信用质量。

经营风险

经营风险的分配非常依赖于PPP项目的性质、范围和背景,例如,DBFO合同的经营风险分配和纯经营合同的风险分配是不同的。

在PPP/PFI协议中,员工往往被转移到私营部门就业,根据议会颁布的获取权利转让(保护就业)条例(更常见的是TUPE)获得权利指令77/187。还有大量与员工(和养老金)转移相关的风险,包括适应性、行为、绩效以及员工控制风险和短期下跌的养老金风险,违背TUPE和TUPE引起的未预知负债的风险,等等。

此外,由于不正确的规范、技术陈旧和绩效标准变更造成的欠佳表现的风险,由公共部门承担。

需求风险

需求风险指资产需求大于或小于预计/预期的风险。在需求风险很大的情况下,通常要提供最清晰的证据,以证明谁应在资产负债表中记录资产。例如,患者对病床的需求可能比预测的更少或更多。

由于我们难以预测后续阶段的情况,合同的时间跨度可能会影响需求风险的程度。一旦明确了需求风险很大,就有必要确定谁承担它。

需求风险的重要性与财务安排有关,而财务安排是根据需求的预测制订的。因此,与变更范围有关的风险通常属于公共部门。

如果创收和运营与部分承包商支付机制有联系,则由需求变更引起的创收减少将会成为运营商的风险。另一方面,因政府政策发生变化,政治决策、社会、经济或环境变化导致的需求下降的风险,通常属于公共部门。

财务风险

正如前面所讨论的,在 PPP/PFI 安排中,将财务风险转移给私营部门是为了公共部门的利益;然而,也有一些"财务风险归公共部门所有"的例外情况,例如公共资金或在合同期限内(如为期 25 年)支付能力的不足。此外,如果对公共部门有表外处理的要求,也会对风险分配产生影响。

通常情况下,如果货币资金是英镑,并源于国际,那么金融往往来自相关金融机构的英国分公司。如果适用的话,在任何情况下汇率波动风险都应属于私营部门。

在民间资金被使用的情况下,其他财务标准引起的风险通常留在私营部门,包括更改税制(除非它是一个歧视性的或具体的立法),保险和金融安排,如股票和债券。

有一些情况,例如当 PPP/PFI 筹备时可以免征印花税土地税;然而,如果公共部门决定利用此优势,则必须确保满足适当的结构和条件,因为 PPP/PFI 项目本身未必符合豁免要求。

立法风险

立法风险的分配,通常取决于它是否是法律的一般变更,这种变更不同于法律的歧视性或特定变更。

普遍适用的法律的变更通常是私营部门的风险,当然有一些值得注意的例外情况。如果法律的一般变更在服务期间生效并涉及资本开支,通常要分担风险,因为私营部门承包商应按资本性支出的比例承担风险,且上限是承包商能够承担的总风险。同样,承包商的增值税状态变化的风险,通常是可以避免的。

另一方面,公共部门一般留有一些法律变更引起的风险,这些法律变更会明确歧视 PPP/PFI 项目、项目承包商或 PFI 部门。同样,那些针对施工和设施服务的法律变更属于公共部门的风险范畴,这些变更在项目合同签订期间往往是不可预见的。

剩余风险

剩余风险是指资产在合同结束时的实际剩余价值与预期不同。因为涉及资产的经济使用寿命,所以风险越大,PPP/PFI 的合同期限就越短。

当这种风险十分显著时,谁来承担取决于合同结束时的安排。例如,公共部门将承担剩余风险的情况是:
- 它会在合同结束时以固定的或名义金额购买资产。
- 该所有权将以基本固定的或名义上的金额,被转移给由公共部门选择的新的私营部门合作伙伴。
- 对于私营部门而言,PFI 合同期限内的支付款项数额已特别巨大,不需要回收不确定的剩余价值。

另一方面,私营部门将承担剩余价值风险的情况是:
- 在合同结束时它将保留该资产。
- 该资产将按现行标准价格,转移给公共部门或另一个私营部门合作伙伴。

BN 3.16　电子采购指南

电子采购与欧洲

欧洲主要的电子采购参与国包括奥地利、比利时、丹麦、法国、德国、爱尔兰、意大利、挪威、葡萄牙以及瑞典。在欧洲已经有许多成功的电子采购解决方案。但是说到将其付诸推广，欧洲尚没有一个国家能够实施一套全面的电子工具和系统来支持所有公共采购活动。相比之下，英国政府已经在这方面有了令人满意的进展。对电子采购的大量投资与投入的情况仍在欧洲延续。

欧盟指令

欧盟鼓励使用电子采购。新的欧盟综合指令与欧盟进销存指令对欧洲境内公共部门采购的电子工具与技术的使用做出了明确的规定。欧盟认为，自动化进程、线上宣传和招标可以保证机会的公开，能充分支持跨境贸易、无歧视、公平和公开竞争的目标的实现。与此同时，线上交易审计的透明度与便利性也有助于实现这些目标。新的指令提供了类似电子逆向拍卖等创新工具，并且欧盟还采取了进一步措施：引进一个名为"动态采购系统"的新型在线程序，在该程序下供应商可以进行竞争。

电子采购的最佳实践

"快速取胜"方法

我们需要一些"电子工具"来实现采购程序的现代化。在电子采购项目初期经常会碰到的一个问题，即决定采用哪个工具并以什么顺序来实施。"快速取胜"可以建立电子采购项目的可信度，并且有助于后续项目的融资。例如使用采购卡［类似于政府采购卡（GPC）］、电子竞价、电子发包以及其他类似的创新项目。

实施电子采购

最近几年，人们开发了各种电子采购工具以帮助实现资源的有效组织、签订合同与采购。概括来说，电子采购工具与采购的两个方面相关：资源开发活动与交易采购。

资源开发活动（电子发包）

电子发包工具可以帮助买方与供货商建立最合适的合同，并且对合同进行有效管理。工具包括供应商数据库、电子招标工具、评估、合作和谈判工具，也包括电子竞价工具以及其他支持合同管理活动的工具。

交易采购(电子采购)

电子采购工具可以帮助采购专业人员及最终用户实现更有效的采购过程与更精确的订单细节。电子采购工具的作用,是帮助实现控制和程序的效率最大化。这样的电子采购工具,包括采购支付系统、采购卡和电子发票的解决方案。虽然目前工具主要分为这两大类,但有一些工具是可以单独使用的。

现如今,电子竞价工具是一项成熟的技术,相较于其他电子发包工具,它通常可以更快地解决问题。电子竞价目前是现金交易条款中的一种实现了"快速取胜"的方法,因此强烈建议尽快应用。下图表明了采购与供应特许协会(Chartered Institute of Purchasing and Supply, CIPS)将电子发包与电子采购(被称作采购支付)工具归属于采购生命周期的哪一部分。

采购卡(P-cards)

采购卡在原则上与消费者使用的信用卡相似(例如,供应商在5日之内收到支付款;买家每月得到一份经过整理的账单),但是,采购卡还有其他功能,使其更适合企业间的采购。主要特点包括一些控制措施,例如限制采购卡只能在特定商品范围内使用、个体交易值与每月支出的限制。由开户银行每月提供给买方的采购信息取决于每个供应商自动生成的信息的详细程度。这些信息包括供应商名称、日期、交易值、每个项目的具体细节,还有自由输入文本的账户代码和增值税价值变动范围。

供应商参与采购卡项目

许多供应商已经接受消费者用信用卡和借记卡支付,在此基础上他们并不需要额外的设备来接受采购卡支付。对于供应商而言,接受信用卡、借记卡和采购卡支付的成本(一般占1%~4%)和实现卡片交易的设备的成本只是一笔很小的费用。这一成本会随性能的提高而增加。

采购卡的优点

- 过程节约。
- 及时支付折扣。
- 保证及时支付。
- 与合同更加契合。

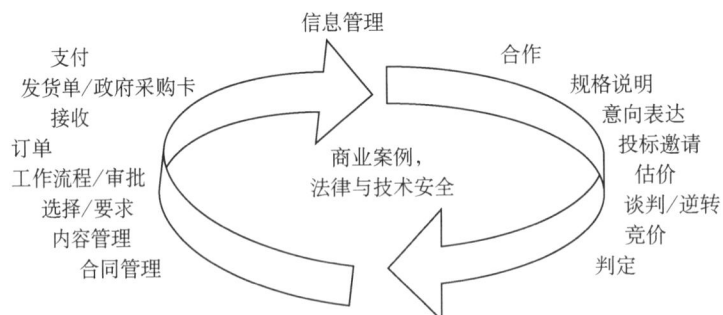

采购与供应特许协会(CIPS)电子采购生命周期

电子竞价

在一个电子反向竞价(电子竞价)中,潜在的供应商在线上进行"实时"的竞争,在竞价中提供货物或服务的价格。价格从某一水平开始,然后在电子竞价过程中随着供应商为争得合同不断改进的条款而下降。电子竞拍可以只基于价格,也可以参考其他标准,比如质量、交付或服务水平。

电子竞价的优点

和先前的合同价格相比,政府的电子竞价活动能节约平均 13.4% 的费用。进一步的优点还包括:对招标程序作更好的准备与策划、给供应商修改出价(和正式的投标程序不同)的机会、增加买卖双方市场的认知度。尤其是供应商还能进一步了解竞争者的出价并从中受益。

实行电子竞价

电子竞价并不能取代招标,它只是招标的一部分,并为一个完整的招标程序提供经济有效、快速、透明的结论。电子竞价可能基于获得最低价格,或是基于经济上最有优势的投标(价格、支付条件、供应计划)。只有那些成功地通过资格预审(即符合所有招标标准,比如质量工序、资金稳定性、环境政策)的供应商才应该被邀请参与。组织采购行为的复杂性,会影响电子竞拍的策略。无论复杂还是简单的采购,都需要考虑以下方面。

- 起始价格:起始价格标准是什么?例如,在招标程序早期阶段供应商提供的指示性价格?
- 竞价递减:供应商在当前最低价的基础上,最低可以将竞标价格降低到什么水平?对于一个 10 万英镑的合同而言,2 000~5 000 英镑的竞价递减是合理的。
- 持续时间:竞价活动将持续多久?
- 延长时间:允许什么类型的延长时间?例如,如果有竞标者在拍卖的最后 5 分钟内投标,那么应该延长 5 分钟时间让其他竞标者可以做出反应。
- 权重:更复杂的电子竞价,将允许供应商就价格标准或其他方面修改他们的投标。

从其他地方(包括 SIMAP)能获得进一步的信息,并且还能向个人服务供应商寻求相关建议。

供应商与电子竞价

总之,供应商对参与电子竞价是合作的态度。买方应该和供应商保持良好沟通,保持开放并提供所有相关的操作与技术信息(这是法定要求)。买方也应该给供应商提供电子竞价指导,必要的话还应在正式竞价前进行一次测试,以确保供应商对竞价过程和技术都足够熟悉。

不同的供应商可能采取不同的参与策略:一些供应商很早就出低价竞标,其他供应商则先不发声。供应商可能希望知道他们的报价所处的位置以及其他投标者的竞标价格,但不能知道其他竞标者的名字。

电子竞价在建筑业中的使用

英国公共部门正在将电子竞价作为一个有助于改善采购程序的工具去实施。现在,公共与私营部门都已经有大量经验来证明,电子竞价可以提升专业素养、加快竞价进程,并且在许多情况下还能降低商品与服务的采购价格。在英国的公共部门,电子竞价正在专业行为准则的支持下按照最佳实践标志来实施。电子竞价是全面优质招标程序中的一个阶段。电子竞价会因在招标过程中加权选择价格以外的因素而变得复杂,这种方法确保合同在物有所值的基础上继续执行,而不是单纯保证价格符合政府政策。

建筑业和其他领域一样,因采取了电子商务而进步。但是,建筑业的一些部门却强烈反对电子反向竞价(电子竞价)。政府已经接受了来自贸易协会和其他团体的代表的意见,他们认为电子竞价会使最低价采购回归,这会威胁到本已很低的利润。建筑业还将电子竞价视为追求建设卓越计划的挑战,例如采用基于最佳全生命价值的综合供应链方法进行建筑采购。

BN 3.17 设计管理流程

设计管理框架

使用一套核心的管理工具可以成功地完成设计管理。该管理流程有一些基本特点或标志,这与项目类别、规模、部门、商业或组织无关。

团队通过共同合作来为业主提供设计和建设服务。它需要多方参与,并以各种形式产生和交流信息。供应商、制造商、施工方和其他专家需要在规定工期内,以合适的成本完成工作并达到质量标准,并要参与最终产品的交付过程。

如何知道设计管理在顺利进行并发挥作用呢?又要怎么证明?该通用框架(DMTCQ)规定了应该完成并可以检查的活动和流程。

> 如果设计正在进行并且得到有效管理,那么必然需要进行一些关键的工作,而且这些管理活动的结果应以某种模型或形式展现出来。
> 设计管理的标志就是有可见的输出或结果。

这些原则同样适用于一条马路、一艘船、一座核电站、一所学校或一间房屋。

结合这几种工具与流程,应该就可以控制设计流程。相反,在设计管理流程没有产生预期结果时,则可以诊断出是什么原因导致它没有发挥作用,从而使流程回归正轨。

对于设计管理而言,没有任何捷径或窍门可言。系统且统一的战略、管理、交付以及对目标和结果的定义,将会产生效益。好的设计管理,就是好的管理实践与合适的技术的运用。

请注意,这些只是原则而不是规定,因为具体"如何做"会根据每个项目的部门、规模、复杂度与时间尺度不同而有所改变。例如,一个活动和里程碑计划可以

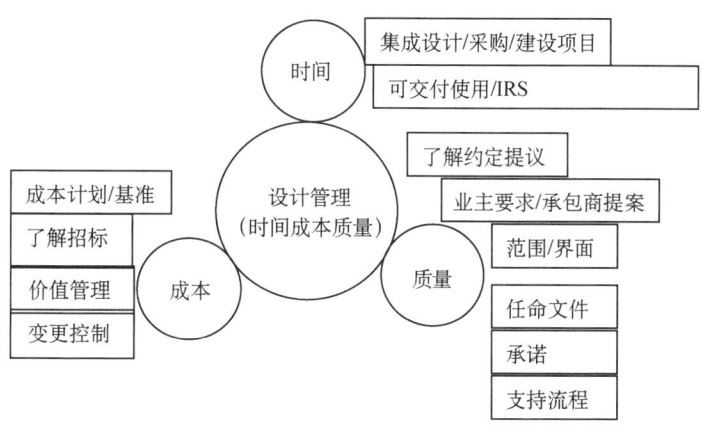

DMTCQ-设计管理框架

做成一张横道图或时间表。真正重要的是,设计经理或承担该职责的人应该使用恰当的工具来管理特定方面的问题,从而保证管理的有效性。

DMTCQ(设计管理—时间成本质量)

所有的工具与流程必须落实到位并且有效管理,才能产生之前所讨论的"设计管理的标志"。

时间
- 程序——设计/采购/建设程序——充分集成,并且得到整个团队的同意。对其进行监视、评估与管理。
- 交付进度表/IRS——落实到位并得到整个团队的同意。对其进行监视、评估与管理。

成本
- 成本计划/基准与设计迭代保持一致,适当地进行报告。
- 招标——了解约定提议的全部细节,包括所有说明或特殊条件——理解所有特定的条件。
- 价值管理——有什么潜在的方法可以为业主提高方案对价值的定位?考虑设计、交付与生命周期。
- 变更控制管理流程——设计变更会对时间、成本、质量产生影响,并且要对这种影响进行正式的评估与指示。

质量
- 约定提议——了解约定合同提议的细节——了解在功能、内容、标准、成本和期限上达成了什么协定。
- 业主需求/承包商提案——理解这些文件与要求之间的关系。
- 范围/界面——了解工作包的范围、内容和界面,并检查工作中的缺口、重叠、重复和不一致的情况。
- 任命文件——准确了解合同中规定的咨询方工作,足够全面吗?了解其资源与能力。他们的服务与资源充足、合适吗?
- 承诺——落实计划、列出/保护许可、建筑规范以及为获得批准而制订的程序。
- 支持流程——将CDM/安全/可持续/环境/项目说明落实到位。

另外请注意
- 问题——始终明确各方的角色、目标、范围、义务。考虑是谁,是什么,在什么时候,怎么样,为什么。
- 信息——始终了解所有的设计信息——不断审阅图纸、规格、进度、信息。
- 进度风险——了解风险管理流程,确保风险被有效排除、减少与管理。
- 会议/交流/报告——确保所有层面上的交流与报告都有效进行。
- 动态——考虑人员的问题。有没有特殊问题或事项会影响现状?
- 培训——是否有团队或个体需要关于流程、技术或其他项目层面的培训?
- 阶段性/关卡/中期评审——在重要的里程碑和阶段评估工作,识别那些未完成的或未达到要求的活动与结果。在下一阶段开始之前,采取适当的策略来解决尚待解决的问题。

注意,这只是对关键问题、关键因素的简短概述。如果要获得关于流程和工具的更多信息,请参考CIOB设计经理手册。

4 施工前准备阶段

阶段清单

关键流程： 设计交付流程
技术设计与产品信息
价值管理
供应链采购
合同管理
BIM 战略

关键目标： 我们要建什么?
它的外观和功能分别是什么样的?
我们将如何对它进行交付与管理?

关键可交付成果： 设计成果
合同管理

关键资源： 业主团队
项目经理
设计团队
建筑-设计-管理(CDM)协调员

阶段性进展和成果

此阶段涉及策划阶段所制订计划的实行,以确保解决现场开工所必不可少的各方面问题。这些内容包括设计过程的执行,所有必备法律文件的获取及承包商的选择和任命。

成果：
- 完善的设计信息。
- 完善的招标文件。
- 设计定稿。
- 招标过程。
- 健康与安全计划和文件的更新。
- 所有法务同意和批复的决议。
- 承包商的选择和任命。
- 工地现场物流的就绪。
- BIM 战略的确认。
- 现场工作准备就绪的确认。

- 业主同意开始施工。

设计过程

由于涉及方案的检验和不佳方案的修正，设计的过程往往是非线性的。因此，准确设计的实现是一个兼具洞察力、弹性与（多专业）协作的过程。同样，策划与管理设计方案的交付也需要考虑上述因素。

设计涉及各种各样的参与者，且参与者的参与程度会在整个过程中发生变化。例如，建筑师可能在设计纲要及之后阶段中进行原型设计，但在之后的设计及施工过程中，其角色范围缩小，虽然专业的设计承包商可能在后期才参与，但是他们在施工过程中的某些部分里是极其重要的。

项目管理流程掌握了处理设计交付问题的关键，经理应确定并实施必要过程。例如，设计纲要是业主对项目要求的说明，但是通常业主不必充分理解制订设计纲要的过程所应包含的内容。这取决于相关经理（项目经理、设计团队领导）对业主的指导，以确保设计纲要能够充分反映业主需求。项目经理始终有责任，即确保形成中的设计文件符合设计纲要的内容。

设计过程遵循由 RIBA 工作计划所提出的顺序（图 0.2），在下一阶段开始之前，每一阶段的确认需要通过正式的设计签收。除非业主无法完全回答他们的疑问，否则一个成熟的项目团队就不能振振有词地抱怨项目纲要不充分。

设计交付管理

项目经理需要召开设计团队及其他咨询工程师/顾问的会议，以检查目前项目的各个方面。包含相关信息的文件应该被提前传阅。会议的目标是形成一份设计管理计划，这份计划至少应该包含以下方面：
- 谁在什么时候做什么。
- 图纸类型的尺寸和格式。
- 专业/专家分工绘制图纸的计划表。
- 相互依存的 CAD（电脑辅助设计）系统之间的关系。
- 经由信息技术的数据传递。
- 设计人员在每个要素或图纸上所用工时的估算。
- 过程监控以及与已有生产力相比设计资源消耗的影响。
- 所需信息及其公布日期的计划表。
- 提出设计变更的开始过程以及影响预测。
- 将检查设计性能的关键日期并入设计进度表。
- 满足可持续性大纲的战略和技术方案。
- 符合项目纲要。
- 可接受的成本。
- 价值工程分析。
- 健康与安全问题。
- 完成招投标。

项目经理对用于监督和控制设计信息的生成符合原定计划的系统负最终责任。为检查进展并保证设计团队的行为与其职责一致，项目经理应定期召开并参与设计团队会议。设计团队领导者通常承担对其他设计人员、咨询工程师、服务供应商、法定机构和公用事业等的输入工作进行协调及整合的责任,且在大多数情况下,该领导者是建筑师。

项目协调与过程会议

为了帮助控制设计过程,项目经理将会在相关过程的节点间筹备并召开项目会议,从而检查项目各个方面的进展、资源和生产效率,并由合适的参与方开始行动,以确保设计管理计划得到遵循或者对偏差产生的原因及影响提供解释。在项目产生偏差时,项目经理应制订应急计划和缓解/恢复策略,并开始恢复。向所有有关方分发会议记录是后续行动中至关重要的一部分。

设计团队会议

设计团队会议由设计团队领导负责召开、主持和记录。虽然项目经理有相应权利,但他可以不必按常规参加所有的团队会议。项目经理将会收到所有会议的记录,并据此向业主汇报。

设计团队活动的管理

关键专业承包商可能需要在早期阶段就参与项目,并且与设计团队被同等地管理(图4.1)。

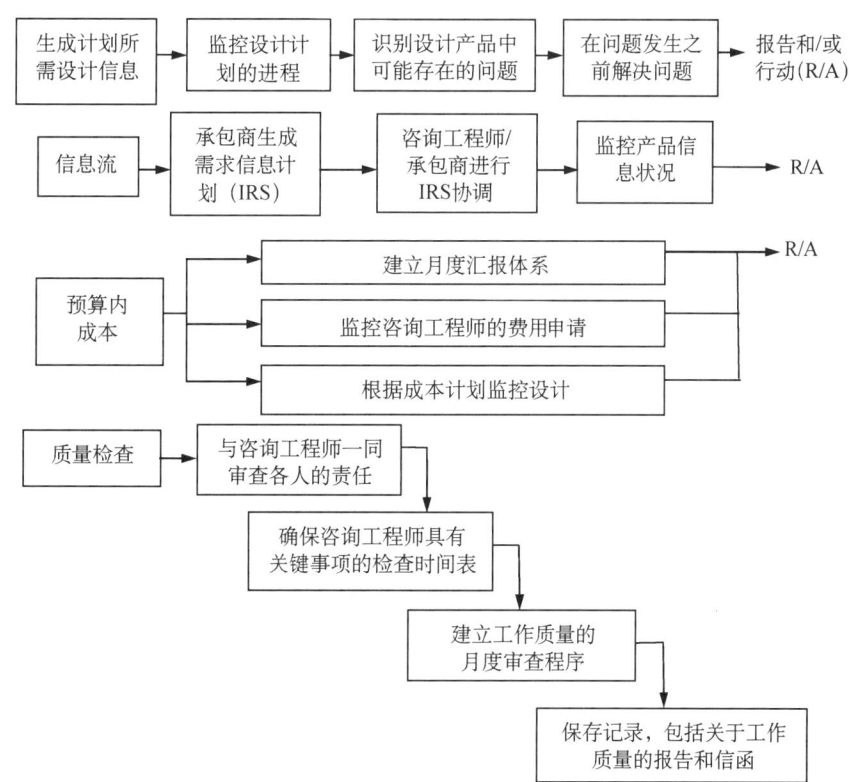

图4.1 设计团队活动

项目经理有以下责任：

- 与团队联合，监控设计管理计划的进展、资源和生产力。考虑到他们之间的关系，这是必不可少的。然而，直到整个团队成员均已被任命且有时间认真对待项目及其复杂性时，有效的相互关系才算确定。
- 建议设计团队主管力求达到设计团队活动应有的详细度和集成度，提交一份综合的设计产品计划，并由项目经理来协调。
- 将提交设计报告的日期以及考虑、批准的时期并入项目进度计划当中。
- 必要时可以直接委任或安排筹备委员团队、专家报告，例如，与场地、地役权和限制方面的法律意见以及相似状况有关的团队。
- 按照建筑-设计-管理（CDM）规范的要求，确保一名有能力的咨询工程师担任建筑-设计-管理（CDM）协调员。
- 吸引业主和设计者的注意力，集中到他们各自在CDM规范下的责任，并监督他们履行职责。
- 筹备团队，为其提供来自业主的所有履行责任所需信息。项目经理的一项重要职责，是在全过程中协调各类（有时是数量巨大的）参与者的行为。CDM协调员、律师、会计师、税务顾问、发展顾问、保险经纪人和其他有关人员都可能参与到施工前准备阶段。
- 与设计团队主管联合，将设计方案、报告和设计开发（原来的方案设计）图纸提交给业主，以获得批准（图4.2）。
- 向整个团队传达批复信息，以继续进行项目的后续阶段。
- 获得定期的财务/成本报告，并监控预算/成本计划。如果成本报告显示可能会超出预算，则按照商定的项目纲要来采取补救措施。对于根据商定的纲要无法解决的问题，或者大量预算可能超支，那么解决措施应是向业主提交建议书。必须在早期阶段就公司预算达成一致是最为重要的，在某些状况下，它可能导致业主修改项目纲要。
- 准备"批准计划表"，包含提交文件的行动日期、进展状况等，并监控流程。
- 检查职业赔偿险政策的就位情况，并根据聘用条款的术语持续更新。

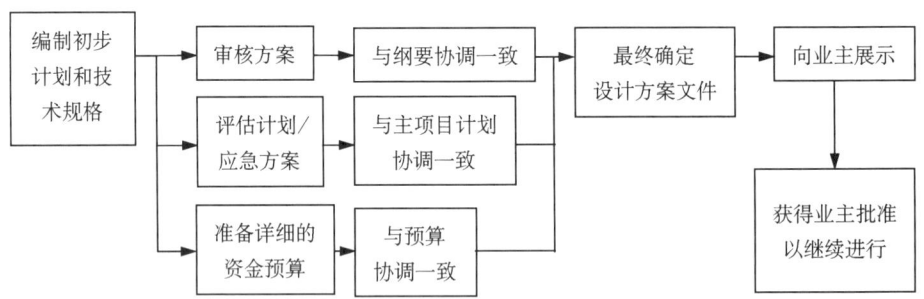

图 4.2 设计方案的发展

法定许可

虽然获得法定许可要涉及大量的细节工作，例如规划许可和建筑规范的批准，但这些工作是由设计团队和其他咨询工程师执行的，项目经理在关键的项目活动中担任着一个重要的促进角色。

规划批准

规划咨询师

在当今的许多方案中,规划过程是如此复杂,以致项目经理可能任命一名规划咨询师,针对最可能确保规划获得许可的方式以及支持应用所需的信息提出建议。这些应用包括环境影响及可持续评价、交通评估、绿色出行计划和生态报告。规划咨询师将联合设计团队的其他成员,组织并参与包含有规划主管和其他部门(例如交通部)的重要会议。

法律

控制规划过程的基本法律,包含于几部议会法案当中。规划的通过并不意味着不需要获得其他必要的批准,也不意味着该类批准即将获得。

时间

在当地规划局(Local Planning Authority,LPAs)决定的法定期限内不能保证和确认规划能获得许可,而项目经理必须认识到这一点,并在总开发计划里考虑意外事件的发生。

协商

项目经理通常会协助设计团队主管与当地政府官员进行协商,并向业主报告关于任何特殊条款的影响或通过适当的法律协议提供规划得益的需求。因此,业主的法律顾问即作为业主的代理。

展示

如有必要的话,项目经理将会安排向当地规划局(LPAs)和当地社区团体进行展示。他也会组织会议,包括认同宣传和关于业主的新闻发布。

拒绝

规划许可一旦被拒绝,应听取相关咨询工程师的建议并采取行动,或者提交修正后的方案,或者决定提出上诉。

上诉

在上诉过程中,要筹备同专家和律师的会面,包括管理上诉的过程。规划许可被 LPA 拒绝的申请人,或者那些获得了许可却必须服从无法接受的条款的对象,或者是申请没有确定好合适的期限的申请人,均可以向英国国务大臣上诉。上诉文件将会被送至规划督查署。

强制执行权力

对于违反规划法律的事项,当地政府的主要强制执行权力包括:
- 发布执行公告,声明在规定时间内纠正涉嫌违规行为所要求的步骤(有权向国务大臣提出上诉)。

- 发出停工通知,几乎可以立刻禁止所有和强制执行通知有关的活动(无权向国务大臣提出上诉)。
- 如果所授予的规划许可上的条款不被遵守,则发布违规通知。
- 向英国的高等法院或者郡法院申请禁令,来约束实际违反或被视为违反规划控制的行为。
- 出于强制执行的目的,进入私人拥有的领地。
- 在土地所有者违约后,要进入土地,执行强制通知所要求的补救工作,并向所有者收取执行过程中所发生的费用。

如果不服从强制执行通知的要求,或是违反停工通知上的禁令,则属于犯罪行为。

其他法定许可

设计团队的责任包括促进设计符合其他法律约束,例如建筑规范、安全逃生路线、危险物品储存、烟雾排放以及污染物。通常,法律约束使得所有者或占有者承担了有关法规的持续责任。项目经理从设计团队和/或其他相关来源处获得所有批复,做好向业主建议这些持续性责任的准备。其他人,例如专业分包商,即为他所负责的产品或系统呈递并获得建筑规范的批准。

建筑规范

建筑规范占据了好几卷篇幅,它由 19 项经过批准的文件(A-P)、欧洲标准(EN)、英国标准以及其他技术文件组成。

建筑规范描述了建筑物必须遵守的技术标准,从防火性能和声学效果,到结构、逃生方式和可达性。

确保在设计过程早期就寻求建议。在项目后期才达到合规性会导致设计工作失败,或者一旦在现场出现就会导致的高成本建设变更。

建筑规范的遵从性是由当地政府的建筑控制部门或是选用一名经批准的检查员来处理。

附条件批准常常是要公布的,这包括许多需要通过提交更多信息来履行的条件。

在大多数的情况下,这种信息由设计团队提供,但有时也会由专业分包商提供。

必须对履行条件的过程进行管理,以保证条件被履行并且在要求或开始工作之前设计就已通过。否则,已经完成的工作将处于危险状态,一旦开始动工,建筑检查员可能要求变更。

处理这种情况最简单的方法就是制订计划(追踪)清单:
- 条件。
- 履行所需的信息。
- 谁是此条件中的主体或领导?
- 由谁提供这些信息?
- 在设计团队会议或项目团队会议上,应该定期审查计划时间表,直到条件完全履行。

残障歧视法案(Disability Discrimination Act, DDA)

该法案为所有残障人士赋予了建筑准入要求,不管其是身体残疾、视觉障碍还是听觉残障等,这远超过建筑规范中 M 部分的要求。在计划或发展控制过程中,超过一定规模的方案将会需要一份通常由准入咨询师完成的准入声明,作为为规划批准所提交信息的一部分。

在项目计划/进度中公共设施的影响

由于公共设施提供者要求长远考虑,即天然气、水、电和通讯,项目经理应该确保在项目早期阶段可以识别关于转移或增加现存供应或设置新供应的要求。这些公共设施的采购应该被严格监控,从而确保它们不会影响项目完成。项目经理也要意识到供应物资通常需要在施工完成之前获得,以便能够进行建筑服务安装的试运行。

技术设计及生产信息

项目经理的监督和协调角色,意味着他需要广泛地与项目团队成员联络,并需要承担图 4.3 中的任务,这些任务在后面会更详细地陈述:
- 按要求审查项目战略、控制系统、程度,并改正项目手册。
- 在设计发展过程中,如有需要,详述设计纲要。
- 联合项目团队,准备更新详细设计和产品信息阶段的总开发计划,明确工作并分配责任。
- 更新进度计划,根据设计团队信息,建立及时的信息流,实现以下内容:
  - 成本核算。
  - 业主批准。
  - 投标准备。
  - 施工过程。
- 协调业主与项目团队在设计信息生产管理方面的活动。
- 与咨询工程师合作,向业主/所有者就质量控制系统方面提出建议,包括:
  - 现场和非现场工作的合规检查,以及物料及工艺测试。
  - 性能调试和使用标准。
  - 更新进度计划,纳入对样例和(建筑)实物模型的要求、更新及监控批准过程;相关的月度报告中应包含进度计划副本。
- 从所有设计领域的性能基准的角度列出关键标准,明确如何进行设计评定,也就是通风率或当前设备故障。
- 针对风险登记册、成本计划和总开发计划,监督新兴的技术设计。
- 建立与业主、项目团队、当地有关部门、公共事业公司和其他法律主体之间的联系,以获得同意和批准。
- 评估由于业主要求的变更对成本和时间的影响,并将已批准的项目纳入设计过程当中。
- 审查进程,更新总开发计划,并提供定期报告,该报告包含与下列相关的信息:
  - 干预事件及其影响。

- 针对预算或成本计划的花费,以及对账表。
- 预测总成本和竣工日期。
- 风险登记册和应急计划。
- 缓解及恢复计划。

● 获得细节设计和产品信息阶段的业主批准。
● 与 CDM 协调员协调和联系,确保安排健康与安全的规划和设计工作,以满足风险管理层次(消除—减轻—通知—沟通)。
● 开始筹备已被批准的设计和产品信息的实施,从而确保满足承包商的合理信息需求。

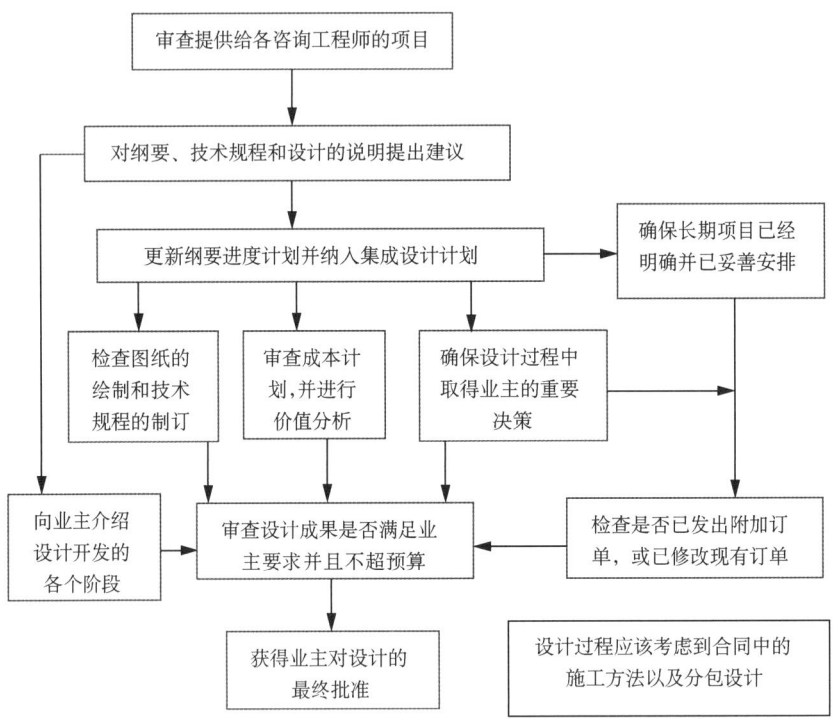

图 4.3　协调设计工作直到设计定稿

价值管理

就像前面部分概述的那样,价值管理通常包括一系列的研讨会、访谈和审查,价值管理可以评估项目要求的实现途径。

价值管理所采取的方法会随着采购方法变化。但总而言之,价值管理倡导基于整个生命周期背景来评价项目。

作为一种正规技术,价值管理的大部分应用取决于项目的价值及其涉及的风险等级。

对于一个高风险、高价值的项目,采取全面价值管理过程通常是合乎情理的。而对于高风险、低价值项目或低风险、高价值的项目而言,只要有来自所有利益相关者的投入,桌面式的价值管理通常就足够了。

对于低风险、低价值的项目,价值管理通常就没有必要了。[①]

---

① 价值和风险管理,(Dallas, 2006)—CIOB 出版物。

价值工程(Value Engineering，VE)形成了价值管理的一个重要元素，它需要来自承包商和专家的投入。价值工程将在本章节的后面部分详细介绍。

合同授予

一旦在招投标过程中选定最佳标书，就要向成功的投标者正式授予合同，该合同的授予也代表接受该标价并承诺相应的预算支出。在合同授予前，资金通常是需要整体担保的，并且受业主的控制。

通知所有失败的投标者，告知他们投标过程的结果，并在适当处提供反馈，这也是很好的做法。

公共部门将会有他们自己的特定流程和控制合同授予的程序，在适用欧盟(EU)指令的地方，合同授予过程中必须执行特定的流程和通知。

开工前会议

召开与承包商和咨询工程师(项目团队)的开工前会议，是为了建立恰当的工作安排、角色和责任以及沟通渠道，并商定合同(现场项目)应遵循的程序。如果要求履约保证，则承包商必须在移交场地之前提供。总承包商在施工阶段的健康与安全计划，必须在现场工作开始之前准备妥当。

开工前会议的议程项目

概述

- 介绍定期参加进度会议的代表，并阐明他们的角色和责任。业主、承包商、咨询方可能也希望进行自我介绍。
- 简要介绍项目及其重点和目标，和所有相关的独立合同(预备性措施、业主自己的承包商等)。
- 说明所有业主亲自任命的专家，比如，质量控制专家、试运行专家、合同方面专家。

合同

- 介绍关于文件准备和签署方面的工作。
- 移交所有重要的生产信息，包括指派命令、变更指令。审核其他重要信息的签发情况。
- 要求保险文件在检查时可以立即获取，提醒承包商检查专业分包商的赔偿问题。检查是否需要有关特殊保障的更具体的说明。
- 如果使用信息发布计划表，即确认其存在、状况和使用。如有必要，建立商定的计划调整程序。

承包商的相关事宜

- 检查确认承包商的工作计划是否符合格式要求，以及它是否令人满意地考虑到了专业分包商。它一定要：

- 包含足够的独立工作元素,用于衡量工作进度和服务安装一体化。
- 为专业分包商的工作安排明确的日期,包括信息供应、现场运作、检测和试运行。
- 考虑公共设施等。
● 商定一个流程,需要承包商为建筑师提供除信息公示表以外的相关信息。这可能涉及承包商的信息需求计划,该计划必须与他们的工作计划有关,并且必须及时更新、定期回顾。它应该包含信息、数据、图纸等,而且应该由承包商或专业分包商提供给设计团队。
● 仔细审查合同中有关现场准入、组织、设施、限制、服务等的特殊规定,以确保没有悬而未决的疑问。对于那些有关规划许可且归业主持有的任何条款,要确保承包商拥有这些条款的副本。另外,应向承包商提供表明了现场所有权宅基地的合法图纸。
● 质量控制是承包商的责任。在工作进行的过程中,应提醒承包商承担监督工作标准和质量的合同责任。
● 确定承包商为满足可持续发展战略所需要提供的信息,比如木材合格证书以及废物管理报告。
● 许多其他事宜可能需要特别涉及,比如:
  - 检查承包商是否需要对专业分包商和供应商采取立即行动。
  - 特别注意从承包商和专业分包商那里得到的(未被批准的)图纸、数据等在获得批准之前均保持其原始责任。
  - 重点审查一类信息的需求,即无论是向承包商提出,还是由承包商提出的有关专业承包商的工作。
  - 阐明承包商负责协调各专业工作的表现、工艺和材料,以及调整场地尺寸和公差。
● 承包商按照合同文件中的约定,必须提供合格的服务检测及试运行和任务的委托。而且应该提醒他们分配给试运行的时间并不是主要合同工作的应急时间。
● 承包商对任何工作进行分包之前,都必须获得书面同意。

现场工程师/工作人员的相关事宜

● 阐明"检查"是与承包商的监理人员会面的定期考察和现场巡视。
● 解释多种角色的支持性本质以及协作的必要性,协作可以使工作人员和现场工程师履行其职责。
● 提醒承包商一定要给现场人员提供足够的设施和权利,以及现场员工信息、装备和操作。
● 确认检查质量控制的过程,比如:
  - 要求的证书、凭证等。
  - 需要提交的样品材料。
  - 在工作开始前先提交的工艺样品。
  - 工程量清单中列出的测试程序。
  - 足够的保护和储存。
  - 巡视供应商和制造商的工作。

专业咨询工程师的相关事宜

- 强调咨询工程师将仅仅通过承包商来和专业分包商保持联络,仅能通过建筑/合同管理者来下达指令,承包商承担着管理和协调专业分包商的责任。
- 为评估(特别是服务)合适时间表的专业分包图纸和数据制订一个工作安排,旨在确定一个能够加快进程的程序;该部分工作通常会导致严重的拖延和中断。

工料测量师的相关事宜

- 商定评估程序;这些可能必须满足业主设置的特定日期,以确保证书可以得到。阐明:
- 处理可预见和不可预见变更的过程和程序。
- 有关增值税(VAT)的税收程序和承包商的法律地位。
- 适当时,按照施工的优先级状况发布技术规程、图纸和工程量清单。

沟通和程序

- 信息的供应和流通依赖于更新的工作计划,并且只要满足下列情形,它就能平稳地继续进行:
  - 定期监督承包商的工作计划。
  - 采用书面而非电话的形式明确提出对更多信息的需求。
  - 设计团队迅速地应答问题。
  - 技术问题由工作人员(如果被指定的话)首先提出。
  - 政策问题直接交由建筑/合同管理人员。
  - 差异和矛盾由建筑/合同管理人员来解决。
- 一接到指示,承包商就应该检查和已有文件是否存在不相符的地方;检查正在使用的文件是否是现有的。
- 由专业分包商或供应商提供或向他们提供的信息必须通过承包商来进行。
- 所有由设计团队发布的信息都必须采用正确的形式、证书、通告等,应鼓励承包商使用标准形式和分类。
- 所有形式都必须展现出计划的分配;商定所有接收者需要的图纸和指示的副本数量。
- 阐明来自业主和咨询工程师的指示没有任何合同上的意义,这些指示不应该被承包商或任何分包商执行,而应立即交由合同管理人员决策。只有来自合同管理人员的书面指示才会在合同中呈现,而且所有口头指令都必须以纸质形式确认。解释在合同下的相关程序。承包商应立即通知合同管理人员所有未完成的书面确认。
- 通知程序、任何形式的应用或索赔都应该与合同条款严格一致;对于所有这类事件,在相关情况一旦出现或变得明显时,就应该立即被提出来。
- 为了给所有相关团体,特别是有多个利益相关者的复杂项目,提供清晰的方向,建议提前共同确定一个沟通计划。

会议

审查形式、程序、时间、参与者和下一阶段的目标:

- 会议，包括现场（进展）会议、政策/主要会议和承包商的产品信息会议。
- 现场检查。

表 4.1 给出了一个开工前会议的样本日程。

表 4.1　开工前会议的样本日程

1. 介绍
任命，个人
角色和责任
项目描述
2. 合同
优先权
产品信息的交付
开始和完工日期
保险
纽带联系（如果适用的话）
标准和质量
3. 承包商的相关事宜
资产
进度计划
健康与安全文件和计划
现场组织、设施和计划
安全和保护
场地限制
承包商的质量控制政策和流程
分包商和供应商
法定责任人
高空和地下服务
临时性服务
项目信息宣传
4. 现场工程师/建筑师/工作人员/咨询主管/设计协调员的相关事项
角色和职责
设施
联络
指示
5. 咨询工程师的相关事项
结构方面
机械方面
电力方面
其他方面
6. 工料测量师的相关事项
投标数据的调整
评价过程
适当时重新测量
增值税（VAT）
7. 法定公共设施
天然气
水
电
排水系统
电讯

(续表)

8. 沟通和程序
信息请求
信息分发
有效指示
沟通渠道
问题处理
建造控制检查
通知毗邻的业主和居住者
9. 会议
频率和程序
会议记录状况
分发会议记录

合同协议

项目经理必须确保所有法定和合同手续在允许现场开工前都已准备妥当。这也许意味着项目经理必须确保其他人员已经发出相关通知，并在适当时已经收到相关批准。日志能有助于随时掌握通知、批准和任务所有者的情况。

这些有可能包括：
- 带有将履行条款的规划许可。
- 第三方协议（比如土地所有者的批准、隔断墙和采光权）。
- 建筑-设计-管理（CDM）通知。
- 保险（比如职业责任险、就业保险、项目保险和第三方保险）。
- 建筑规范下的开工通知。
- 遵从防火规范。
- 履约保证。

在完工时，需要各种完工证书，这些应该在特定说明书中说明，应包括：
- 遵从防火规范。
- 电力完成证书。
- 生产和安装的测试证书。
- 吊装梁的测试和评分。
- 遵从建筑规范。
- 压力管道和锅炉的证书。

对于特殊的建筑或过程，比如说，核电项目、制药工厂、油气设施和铁路基础设施，特别的许可证和资格证明可能是需要的。如果有任何疑问，可以向设计团队寻求建议，然后再管理过程。

准备现场

一旦设计已经定稿且合同已经签订，那该项目就准备进入工地开始实施了。在主要建设工作开始之前，必须以最有效的方式执行和完成现场建设过程。在此阶段，项目经理必须意识到的并与承包商一同监控的问题不仅是实际的和物理上的操作，同样也是由各参与方商定的行政计划和程序。项目经理需要同意并监管的现场区域是：
- 承包商清楚划分的现场边界。
- 制订承包商的安全方案。
- 制订承包商的应急计划方案，以防发生火灾或任何重大意外事件。
- 制订承包商的工地生活设施方案，特别是福利设施的适用性。
- 对工地现有条件和临近资产进行调查，记录所有相关问题。
- 和承包商制订行政程序，比如信息请求(Request for Information，RFIs)、口头指示确认单(Confirmation of Verbal Instructions，CVIs)、日报、日志、传真、电子邮件资讯、图纸问题等。该活动是最重要的行动之一，因为它将建立起贯穿项目所有参与者之间的沟通途径。沟通结果以及同承包商的协议都应该由项目经理记录下来，并分发给所有相关的专业人员。
- 确保承包商了解并注意到了工地周边临近资产所导致的所有可能出现的问题，包括任何一方的墙体归属和采光权的问题。
- 确保承包商已经明确识别了工地现场所存在的健康与安全风险。
- 确保所有的标志都正确展示。

以上问题都必须得到承包商的同意，项目经理不能控制承包商如何建设现场。项目经理的角色是建议性的，从而对一致同意的正确行为的实施进行监管。

控制和监管系统

项目经理的首要职责就是确保正确建立所有必要的控制和监管系统，且由承包商来负责实施。

项目经理应致力于使这些系统能及时、定期生成最合适的信息和报告，以便它们能够用于监督和管理项目，从而达到成功。

通过执行审计和系统检查，项目经理必须对生成信息的准确性完全满意，而且该信息确实表示了任一时间点上的"真实"状况，并在适当处准确地预测了项目最终状况。

承包商的控制和管理系统通常包括以下这些（但不局限于这些）：
- 质量管理系统。
- 进度计划管理系统。
- 质量控制系统。
- 成本监管系统。
- 健康、安全和福利系统。
- 环境管理系统，包括废弃物管理。
- 信息技术和交流系统。
- 文档管理和共享系统。

项目经理完全理解这些系统所生成信息之间的相关性是非常重要的，项目经理一定要通过定期管理会议，积极主动地使用这些信息去管理承包商和项目团队。该目标不仅仅是理解项目在哪和项目最终往哪个方向进行，同时也是在足够早的阶段识别出所有潜在问题，这样才能采取纠正措施或缓解措施来确保项目实现最佳交付。

承包商的施工进度计划

项目经理对业主负有监督承包商绩效的责任。为了充分地执行该责任,项目经理需要确认承包商已经准备好了足够详细的施工进度计划(工作进度计划),以确保建设工作可以被严格地监控。

项目经理要在工作开始之前接受并审核承包商的工作进度计划,是为了:
- 检查它是否符合业主的时间要求。
- 检查它是否了解对建设工作的限制。
- 确保细节水平对阐明工作的进展是很合适的。
- 确保它对监管项目进程是很适合的。
- 确认进度计划的顺序和逻辑。

工作进度计划一定要包含信息要求计划,这样,当承包商为了实现计划日期需要特殊设计信息时,它能如实通知项目经理。针对进度计划,记录已取得进展的定期报告必须来自承包商,并且符合与承包商商定的进度情况。

对于所有赶工的新计划,都需要重新接受、审核和批准。除了对进展的细节分析,项目经理还应该检查高位的进展趋势,以获得对项目状况的整体把握。这可以形象地将累计的与实际达成的计划进度进行对比。通常,合同会要求将承包商的投标进度计划纳入合同。该进度计划通常不会有很多细节,如时间尺度、依赖关系和界面等,分包商可能还没有和总承包商达成一致。项目经理需要得到所有专业部分工作的确切工作进度计划,变更或延误导致的重新安排的进度计划需要显示出时间是如何恢复的或对完工日期的影响。

项目经理的职责不仅要监督承包商的施工过程,同样也要监督由其他顾问、供应商或公司所执行的工作,他们都对项目的完成有着独立的投入。所有的这些工作都应该根据其在开发计划中的里程碑和目标来进行监控。项目经理为业主和实现项目的成功交付而管理着整个项目。

价值工程(与施工方法有关)

价值工程(VE)是大多数项目团队在项目开发过程中,通过选择最具成本效益的解决方案来进行的一项实践。然而,价值工程是以一个更广泛的视角,关注材料、工厂、设备和流程的选择,来确定是否存在一个能实现相同项目目标且成本效益更大的解决方案。

价值工程应该在项目开始时就采用,即有可能实现利益最大化。然而,只要合同所要求的变更没有影响时间尺度、完工日期,并导致超过所提供资金的额外费用,那么承包商就能作出很重要的贡献。但是,价值工程仍然有一席之地,尤其是在工程建设前期。工作计划的应用(表 4.2)保持不变,但是可获取的细节明显超过了设计和设计前阶段的内容。"结果加速器"在施工阶段仍然是一个对价值工程有益的指导(表 4.3)。在所有这些当中,最重要的就是要记住成本和价值之间的关系:价值是功能除以成本。专注于项目或产品的功能,就会忽略降低成本花费。

项目经理一定要在价值工程过程中的引导和领导力两方面扮演前瞻性的角色,但最重要的还是要确保时间和努力没有白费,并且对项目进程没有不利影响。价值管理框架的一个例子,见 BN 3.02。

表 4.2　价值工程的工作计划

信息
功能分析
推断
评价
发展
建议
实施

表 4.3　结果加速器

避免一般化
获得所有可控成本
使用最佳资源信息
冲击、创造和改进
有创造性
识别和克服障碍
聘用行业专家
关键允许变量容差的定价
使用标准产品
采纳(并付费)专业建议
使用专业流程

供应链管理

承包商对实行供应链管理以满足合同规定义务负有全面责任。项目经理有责任确保供应链被有效管理,以避免任何可能的延误、不必要的成本影响或其他任何不利于项目交付的影响。这是一个非常重要的问题,因为供应链经常要为长时间延误和/或支撑整个供应链的抗辩权负责。它们可以潜在地导致与承包商关系的恶化,而且有一个不仅影响承包商表现,还影响整个项目团队表现的连锁效应。

责任和义务应该包括:
- 接收并理解承包商供应链的细节以及管理的控制方法。
- 设置关键成员和供应链内部联系。
- 接受并查询承包商对项目进程的报告,包括采购经理和催料人员的所有报告。
- 启用一个定期监控系统,对关键供应商或分包商的进度进行检查(对照承包商的交付进度计划),这样对于任何可能对项目进展与财务稳定性有不利影响的潜在延迟与失败都会得到及时的警告信号。
- 与承包商商定所有可能对修正问题区域有帮助的适当补救措施。

风险管理

风险登记册(见 BN 3.03)是在项目最早阶段就应该准备的一种文件,它能够识别贯穿于整个项目当中的潜在风险。风险登记册应该根据周围环境和所处的合同阶段进行审查和更新。在施工阶段,风险登记册应将所有新出现的施工风险囊括其中并通过审核。

除了监控那些项目风险登记册中预先识别出的、与施工相关的风险,项目经理还应该要求承包商针对那些可能对实际施工作业有影响的风险,实施并维护一个风险管理系统。项目经理还应该要求承包商:

- 制订一份足够详细的施工风险清单。
- 确定每个风险发生的概率及其影响。
- 与项目团队一起审核这些风险。
- 准备施工方案与行动计划,说明该如何减小或规避风险。
- 确定并通知负责管理各风险的人员。
- 针对有重大影响的所有关键风险,准备好应急计划。
- 定期审核风险状况并做出报告。

支付

建筑业的传统做法是在工作进行过程中按月支付给承包商,支付款项的多少是按照业主和承包商各自的工料测量师达成的协议来确定的。基于计量的支付体系要求细致且费时的管理投入,它不奖励已完成的部分,也不区分高效和低效的承包商,不得不让人怀疑,该体系是否能实现物有所值的交付。

常言说现金为王,而在施工承包中,现金是承包商(以及分包商)主要关注的对象。多年来,承包商提出了一些提高现金流的创新式方法。其中一些方法是在更高效的管理过程和信息系统中探索得到的,在上述实践中承包商可以将业主拖欠的余额最小化。还有一些方法,是通过价格政策(例如,还未结清的款项和预收手续费)或者一些不公平程序(例如过高测量和拖延支付分包商和供应商的报酬款项)得到的。然而,现金流量对现场施工活动影响的程度仍然是一个未知的要素,也是一个还未引起太多兴趣的议题。对此,一个可能的原因也许是传统支付机制本身所存在的问题。

尽管施工进度计划无疑会影响业主的现金流量,但它们对承包商净现金流量的影响非常有限,除非支付机制是以项目进度计划中的里程碑事件或活动为基础的。

业主向承包商支付其管理工作的报酬(通常按月发放),与之相应,承包商又根据各分包商和供应商的合同安排,将这些报酬的大部分分发给分包商和供应商(通常是将管理费用和利润减去保留金的余额留给他们)。

最近,法规上出现的一些变动,旨在简化建设供应链中的支付机制,并完全消除总承包商和分包商、供应商之间"业主支付后总承包商才支付"的情形。

标杆管理

在一些特定的情形下,特别是在框架协议或合作伙伴关系协议已经订立时,采用标杆管理将承包商绩效与行业最佳实践进行基准比较或许是合适的。施工过程中,标杆管理的一个主要难题是找出能进行有意义的比较的基本数据。自1998年以来,作为从承包商处收集的年度统计信息成果的一部分,英国政府收集了关键绩效指标的度量标准。这些标准提供了目前可以用来比较单个企业与行业平均绩效水平的来源最广泛的比较基准。

很多建设工程业主委任他们自己的研究团队从其他相似的组织中收集有意义的绩效数据,他们可以采用这些公司的数据实行标杆管理。

标杆管理与持续改进的理念有紧密联系,一个公司的绩效可以从头到尾一直得到监控,从而确定为了改善而引进的措施是有效的。

变更控制

项目经理应该执行以下任务来控制变更：
- 监督并控制变更，无论它们来自应尽可能避免的项目纲要变更（图 4.4），还是由设计/进度计划调整（比如，业主方要求、建筑师或现场指令）所引起，都必须遵循程序，该程序涉及以下几个方面：
  - 确定相关变更导致的所有后果。
  - 考虑到相关的合同条款。

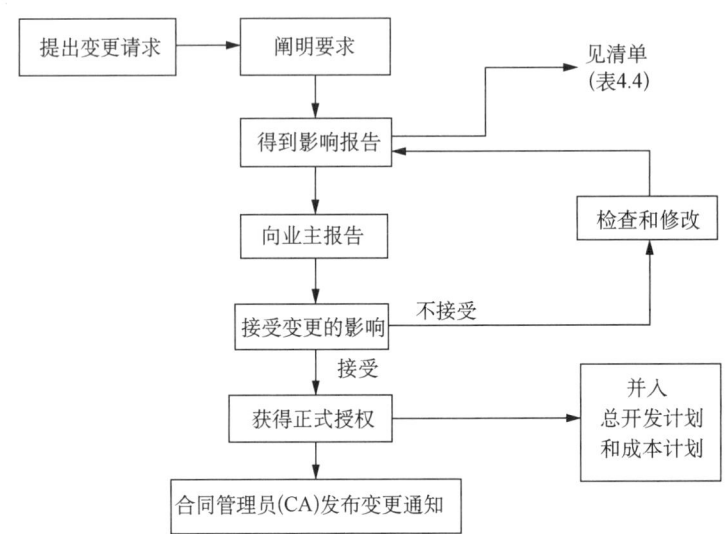

图 4.4 业主简报中的变更流程

  - 明确成本限制。当成本高于该限制，以及类似地，当技术规程或完工日期受到影响时，必须咨询业主。
  - 只批准通过适当变更程序来进行的所有变更。
- 与项目团队商议，确定实际或潜在问题，并提出在时间和成本限制范围内可行且满足业主要求的解决方案。解决方案是由业主讨论并批准同意的。
- 检查从项目团队成员处收到的定期和/或特别报告、信息和进度数据。

减少索赔或变更所带来的主要效用是确保了项目纲要的定义清晰明确，并保证了合同文件和图纸准确且完整地反映出细节（表 4.4）。

在设计开发阶段对变更控制进行管理，要远比在施工开始后的管理过程有效。在很多情形下，工期比材料的变更更加昂贵，基于该情况，环境驱使型变更、错误或未知因素必须被有效地管理。可能需要达成一些授权的形式（通常要授予财务限制），这样就可以直接发出指令，而不必再将每个变更都提交给业主申请批准。

项目经理需要设立一个变更登记册，该登记册可以用来对承包商的技术问题以及可能的合同索赔进行相互参照。该登记册应该包括预算成本和最终成本，并定期向业主报告。

应建立一个准确、详细的日常日志，将设备、劳动力、物料交付都完整记录在内，这样就可以确定由此带来的间接成本。

表 4.4 业主简报中的变更:清单

活动	实施方
1. 从业主处接到的变更请求	项目经理
2. 阐明并以文件表明业主需求	项目经理/合同管理员(CA)
3. 将细节传达给项目团队	项目经理/CA
4. 技术、健康与安全问题评审	咨询工程师和项目经理
5. 规划问题评审	规划支持人员和项目经理
6. 成本问题的估算/计算	工料测量师
7. 工程服务试运行评审	试运行经理
8. 准备变更影响报告	与项目经理协商
9. 向业主报告	项目经理
10. 业主接受/不接受影响	项目经理/CA
11. 拒绝接受:对 4~6 中的每一项以及行动项 7 和 8 进行进一步的评审/考虑	由咨询工程师协助项目经理
12. 进一步向业主报告以及就最终结果谈判	由咨询工程师协助项目经理
13. 达成协议并获得正式授权	项目经理/CA
14. 并入总开发计划和成本计划(预算)	项目经理和工料测量师
15. 发布的变更令(见 BN 3.13)	CA

在处理变动的效用与成本时,项目经理应尽量与合同管理员一起协作,在发布指令之前同意成本。在可能的情况下,同样明智的做法是,在该工作的实施对进度计划没有整体性影响时同意成本。认真记录发生的事件和当时的情形是非常重要的。

按照程序,项目经理必须告知设计咨询师和总承包商,且所有变更指令必须使用正确的书写格式,除非项目经理就是总承包商指定的合同管理员,否则该指令只能由合同管理员发布。为了避免在核对估价和账目一致的过程中引起不必要的争议,统一变更指令的来源是非常有必要的。设计咨询师必须向项目经理提交(以书面形式)信息请求(RFI),项目经理则转而向承包商发布指令。所有变更都必须有相对应的指令(以书面形式),以便对其进行估算。

争议解决

沃尔夫改革(1999)[①]建议,争议解决应首先考虑调解等受到积极推崇的解决方法,相比于其他的可选方案,诉讼应该被看成调解争议的最终手段;拒绝进行调解的参与方,必须向法官证明其立场的合理性。

可以使用 1996 年的《住房补贴、建造与更新法案》以及后来的修正案(见

---

① 沃尔夫勋爵,1996 年 7 月,诉诸司法最终报告,webarchive.nationalarchives.gov.uk/+/http://www.dca.gov.uk/civil/final/index.htm(2014 年 4 月访问)。

BN 4.03)中的条款来做出判决,以解决争议。

尽管人们希望通过非对抗性途径和越来越多可供选择的采购方式以及合作伙伴关系来减少争议,但是,项目经理仍然应该致力于事先避免任何可能发生的争议,并且尽力缓解和解决这些问题。

仲裁是一种在做出判决后、提起诉讼前采用的程序。在 BN 4.02 中给出了一个解决合同争议所采用的程序概要。

建筑信息模型(BIM)战略

建筑信息模型(BIM)项目执行协议可以确立 BIM 项目发展程度或者详细规范的进展,以及对相关数据集的需求。模型精度以及信息成熟度水平与相关的设计阶段有关。规范的发展程度(Level of Development,LOD)明确了每一个阶段需要的信息,这些信息来自所有设计人员和向模型输入的其他任何利益相关者,包括负有设计责任的供应链。它也明确了每个阶段模型被批准的用途,像声明、评估、规划等。

集成设计规划将明确与发展程度规范阶段相关联的关键里程碑、活动和输出,以便在每个阶段都清楚设计团队需要在模型中实现的精度水平。这些会在英国皇家建筑师学会(RIBA)的 BIM Overlay 的阶段 1-7[1] 中阐明。

---

[1] BIM Overlay to the RIBA Outline Plan of Work, 2012.

BN 4.01　向业主提交的定期报告

内容方面的注意事项指导

执行摘要

执行摘要的目的是为了在特定的日期向业主提供一份可以在几分钟之内被理解吸收的项目快照,它应该包含对以下内容简短而精确的陈述:

- 已经完成的重要事件。
- 尚未完成的重要事件和正在被采取的行动。
- 在不久的将来要完成的重要事件,尤其是当它们需要采取特定的行动时。
- 总进度计划、设计和施工计划的进度。
- 项目的财务状况。

合同安排(包括法定协议)

每个项目都要求业主与地方当局、资助机构、采购人员、承租人、咨询工程师、承包商等主体签订若干法定协议。报告应再细分,以确定每一个具体的协议,并提供原始项目主进度计划的要求、进度方面的细节。以下是一个项目中可能需要的法定协议举例:

- 联合开发协议。
- 土地购买协议。
- 筹资协议。
- 采购协议。
- 出租/租赁协议。
- 咨询工程师的选用。
- 城乡规划行为:当时生效的部分,比如:
  - 规划收益。
  - 公路协议。
  - 规划通知。
  - 土地使用协议。
  - 公共事业转移合同。

业主简报与需求说明

该部分提供了一份关于业主简报与需求说明如何进展的"状态"报告。这份报告应该确定每一个需要阐明或详述的需求,以及那些还需要业主定义的需求。

业主变更申请单

面向业主的变更应该根据状态(正被考虑的,进行中的,已完成的)、成本和计划层面逐一列出。目的是使业主对任一变更的进展与影响有充分的认识。

建筑规划规制与消防专员许可

该部分可以细分为一个具体项目需要的各种许可。每个部分应该突出强调已取得的进展、问题的可能解决方案和所需的行动,或者正在进行的上述要素。

以下是可能的许可举例:
- 规划——大纲。
- 规划——详细的,包括环境情况。
- 建设规范。
- 逃生设施。
- 英格兰遗产/历史建筑。
- 消防专员。
- 公共卫生。
- 环境卫生。
- 共用墙协议。

公共设施

每一个单独的设施都应视情况依据委托、进展、竣工或任一协议、通道进行处理。

设计总结报告

设计团队和咨询工程师应该就进度问题和解决方案准备报告,并将其作为定期报告的附件,报告必须包含被标记的设计计划表和"发布信息"计划表。然而,设计报告应该被提炼成一个"有影响力的"大纲,并且被所有相关成员一致认可为是良好设计报告的体现。

健康与安全

就建筑-设计-管理(CDM)健康与安全计划、健康与安全文件方面的准备做报告。

项目主进度计划

最新更新的进度计划应该作为报告的附件,详细说明已经取得的进展。在这一部分中,应该在任何值得注意的方面添加短评。

招标报告

就导致投标被接受的事件做出的状况报告就是招标报告,它需要清楚展示不同阶段是怎样依据行动计划进展的。

施工总结报告

这种报告的准备方式与设计总结报告类似(见上)。

施工进度计划

最新更新的进度计划应该作为报告的附件,要突出已经取得的进展,并说明延期是如何发生和被预测的。在该部分中,任何重要的条目都应做出短评。

财务报告

充分详细的财务报告应该作为一个附件。它应该提供一个概述(2~3页),扼要地给出项目财务状况和现金流量。这份报告包含有由工料测量师提供的信息,并要求项目经理提供一个整体的财务意见,强调每一个业主利益上的具体问题。

附件

附件应该包含前面部分概述过的完整报告和计划更新。其他可能是专业性质的报告,也可以包含在其中。如果报告是在正式会议中提出的,那么之前的会议记录应该被包含在附件中。

BN 4.02 争议解决方式

建筑业已经成为一片孕育争议的肥沃土壤。争议不能完全被避免,而且认为它们可以被避免的想法也是愚蠢的。除了其他因素之外,还可能会有设计错误,可能存在有缺陷的产品或材料,变更带来的成本可能影响团队士气,资金可能被错误地扣留,可能由于拖延或延期而造成损失与消耗,或可能为抵御清偿损失的时间延长所进行的索赔。

另一方面,通过在合同签订前合理规划争议解决程序,以及在争议一旦产生时就对解决过程采取前瞻性的管理,通常可以避免由耗费精力的辩护诉讼所带来的高额费用。

调解、和解、专家裁决、法定裁决、仲裁,当然还有诉讼是能够被考虑到的所有可能的解决方法。其中两项——调解和和解——经常被称为"ADR",这是"alternative dispute resolution(替代性争议解决方式)"的首字母缩略词。但是,如果没有明确它替代什么,那么它本身并没有太大价值。正统的争议解决方法和"ADR"之间基本的区别在于:在 ADR 中,当事人制订他们自己的调解书,如果当事人意愿如此,该调解书可以只是有约束力而已。而在正统的争议解决中,决定由第三方为其制订,并且该决定对他们而言是具有约束力和决定性的。在这之中有一个灰色区域,即在专家裁决和法定裁决中,有一种决定可能是具有决定性和约束力的,或者说除非在其他法庭里存在争议,否则它可能是具有决定性和约束力的。或者它可以不具约束力,这取决于它是如何(以及在什么样的法律下)构成的。

除了提到的通过法庭诉讼(在所有英美法系国家这都是一种单方行为,对任何认为权利被侵犯的人都是开放的),其他争议解决的方法都要求有一份协议。自然而然的,在争议产生之前统一一个争议解决的方法比之后更容易。然而,不管是否有一份合适的协议,任一当事人在任何时间都可以提出一个更为节省双方当事人时间、成本并避免失望的争议解决的替代方法,以及为此形成一份协议。

不具约束力

在没有约束力的争议过程中,争议解决者帮助当事人去互相包容他们的差异。这些是在不侵犯其他当事人权利的情况下进行的完全个人行为的过程,而且在该过程中,任何当事人都可以转变他们的立场。事实上,如果这种方法想要成功,这是他们能做的最重要的事情。如果他们不能达成一个共识,也没有什么可以阻止他们在后期通过其他法庭来解决相同的争议,在"ADR"中被讨论过的任何可用作证据的东西也经常可能用在其他地方。争议解决者将会和双方当事人在解决程序上达成一致;他将会阅读当事人各自的立场声明和任何被提供的支持文件。他将会和当事人私下协商,也会和双方当事人一起协商。

尽管本质上是一个不具约束力的过程,但对于双方当事人而言,也往往可以达成具有约束力的最终解决方法。当事人同意去分担争议解决者的费用,并且他们各自支付自己的部分。这是一个解决争议极好的办法,因为它促进当事人之间的交流。如果该方法是成功的,它会维持当事人的工作关系;即便是不成功的,它也会帮助当事人去关注他们争议中真正的问题。在很多合同中,ADR 在某些阶段是必需的,而且在英格兰,法院规定 ADR 组成了法庭民事诉讼规则中的一部分。

调解

调解者绝不能在没有明确许可的情况下公布任意一方当事人曾对他说过的话,一个调解者并不是必须要对事实或争议问题的相关法律有详细的理解,但了解总是有帮助的。通常他并不会告知当事人他们的权利,一般也不会告知当事人他们情况的优势,而是帮助双方看到自己的弱势和对方的优势。通过这样做,他可以拉近当事人之间的距离,以期能够执行一项协议来解决他们的分歧。通常而言,调解可以在两到三天内完成。在牵扯很多问题的大案例中,它可能会花费一星期或者更长时间,但这并不常见。

和解

和解是一个与调解很相似的过程,但和解者在争议的解决中扮演了一个比调解者更为活跃的角色。一个和解者,必须对事实或争议问题的相关法律有详细的理解,和解者将发表观点阐明当事人各自情况的相对优、劣势。他将说服他们去相信他的观点,并且通过这样做,来试着去引导他们达成一个与当事人合同下的权利相兼容的共识。和解被认为比调解更为快捷一些,仅仅因为和解者能够使当事人集中精力去关注这些事件,并且以调解者做不到的方式推动该过程。和解通常能在一或两天内完成。与调解一样,在牵扯许多问题的大案例中,它可能会花费一个星期或者更多时间,但这也并不常见。

不具约束力或决定性并具约束力

不像 ADR 中当事人自己做决定,这些决策过程的本质是第三方被介绍去为当事人做决定。因为该过程是自愿的,所以它通常是一个个人的举措。然而,依据经当事人同意的约定规则,那些变得可以获得的信息就可能不再是秘密信息,而且经做出的决定可能对当事人不具约束力,这使他们可以自由地在其他法庭重新申请解决该争议。当事人自由协商由谁支付争议解决者的费用以及如何处理当事人的费用,尽管通常情况是双方各自支付自己的费用。

专家裁决

专家裁决与其他争议解决方法是完全不同的。在法庭上,专家之所以被任命,是由于在该领域内,他的知识和对于争议中特定问题的理解是得到公认的。专家将和双方当事人在解决程序上达成共识;他将阅读当事人各自的立场声明和其他被提供的支持文件。但通常并没有条款规定当事人可以改变他们的立场,或者在处理过程中修改他们的案例。专家会私下与当事人协商,也可能与双方当事人一起协商,但他并没有义务去这样做,除非这是他任命中的一个任务。专家被给予了调查者的身份:他被要求去查清事实和与争议问题相关的法律,同时他也被要求去做自己的调查、测试和计算以及形成自己的观点,并判定当事人立场的优、劣势。

根据这些问题,专家裁决可以涉及大量调查和听证会,并在一周到几个月的时间里封存所有相关的材料。

法定裁决

在英格兰和威尔士和一些联邦国家,法定裁决最近才被给予法定的权力。在采取这种程序的国家的法律体制下,通常有这样的规则,就是对于一个特定类型的施工合同的任意一方当事人,都有权利在任何时间向法定裁决的第三方提交争议或分歧。然而,即使该法定权利仅限于某些特定类型的合同,也没有什么可以阻止当事人同意根据合同来对法案外的合同遵循相同的程序,并且这种做法还很普遍。

法定裁决者常常因为他们的知识和在此类争议事件中的经验而被任命,但这并不是必要的。尽管法定裁决的理念是应该有一份裁决书,但如果当事人并不喜欢该结果,他也可以在另一个法庭重申此案件;已决案件的规则并不适用于法定裁决。法定裁决者将会同双方当事人协定一个解决程序;他将阅读当事人各自的参考文件和任何被提供的支持文件。他可能也会要求一个听证会,并经常与当事人进行电话协商。

法定裁决者的裁定是有约束力的,直到任意一方当事人通过仲裁或诉讼的方式重新提起争议,在这种情况下,判定或审判被宣布后,之前的裁定就不再具有约束力。2000 年,该立法第一次在英格兰被实行时,法定裁决者被授权可以自己去做关于事实和法律的调查。他的行为被认为很像是一个在施工合同下的建筑师或工程师,而且很少的当事人会把法定裁决者的裁定看作是决定性和有约束力的。因此,最初人们并不认为有必要让法定裁决者按照自然公正的准则来采取行动。

五年过去,在经历数百个执法案件之后,很明显地显示出,曾对结果不满的当事人会基于法定裁决者的处理不当去试图推翻裁定,而不是通过仲裁或诉讼重新解决争议。因此,法院规定法定裁决者有义务在自然公正的准则范围内行事。他们必须听取双方的意见。当事人必须有平等的机会去陈述自己的观点并对反对他们的观点作出回应,即使他们不一定会改变或修改他们的意见。在有限的可用时间内做出裁定是一项艰巨的任务。他们一定要公平,但他们并非必须要中立。他们可能只会查究要写入裁定的事实和相关法律,他们可能不用脱离当事人意见中的参量就可以弥补任何缺陷。

除非提及各方同意延长裁定的时间至十四天,或者双方当事人同意延长更长的时间,否则必须实行争议解决的程序,裁定必须在 28 天(参考)之内做出。法定裁决者没有权力下令调查或录取经宣誓而作的证据,除非当事人同意给他,而且如果有当事人这么要求,他就必须给出裁定的理由……这一切看起来也像是工作得令人满意了。

决定性且具约束力

后续的裁决中曾被查究的事实不可以在任何法庭上重新审判,在这种意义上说,这些案件是已决案件。从国内的仲裁庭到法院或从低级法院到更高级的法院,相关法律问题的上诉都是可行的。然而,法令已经趋向于通过仲裁人的裁决去限制上诉的权利,而不是通过涉及重大公众利益的法律问题,这是为了使当事人更有终局意识。

仲裁

一份写入了所有标准的仲裁协议组成一份建筑和土木工程合同。这是一个个人行为的过程,不允许任何人去了解争议中的事端及裁决,除非当事人另外同意。仲裁人的裁定是决定性且有约束力的,而且在很多国家可以依据纽约公约被强制实行。仲裁人像法官一样,必须是公平而中立的。他们必须一丝不苟地遵循合同中的法律和自然公平的准则,并在所有服从司法管辖的问题上做出迅速而有效的裁定。仲裁人不可以跨越界限判决超出上述提及范围的问题。

依据仲裁协议,当事人可以采取明确的程序规则或需要被遵循的程序来决定仲裁人的权力。否则,仲裁人将拥有法律文件上陈述的权力。在国内的争议中,一般参考是单个仲裁人;但在国际的争议中,更为普遍的情况是,每个当事方任命他们自己的仲裁人,仲裁人任命一个主席或裁判从而组成一个三人法庭。

仲裁可能是既费时又昂贵的,也可能是快速而廉价的,这取决于当事人和仲裁人的案例管理技能。如果当事人在此案例中易被要求去支付推翻另一方的费用,那么没有什么可以阻止当事人去修改案例。通常仲裁人在录取经宣誓而作的证据、传票证据、证据开示等方面拥有相当于高级法院法官的权利。他可以命令一方当事人支付中间问题的费用,可以决定由谁来支付他的酬劳和败诉方是否需要支付胜诉方的花费,是全部还是部分支付,有没有利息以及在什么基础上支付。如果任意一方当事人要求的话,仲裁人必须给出他裁决的原因。

诉讼

诉讼是通过国家民事法庭运作的争议解决程序,每一个感到不满的人都可以通过这种方式去解决问题。法官往往不是技术人员,尽管在一些法庭(例如,英国技术与建设法庭)上他们因为专业能力被特别挑选出来。在另一方面,法官总是有权力去任命专业的评审员或专家去帮助他们,而且通常是如果当事人提出要求,他们就会这样做。

尽管法庭和法官都是由国家提供的,但诉讼经常是一个非常昂贵的过程。很多时候这仅仅是因为复杂的程序规则,一个顽抗但狡猾的诉讼当事人可以利用规则把案件的审讯推迟很多年,包括时不时地修改它的案例。对于由谁出庭代表诉讼当事人也有限制。在大的案例中,审讯费用可以达到每天上千英镑,但在争议到达此阶段之前可能要花费几个月甚至几年的时间。

诉讼是一个公开流程(公平必须被看到并落实),而且公众也被鼓励出庭旁听争议中的问题。法官必须为他的裁定给出理由,而且重要的裁定要被公布和记录在判例汇编上(Pickavance,2005)。

BN 4.03 住房补贴,建造与更新法案(1996年颁布,2011年修订)的含义

住房补贴,建造与更新法案,也被称为"建造法案",自从1998年5月1日开始生效以来,它已经是影响建筑工业的法律中的一个重要部分。

区域民主,经济发展和建造法案中的第8部分本质上修正了建造法案。在英格兰、威尔士和苏格兰,它影响了所有的"施工合同"。与签订的施工合同相关的建造法案修正案在英格兰和威尔士于2011年10月1日或之后生效,在苏格兰于2011年11月1日或之后开始生效。

修正案的目的是:
- 提升施工合同中对于报酬的清晰性和确定性。
- 介绍一种更公平的支付制度,并确保承包人在无报酬情况下暂停他们的工作的权利。
- 使法定裁决在争议解决中更易于实行。

修正案阐述的要点包括:
- 支付通知是重要的,因为如果没有支付通知,另外一方当事人可以发出违约通知,或者依靠其自己的支付申请。
- 除非意图减少支付的有效通知书已送达,否则支付方都必须支付任何已通知的费用。
- 支付条款需要被重新起草以反映这些变化,而在施工现场操作运营的人员必须意识到及时发送正确通知和提供准确信息的重要性。

目前法案的详细情况可参见 www.legislation.gov.uk.

BN 4.04 典型的会议及其目标

督导组/团队

- 考虑项目纲要,设计理念,资本预算和规划。
- 批准针对项目纲要的变更。
- 审查项目策略和整体进度以实现业主的目标。
- 批准对于咨询工程师和承包商的职位任命。

项目团队

- 确认成本计划,并报告实际支出与成本计划的差异。
- 审查投标名单、收到的投标并确定授予工作的有关事项。
- 报告设计和施工计划的进度。
- 针对设计和成本方面提出的变更,包括对业主的变更进行审查和提出建议;批准与项目规划相关的修改。

设计团队

- 审查、报告和实施所有有关设计和成本的事项。
- 决定/审查业主的决议。
- 为项目团队准备关于:(1)分包商/专业承包商的任命方面;(2)提议的设计和/或成本变更的信息/报告/建议。
- 审查分包商设计信息的接收协调和处理。
- 确保设计和设计信息的整体协调。

财务组/团队

- 审查、监管和向相关方报告财政、合同和采购方面的问题。
- 准备一份项目成本计划报请业主方批准。
- 准备和审查定期的成本报告和现金流量,包括预期的额外支出。
- 审查税款问题。
- 监控准备工作与投标和合同文件材料。
- 审查潜在业主与设计团队改变对成本的影响。

项目团队(计划/进度会议)

- 为负责项目不同阶段的团队之间提供积极有效的沟通。
- 监控项目进度并报告进展,提出变更以及项目预期结果。
- 根据工程项目各阶段/部分/工作的计划审查进度,并找出存在的相关问题。
- 审查采购状态。
- 审查施工信息和承包商的分包商所要求的信息。

项目团队(现场会议)

总承包商每月定期汇报要包括以下细节:
- 质量控制。
- 进度。
- 福利(健康、安全、餐饮、企业关系)。
- 分包商。
- 设计与采购。
- 所需信息。
- 现场安保。
- 设计图纸。
- 报告/审查(包括之前会议中提出的问题):
  - 建筑。
  - 建筑服务。
  - 设施管理。
  - 信息技术。
  - 工料测量师。
- 法定需求与设备:
  - 电话。
  - 汽油。
  - 水。
  - 供电。
  - 排水。
- 需要批准或同意:
  - 规划。
  - 建筑规范。
  - 当地权威工程师。
  - 公共卫生部门。
  - 其他。
- 信息:
  - 设计团队发布的信息(建筑师指令与建筑师的招标活动总结)。
  - 设计团队要求。
  - 施工方要求。

5 施工阶段

阶段清单

关键流程： 绩效监管与控制
健康、安全与福利体系
质量管理与控制
关键目标： 是否在按照设计进行施工？
关键可交付成果： 绩效管理方案
关键资源： 业主团队
项目经理
设计团队
建筑-设计-管理协调员
施工团队

阶段进展和成果

在该阶段，建筑按照设计与合同文件要求完成施工。参与到这一过程中的人员与组织数量最多，支出也是最多的。

项目经理在本阶段的主要职责是监控和报告施工进度，并在进度、成本和质量等方面维护业主的权益，以保证项目能够符合法律、法规和合同的所有要求。

成果：
- 进度报告。
- 合同管理与执行。
- 变动管理。
- 纠纷避免/解决（如果需要）。
- 更新健康与安全计划与文件。
- 施工记录。
- 依据设计与施工方案完成的工程。
- 工程竣工图。
- 运营维护手册。
- 所有者手册。

项目团队的义务与责任

业主

传统的业主方仅在名义上参与到施工过程；然而，由于越来越多的业主方团队参与到施工的大背景中，业主方对项目经理的要求也更多。业主方更加注重参与到施工过程中，其主要利益包含以下内容：
- 保证建筑质量达标并从项目经理处得到有价值的建议。
- 施工进度达到日程安排要求并符合逻辑。
- 了解业主变动对施工阶段进度的潜在影响。
- 分配并处理好内部各利益方的现场决定权。
- 确保安全、无污染的工作环境。
- 确保施工方的绩效符合合同要求。
- 确保履行了向咨询方与各承包商付款的义务。

项目经理

项目经理的主要任务是监控总承包商的绩效与施工进度，其中涉及以下内容（有些可能在施工前准备阶段已完成）：
- 确保合同文件已准备好并下达承包商。
- 确保合同已签署生效。
- 安排将施工场地由业主方移交给施工方。
- 检查承包商的日程进度安排与方法声明。
- 确保承包商资源来源充沛且符合要求。
- 确保施工过程有完整的程序要求并按照程序进行。
- 确保定期举办现场会议并做好记录。
- 监管施工过程中的资金流动。
- 与承包商一起审查施工进度。
- 监督承包商行为。
- 施工阶段或施工过程中健康与安全文件得到遵守与维护。
- 确保咨询方向承包商提供其所需的完整的设计信息。
- 建立针对环境可持续、时间、成本与质量的控制体系。
- 确保定期进行施工现场检查。
- 确保保险范围涵盖整个工程项目。
- 管理项目成本计划。
- 确保业主方履行了合同要求的义务（按时支付等）。
- 向业主方汇报。
- 安排变动说明。
- 确保获得法律批准。
- 确保具有所有相关合法文件，例如抵押担保与履约担保等。
- 审查施工风险。
- 建立索赔处理机制。
- 监控潜在问题并在问题扩大前解决。

设计团队

设计咨询方负有如下责任:
- 提供生产信息(如建筑组件细节要求等)。
- 评审专业施工团队提出的细化设计图。
- 回复承包商提出的现场咨询。
- 检查现场施工情况并与施工图对比。
- 检查现场施工以确定建筑符合质量标准。

大多数建筑合同都有一名合同管理员,一般由设计团队负责人或者项目经理担任。合同管理员是项目团队与施工方之间的正式纽带,具有向施工方发布指令的合同义务。这些义务包括如下内容:
- 发布设计信息。
- 发布现场变更。
- 制订工程标准和施工方法。
- 依据合同进行仲裁。
- 制订工程竣工证书。

工料测量师

工料测量师的职责如下:
- 估算总承包商承包的工程价值。
- 每月与总承包商确定价款结算。
- 与总承包商确定最终支付款项。

工料测量师直接对业主负责,通常是通过项目经理汇报项目整体财务情况。

承包商

为了确保项目施工的持续进行,承包商应履行一些法定及合同要求的义务。由于合同的差异,规定的责任会有所不同,但总体可以归结为以下几点:
- 执行业主与承包商签订的合同。
- 提交必要的健康与安全文件。
- 依据 2007 年《CDM 规范》执行(参见 BN 3.01)。
- 依据《SWMP of 2008》制订并执行现场废弃物管理计划。
- 依据合同制订保险政策的书面说明。
- 依据合同制订所有母公司担保、债券、保单、赔偿以及第三方权益。
- 依据法定要求操作,例如计划要求、囤积许可、脚手架许可等。
- 履行所有第三方提出的注意事项、许可及同意的事项,如塔式起重机协议等。
- 获得业主方所有必要的许可,如将部分工程承包给其他分包商时。
- 提供具备所有相关步骤说明和活动日程的施工安排。
- 依据合同来动员所有必要劳动力、分包商、材料供应、设备和设施,为施工开始做好准备。

施工现场经理

业主方可以决定施工管理方案,直接聘请施工现场经理以便咨询。施工现场

经理是具有采购和监控施工过程的专业知识但不负主要责任的代理人。在此背景下,施工现场经理的任务是:
- 决定怎样将工程任务最合理地分解。
- 提供详细的工程进度表。
- 确定项目采购进度规划。
- 安排所有现场设施(比如通道、仓库、生活福利等)。
- 监督和协调各分包商的施工进程。

施工总承包管理方

在管理承包分配时,施工总承包管理方主要是额外的对分包商负有直接以合同形式规定的义务。

分包商及供应商

分包商通常具有专业性(如机电安装、电梯安装、木工和拆迁等),能够为施工中的各项工作提供专业设备和安装服务。

分包商既可能由咨询方任命,也可能是总承包商选定的指定分包商。如果启用咨询方指定的分包商,那么业主方将承担相应风险。

供应商提供相应材料、组件或设备用以安装。

劳务分包商仅提供劳动力用以对总承包商提供的材料、组件或设备进行安装。

由于具有专业知识,专业分包商在其所专长的技术设计方面也有更多的设计责任(这包括补充详图、制造并协调安装过程)。

对所有参与方的一个共同职责是要确保现场具备安全生产环境,尽管在建筑-设计-管理规范中这属于总承包商的职责。

其他成员机构

施工过程中涉及许多机构,包括如下:
- 建筑控制办公室。
- 公路管理办公室。
- 环境保护办公室。
- 消防办公室。
- 健康与安全执行办公室。
- 规划办公室。
- 考古学家。
- 商会。
- 房主代表。
- 出资人代表。
- 警方。

运行情况监控

近几十年来,以制造业为代表的诸多行业都通过引进创新方法与技术来改变传统模式,实现绩效提升。这激发一些新理念的出现,如并行工程、精益和敏捷生产(建设)、准时制和全面质量管理等。这些新理念背后的重要推动力主要来自施工企业在其细分市场中优化绩效的意愿。但这也使我们自然而然地从绩效测度的视角对整个绩效管理体系进行重新审视。

建筑业的核心任务是承担各业主方的新建或翻新建筑的工程项目。因此,施工方面的传统行为量度主要为以下两个方面：

(a) 设备产品方面;

(b) 产品生产过程方面。

其中后者为施工项目中的主要评估内容(以成功或失败的形式)。

尽管通常以传统的进度、成本与质量三个指标来评判项目的成败。但这三者中的任何一个指标均不能有效地反映项目绩效。此外,上述指标的实现在项目施工结束时才能完全显现,因此这三者通常被归为"滞后的"而非"领先的"绩效测度指标。

因此,传统的施工项目量度并不能完全评估施工过程的真实行为。

关键绩效指标是被设计用来反映所有施工活动所取得的业绩信息,一般来说主要由以下内容组成：

1. 业主满意度——产品。
2. 业主满意度——服务。
3. 缺陷。
4. 可预见性——成本。
5. 可预见性——时间。
6. 盈利能力。
7. 生产能力。
8. 安全性。
9. 施工成本。
10. 施工时间。

这些关键绩效指标是建筑行业标杆管理的标准,它以此为基准衡量了行业绩效并提出需要改进之处,即关键绩效指标欠佳之处。然而,这些量度都是针对项目的,缺少从商业角度如消费者的角度等对组织本身的考虑。

所有典型的绩效评估大纲都已在 BN 5.01 中列出。

健康,安全与福利体系

施工阶段的健康与安全计划在承包商现场施工开始前准备,确保充分的健康、安全与福利体系的实施是主承包商的责任。其中有许多自主创新,Considerate Constructors Scheme(http://www.ccscheme.org.uk)便是其中之一,它提供了信息指导和监管以及对承包商的检测服务以提升工业的 H&S 和福利体系。为了得到业主方的支持,又设置了环境性能的链接(i.e.BREEAM credits)。

环境综述

环境问题对工程项目的影响与日俱增,在发展棕地和回收利用的压力下更是如此。治理污染和其他环境问题的成本会使项目成本和持续时间显著增加,规划部门也更有可能将指导环境研究与控制作为计划进程的一部分。

项目经理要负责确保项目符合这些目标,遵守约束。项目经理需要做到：

- 理解环境影响评价并遵照要求实施,见 BN 2.03。

- 确保有关环境的建议适当可行。
- 确保承包商遵守环保声明，见 BN 2.03。
- 寻求并确保承包商采取的所有补救措施，都是必要且符合环保考虑的。

承包商环境管理体系

承包商必须建立自己的环境管理体系，而项目经理则确保该系统被正确管理，且充分发展，使其能达到环境管理体系的所有目标。因此，项目经理需要做到：
- 获取承包商环境管理体系以及具体到项目的环保计划的详细信息。
- 确保承包商建立起所有必要的程序和结构来管理该环境管理体系，并能实现环保计划的目标。
- 检查承包商的环境管理计划，使之与环保声明的目标相匹配。
- 同意承包商提出的任何能使项目可持续性最大化，并使施工过程中产生的不利影响最小化的进一步目标和具体举措。
- 主动监控承包商的进度来实现其计划和目标。

2008 年现场废弃物管理计划规定的遵守

2008 年 4 月，对于英国所有价值超过 30 万英镑的建设和拆迁项目，现场废弃物管理计划规定已经成为一个必须遵守的法律要求。现场废弃物管理计划规定为管理整个生命周期的建设项目的废弃物处置提供了一个框架。在本质上，它需要包含以下信息：
- 文档的所有权。
- 负责移除废弃物的负责人员信息。
- 要处理的废弃物的类型。
- 废弃物处理地点的细节。
- 确认现场废弃物管理计划规定监督实行及定期更新的完工报告。
- 所有偏离计划的说明。

通常，业主会在施工前准备阶段策动现场废弃物管理计划规定，设计师也必须提供所需的信息。在施工阶段，这些文件所述将是总承包商的责任。

工程监督

一旦项目在现场进行，项目经理就要对进度进行定期监测。如何与项目经理打交道是承包商面临的一件非常微妙的事情，正如前面所提到的该关系，将决定适当的方法。

项目经理要从一开始就负责安排定期的进度会议。在这些会议中，承包商要提交一份报告，来推进与现场设计相关问题的解决。如果有必要，还应举行单独的设计会议。项目经理的报告过程不能局限于面向承包商，也应面向所有设计师和咨询工程师。在这些论坛，项目经理必须管理并确保各方共同合作，按总进度计划产生信息，保持进度并符合个人目标完成日期。

尽管有正式的进度会议，项目经理也应该定期视察现场，花费一定的时间与现场的工作人员讨论进度，并敦促相关人员了解信息和项目的进展过程。

报告

项目管理角色的一个基本方面是向业主定期报告项目的最新情况,项目经理需要确保和咨询工程师及承包商之间有一个合适的报告结构和日程安排。项目会议的频率和日期,需要与报告结构相协调。报告的作用有:

- 为了让业主方了解项目情况。
- 确认项目团队正进行必要的管理控制。
- 为团队提供纪律和组织。
- 作为保持整个团队能获得最新信息的通信机制。
- 提供行动和决策的审计线索。

进度报告应记录项目在特定日期的情况,以及它所对应的位置。报告应该涵盖项目的所有方面,如识别问题、确定已决定的或需要的决策,并预测项目成果。项目经理需要接收咨询方和承包商的个人报告,并将其总结后再报告给业主。详细的报告应附作为一个记录。项目经理的项目报告的典型内容将包含:

- 执行摘要。
- 法律协议。
- 设计情况。
- 规划/建筑规范情况。
- 采购情况。
- 施工情况。
- 法定批准。
- 主开发计划和进度。
- 项目财务报告。
- 变更记录。
- 重大决策和所需批准。

直接可读的趋势记录是一种很好的向业主和高级管理人员传达信息的模式。

公众联络及形象

业主很可能在施工前准备阶段就已经设置了整体公关广告联络战略。与当地公众的良好关系,通常有利于提高公众对建筑行业的认知,尤其是在施工阶段。这样的活动或行动应该包括以下几点:

- 确保对当地无干扰或对项目无负面影响。
- 维护好现场和临近区域。
- 建立信息展板和公共参观平台。
- 确保承包商参与地方或国家的公德计划。
- 在当地学校采取宣传举措。
- 参加当地公共会议来提升项目公共形象。
- 组织当地学校、居民和商务人士实地考察。
- 参与当地的环保计划及事务。
- 参与当地慈善机构或事业的筹款。

质量管理系统

施工质量需要满足不同利益相关者的绩效准则,并由"政府—市场"二元机制调控。业主的满意度是施工质量的最终衡量标准,但只有当施工企业为了全方位地消除质量问题的影响而采取明确导向的有力措施时,才有可能达成业主满意的标准。由此,业主一方面能够很好地使未来的建筑用户及政府机构满意,另一方面亦能满足其自身的目标需求。

为了实现和实施质量管理体系,可以采取以组织为基础或者以项目为基础的方法。

通常情况下,在策划阶段制订的质量管理要求将成为项目执行计划的一部分。

试运行及运营维护手册

试运行

阶段 6 和阶段 7 都涵盖了主要试运行和实际问题的内容。本节介绍施工阶段。

项目经理应该在施工阶段前期就取得一份自己满意的承包商的试运行总进度计划,这份计划要能正确地与建筑工程进度相协调(例如,供暖和空调系统的平衡只有在建筑围护结构和内部空间也得到了保障时才能调试)。这就可能出现一个问题:许多情况下,建筑服务承包商是总承包商的分包商,但在施工阶段前期,分包合同可能并不到位。这时总承包商就需要识别试运行的逻辑和顺序。

运营维护手册

建筑-设计-管理(CDM)规范已包含有运营维护手册,建筑-设计-管理(CDM)协调员的任务是确保这些规程被纳入健康与安全文件的一部分。这些手册还应该包括所有设计团队输入的完整的建筑的相关细节。

建筑-设计-管理(CDM)协调员致力于汇编这些文件,项目经理要监控该进展,如果需要,他应确保能采取所有必要的行动来加快完成与承包商的积极合作。承包商的法律责任是与建筑-设计-管理(CDM)协调员合作,并听取他们所有的合理的要求,以保证他们能完成包括运营维护手册在内的健康和安全文件。

建筑信息模型(BIM)战略

一旦现场开始运行,项目层建筑信息模型(BIM)在理想状态下要在全部细节上与施工状态相协调。这几乎包括所有与设计有关的信息以及来自供应链的数据。所谓供应链,也就是承担设计责任的分包商和产品供应商。

与传统的 2D 施工信息环境不同,建筑信息模型(BIM)可以实现设计开发工作和施工作业在编程方面的大量重叠。

在使用建筑信息模型(BIM)时,为充分发挥其潜力,在现场的施工开始之前,建设建筑信息模型(BIM)的几何形状和型号应该是完整或几乎完整的。这意味着改变合同动员期和施工前活动的设计输入重点,使供应链的高效参与成为可能。

这样,尽管尚未掌握项目成功交付所需要的全部信息,施工过程依然能够在充分利用交付团队已有资料的基础上顺利开展。这些信息将一直被突击检查,验证其是否符合法规和客户的要求且与之相协调,这为项目成果增加了更多的确定性和可预见性。

在施工的过程中,随着现场的作业变化以及任何其他输入信息如客户和设计等的改变,建筑信息模型(BIM)将不断完善。

现场施工团队将使用"现场建筑信息模型(BIM)",由现场的经理通过平板电脑访问建筑信息模型(BIM),他们就更新建筑信息模型(BIM)的项目进展情况、遇到的问题和其他可获得的信息,在所进行的项目周围调查探索。这样,建筑信息模型(BIM)就能不断被更新。当施工阶段结束后,建筑信息模型(BIM)就成为建设项目一个准确且完整的展示。

BN 5.01 绩效管理方案

绩效管理,从它的定义到监控与审核,都应该是一个开发项目的综合性部分。这部分不可能建立直接的"因果"关系或对绩效进行精确测量,通常使用的是临时措施,例如关键绩效指标(KPIs)。而且绩效管理会随着时间、对客户的价值以及对产品与服务的意识的演化而变迁。

目标

绩效管理方案(PMP)旨在针对项目交付的产出、成果和效益设定原则性和目标性的计划安排。该方案还定义了绩效标准是如何被衡量的,以及管理分歧的方案。该计划包含了绩效管理流程,绩效测量和建立及监测交付过程所需的绩效资料的详细信息。

绩效管理流程

绩效管理流程概述了设定方向的活动,它利用绩效信息来进行更好的管理,展示了已经取得的成就,并采取行动改善。性能指标可以使用 SMART 测试来确定(SMART:具体的、可衡量的、可实现的、相关的和及时的)。

对目的(可能在关键决策阶段)、目标层次的预期成就(目标对象)和第三方而言,绩效评估都应该为测量进程起到一个里程碑的作用。当取得进展时,措施可能就需要改变。评估标准可以使用 FABRIC 测试来定义(FARRIC:集中的、适当的、平衡的、稳健的、集成的和成本效益的)。

绩效信息包括数据、它们的特征、质量、来源和对措施的贡献。

绩效管理方案(PMP)核对表

绩效管理方案(PMP)质量标准包括:
- 目标,产出,结果和收益中,哪个用来设置和监控目标的绩效?
- 关键目标能否用绩效措施来评估?
- 绩效措施被清楚地确定了吗? 加上目标值了吗?
- 管理绩效的方法是完整的吗? 它包含了活动周期的所有关键要素吗?
- 措施和度量标准符合 SMART 和 FABRIC 预定义的测试了吗(如适用)?
- 评估周期明确了吗?
- 所有用来评估的标准和技术确定了吗?
- 绩效信息的来源可靠吗?
- 提交的绩效信息可靠吗? 或者被独立验证了吗?

- 改善不满意绩效的调查和纠正措施明确了吗?
- 有管理组织和流程的大纲了吗?
- 收集和分析绩效信息的资源确定了吗?
- 角色和职责被明确定义了吗?

对绩效管理方案(PMP)的建议内容

绩效管理方案的关键要素是描述一个周期内的活动和他们的成果。
- 策略:定义组织的宗旨和目标。
- 选择绩效措施:识别随着时间的推移能够支持活动量化的措施。
- 选择目标:量化那些由管理部门设定的目标,以期在未来某日能够达成。
- 交付绩效信息:提供相关照片来表明组织是否在实现其目标。
- 报告信息:提供了内部管理监督和决策的依据,使外部问责制得以实现。
- 行动以改善:采取行动使事情步入正轨,并将成就反馈到组织的总体战略上。

6 调试和试运行阶段

阶段清单

关键流程： 试运行服务
试运行报告
质量管理和控制
关键目标： 是否按设计要求执行？
关键可交付成果： 试运行报告
关键资源： 业主团队
项目经理
设计团队
建筑-设计-管理协调员
施工团队
试运行团队

阶段性进展和成果

本阶段将确认建筑设备系统是否按照设计完成安装，并且通过调试确保其可以正常运营。

成果包括：
- 试运行策略和进度。
- 合同约定的试运行结果。
- 运营维护手册。
- 认证与担保。
- 调试和作证记录。
- 业主方工作人员的培训。
- 更新健康与安全的计划和文件。
- 性能证明书。

必须要强调的一点是，该阶段所进行的顺序并不意味着所涉及的工作必须在施工阶段结束时才能进行。试运行是施工阶段中非常重要的一部分，必须在项目前期就根据实际情况进行考虑。以下是建议必须在施工阶段之前考虑的工作：
- 在项目中最合适的时间任命试运行承包商，并确定他们的角色/工作范围。
- 在适当的环节，任命试运行承包商审核设计图纸和施工图，确保后期可以顺利开展试运行。
- 确保咨询方清楚地了解调试和试运行的要求。
- 确保咨询方、业主了解其性能调试以及环境测试的要求。
- 确保总进度计划内有足够的时间来进行更加具体的试运行,特别是对于性能调试、环境测试以及专业机构规范调试应有额外时间。
- 清楚地了解其表达、记录和以电子方式存储安装信息的方法。
- 即使不是试运行阶段中最严格的部分,也要确保设备的专业需求和维修合同在设备被授予合同招标前是经过深思熟虑的。

项目经理的义务与责任

项目经理的目标是确保各部分系统的试运行基本上是按已有计划进行的,以便安装的设备在移交中能作为一个整体顺利地运转,且不会延误项目的进展。若在移交后,有任何必须调整的计划,都要与客户和/或用户进行联络。

试运行概述

试运行一般被分为四个或五个部分来执行:
- 静态设备调试。
- 动态设备调试。
- 设备性能调试(不常进行)。
- 相关机构要求的法定调试。
- 业主试运行。

注意:性能调试还包括环境测试。

设备调试、试运行、性能调试和法定调试这前四项是项目设计和安装阶段的一部分。业主试运行主要是由业主方的人员来牵头;如果有要求,相关咨询方需要协助业主试运行。这是在第七阶段进行的。在设备调试和试运行过程中的目标和主要任务将在本章予以说明。

试运行服务的采购

小型项目

聘请专业试运行顾问的方式有多种。在小型项目中,机电分包商更有可能通过总承包商承担其安装工程的调试和试运行。除了专业设备需要生产商协助,电气承包商通常会使用自身的资源进行设备调试。机械承包商通常会任命一个专业试运行顾问,代表其去进行设备调试。专业设备安装时,机械承包商可能会要求制造商协助他们进行试运行。然而,应该注意的是,通常这些专业试运营顾问就是来帮助平衡相位的,在涉及更复杂的系统或需要特定的试运行和性能调试时,则需要更多的专业顾问参与其中。在对这些系统的安装工程进行招标时,必须在设计文件中明确技术规范要求,但是该步骤在施工过程中经常被忽略或轻视,因此后期难免会出现问题。

大型项目

在大型项目中,聘请专业试运行顾问可以采取多种形式。在传统形式的合同中,可以通过主承包商/服务承包商来进行;在施工管理或类似形式的合同中,经常会任命一名专业试运行承包商。通常这类试运行承包商扮演两种角色:第一,管理调试和试运行整个过程(就像在小型项目中,具体试运行工作还是由安装分包商来开展);第二,进行具体的试运行工作,安装分包商和试运行分包商之间会划清调试和试运行的工作界限,它们之间的工作分界点一般是静态调试之后,动态调试之前。静态调试和动态调试的定义后文会详述。第二种角色已经逐渐开始流行,因为:

- 它使得试运行过程更加独立。
- 业方主/施工现场经理/总承包商更有可能直接控制试运行分包商,并且直接接受试运行分包商的报告,使过程更可控、更透明。

无论是哪种角色,试运行承包商提前进入项目中管理整个调试和试运行过程,对项目是有益无害的。

试运行承包商的角色

下面是一些可以归为试运行承包商工作范围内的工作:

- 在设计结束前后对设计图纸进行审查,确保熟悉其设计意图,并在试运行方案中加入专家意见。
- 确保调试和试运行已在招标文件中详细说明。
- 审查设备承包商为设备正常运行所设计的施工图纸。
- 制订调试和试运行文件,并确保在不同承包商之间的一致性。
- 为确保在不同承包商间的一致性,要对安装的方法、安装信息的媒介类型、风格和内容进行明确规定。
- 管理专业设备制造商的调试。
- 联系政府部门和其他组织一同见证相关法定的调试(包括保险公司的测试)。

在项目中,这些工作往往被忽视。因此,如果试运行承包商不负责这些工作,那么项目团队其他成员应当承担这部分工作。

调试和试运行流程及其计划

流程图将不同阶段内的调试、试运行和性能调试相关联起来,如图 6.1 和图 6.2 所示。对于项目经理而言,理解调试、试运行和性能调试之间有何不同是很重要的,并且,他应该确保项目有足够的时间开展这些工作。处在该阶段的项目移交时间很紧张,项目团队会受到来自通过缩短调试、试运行和性能/环境测试计划来赶工方面的压力,此类赶工应该被彻底抵制。一个项目基本上没有机会能够全面调试所有设备来确保它们之间可以独立运行,并且能够作为一个系统在半负荷和满负荷的条件下运行。已入驻房屋的设备性能问题,大部分都与调试、试运行的质量差或没有充分时间和资金去调试及试运行有关。

需要向政府相关部门和保险公司示范操作各种法定设备服务。若这些工作要在试运行之后进行单独测试,它们所需的时间需要在项目总进度计划中体现。

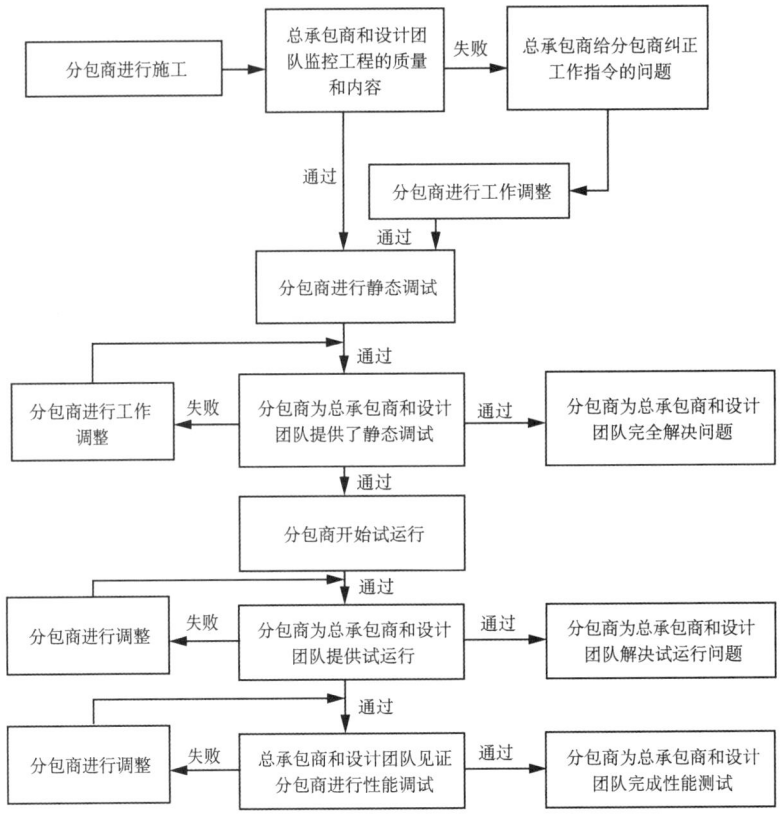

图 6.1 小项目的安装调试和试运行过程及签字

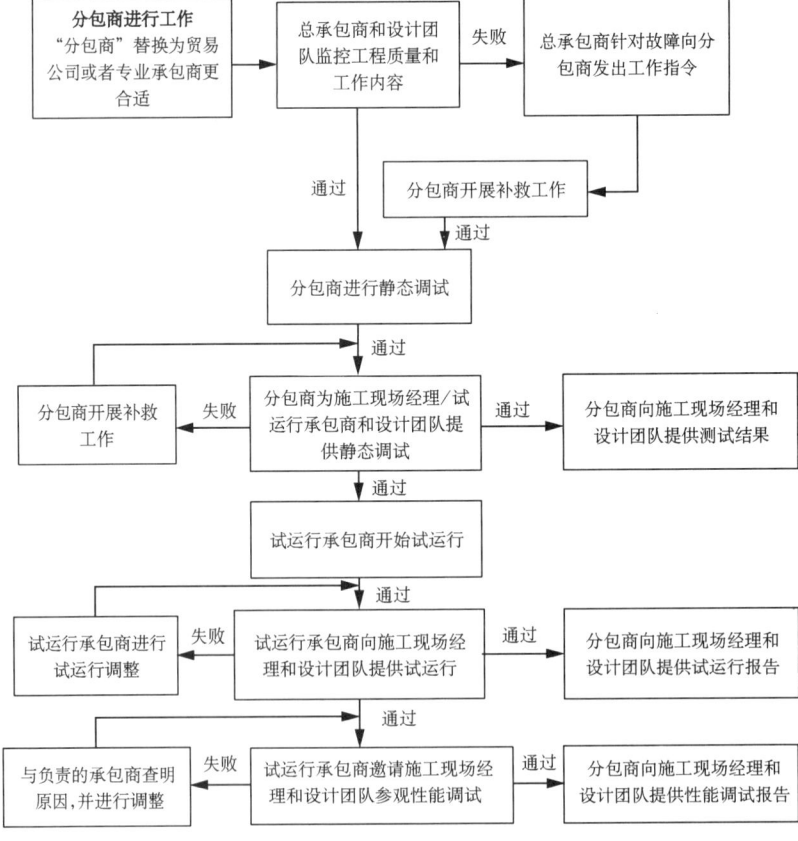

图 6.2 大项目的安装调试和试运行过程及签字

调试与试运行的区别

调试

设备安装阶段的各种调试也被称作静态调试,这些调试的目的是确保安装的质量和工艺。无论通电与否,此类工作均要在竣工验收证书签发前进行。调试的系统包括:
- 对机电管线系统、给排水和消防管道系统进行压力测试。
- 对电缆进行电阻检查。

试运行

试运行也称作动态调试,一般是在静态调试结束后开始。进行试运行是为了确保系统的操作和运转符合原始设计和技术规范,该工作涉及范围很广。颁发现场安装设备(如通电设备)开动许可证后,试运行即可广泛的、正式的开始进行。首先进行电气设备相位匹配初始调试、检查风机和水泵是否按照正确方向运转,然后开始调试相位平衡、容量和负荷组。

性能调试

在完成试运行后,开始性能调试。部分人可能不区分试运行和性能调试,然而从业主进度计划的目的而言,将设备作为单独系统进行试运行和将所有设备系统作为一个整体进行试运行之间的差异是值得区分的,后者被称为性能调试(包括环境测试)。有时业主进驻建筑之后就开始进行性能调试,比如进驻后的第一年;又因为设备系统的性能取决于不同的天气条件,所以性能调试要持续一整年。在性能调试中,承包商虽然已将项目移交业主,但是依然应该获准进入建筑,依据需求变化调整设备。对于某些项目,很有必要在项目移交之前模拟各种可预见的条件,以确保设备系统可以顺利运营,例如计算机服务器。

承担的主要任务

为了协助项目经理,下列工作已经概括了将在施工前、施工中和施工后三个主要阶段进行的主要任务。

施工前

下列是需要确认的事项:
- 咨询方/业主需认可工程服务试运行是施工过程中的特殊一环,与业主试运行有工作联系(见阶段 7)。
- 相关咨询方明确所有需要试运行的设备以及试运行过程中设计师、承包商、设备制造商和业主各自的职责。对于专业设备的责任需尽早界定,特别是设备磨损和耗材、燃料、电力、水的费用。
- 设备设计师和试运行承包商审查最终布局图纸,以确保他们依照相关的行业准则为待试运行的设备系统做准备。
- 相关咨询方、业主和试运行承包商明确所有与试运营相关的法定和保险审批手续,确保计划能满足要求并获得审批(见阶段7)。
- 业主明白试运行过程中,业主自己的维护/工程部门或维护承包商在场的重要性。
- 业主在入驻后的6~12个月内决定是否需要安置工程师的帮助。
- 要有一份总进度计划,以系统为单位显示试运行与调试工序的时长和前后顺序。
- 业主应提名一个人在试运行工作中代表业主,如阶段7——竣工、移交与运营阶段中确定的业主团队成员之一。可以有多人见证整个试运行过程。
- 合同文件包含调试、试运行和性能调试等相关条款。确保这一阶段的担保、缺陷期、环境测试可以达到所要求的试运行的标准,并确保在试运行的延伸阶段中承包商依旧承担设备和系统的维护责任(见阶段7)(图6.3)。

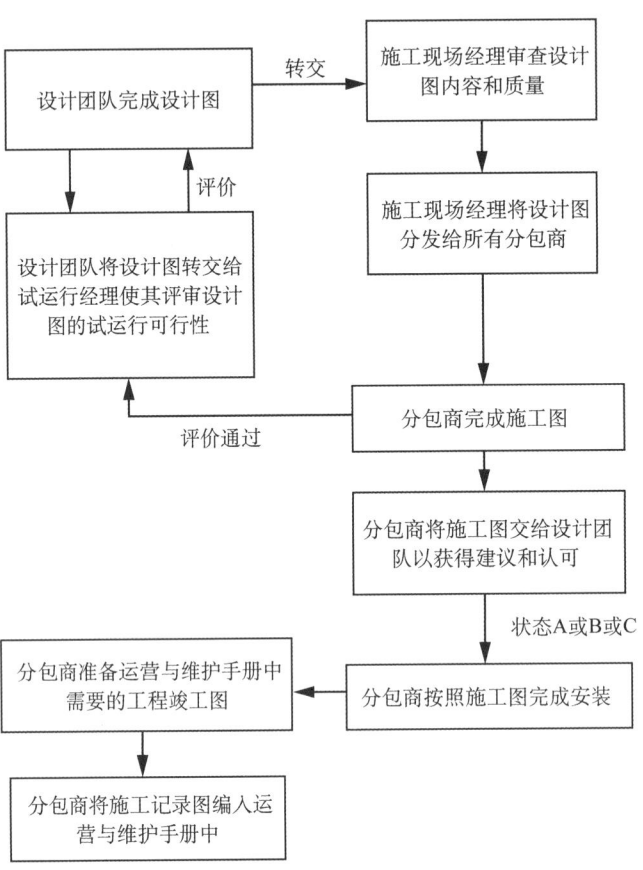

图 6.3 工程图发布流程图

施工中和施工后

- 咨询方必须检查他们负有设计责任的工作,汇报进展,遵守合同条款,强调任何纠偏措施的必要性。可以任命一名专业试运行管理顾问来完成大部分的工作。
- 需要保证在所有承包商的施工计划中都包含了试运行工作,并且和紧前工序能够顺利地搭接。每一项工作必须是完整的,时间安排上要合理且与计划移交时间相匹配,还要与紧前工序顺利搭接。
- 为了让业主参与或者监督承包商按照合同安排进行试运行,需要对咨询方安排的事项做出调整。

- 为确保试运行活动如期开始并在移交前达到完工的要求,需要对试运行的进展进行监督和汇报。如有需要,也要开始采取纠正措施。试运行活动的时长不能因为施工的延误或者未完工而减少。
- 在一个独立的系统开始试运行前,所有的竣工文件都应该就绪,例如,清洁、电力测试和控制装置。同时,也要满足工作许可、健康和安全的要求,并明确保险责任。
- 应该在相关机构,如公共事业公司、消防队、保险公司等的见证下,安排和执行法定的/保险的测试。
- 试运行记录,如调试结果、校准要求、证书和检查表必须妥善保管,作为正式移交文件的组成部分复印装订在运行和维修手册中或者在单独的试运行手册中。
- 承包商按照合同要求,提供运行维护手册、安装记录图纸和业主员工的培训资料。建议这些工作也可以由其他参与方进行协调,例如由任命的试运行承包商负责。
- 采用经同意的结构和软件将运营维护手册拷贝到光盘中,以便于不断更新。
- 采用CAD图纸格式来记录图纸,以便于不断更新。
- 用录像来记录业主的培训过程,方便日后重复使用,供新的维修人员学习(图6.4和图6.5)。

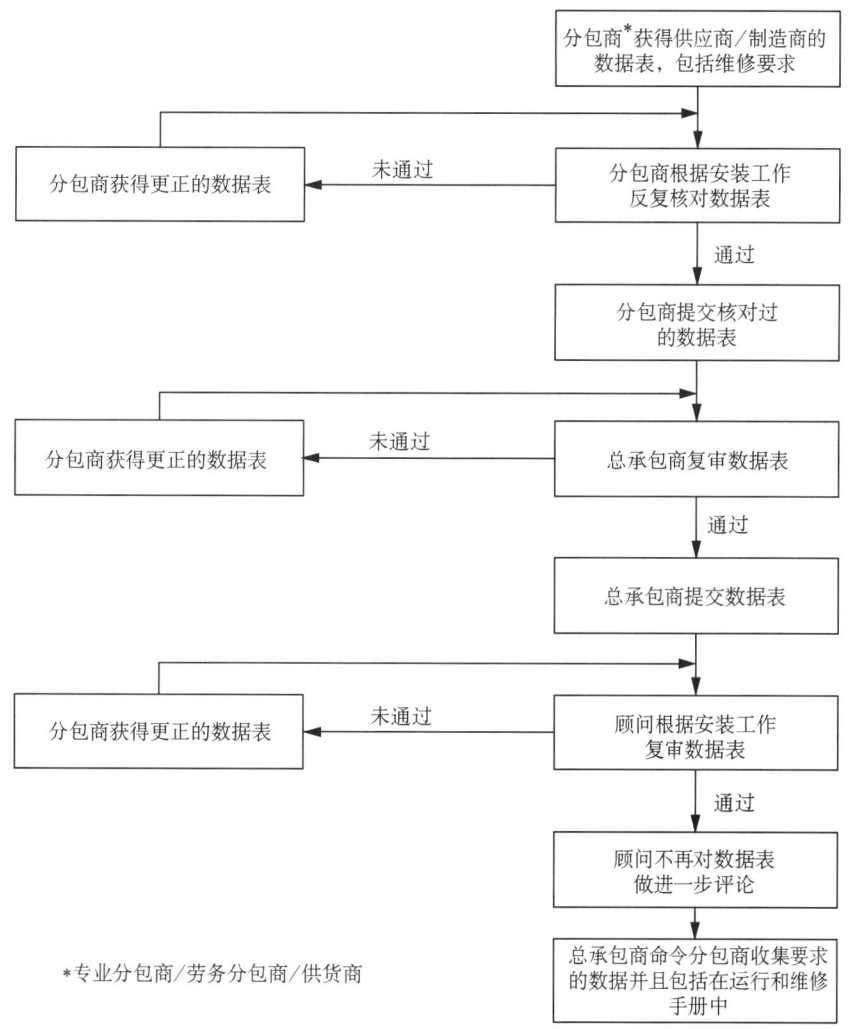

*专业分包商/劳务分包商/供货商

图6.4 设备安装、调试和试运行数据流程图

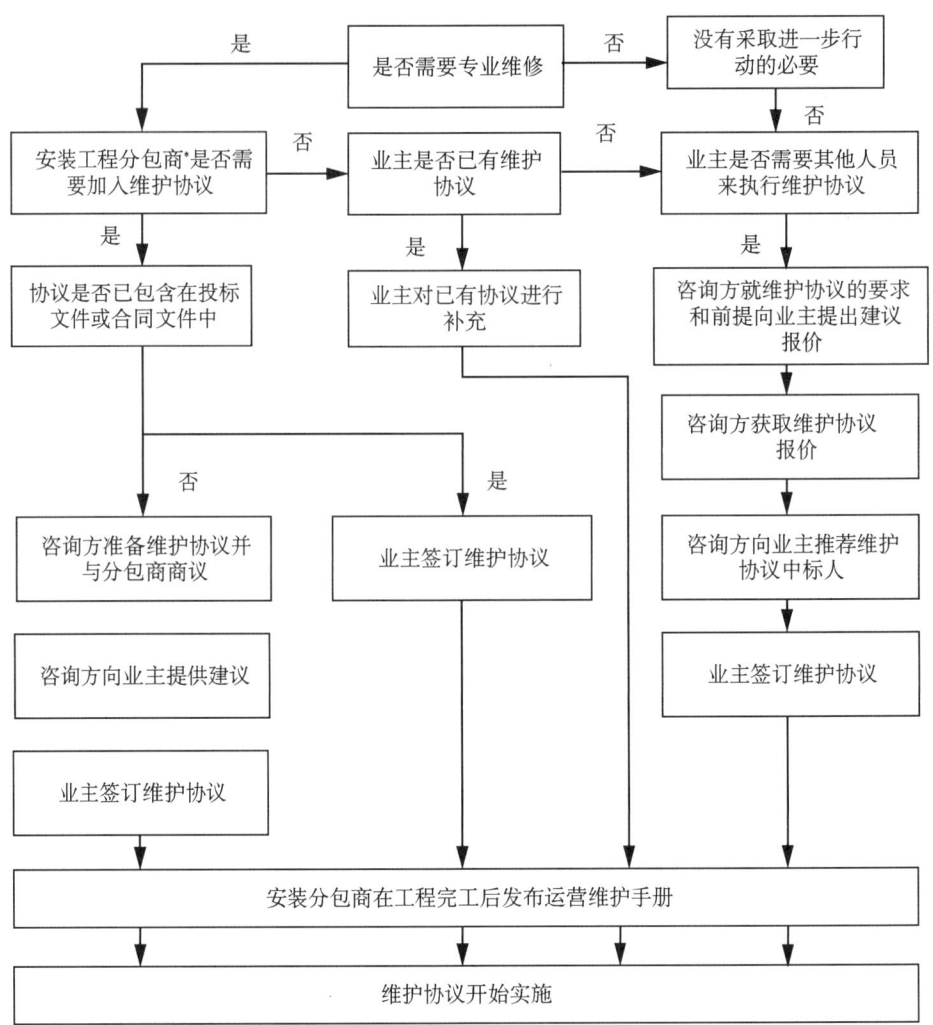

图6.5 专业维护合同流程图

季节性试运行

季节性试运行包括冬天的供暖系统和夏天的机械制冷系统的调试,但是季节性试运行也被应用于其他系统,例如电动窗、自动遮阳设备,或者受季节变迁所影响的建筑系统。理想化的说,最初的项目团队(或者任命的独立的试运行工程师)应该一直负责进行季节性的试运行。

很多环境评估计划会因为项目采取了季节性试运行给予加分,但在实践中,有时候很难去区分季节性试运行和那些由于程序、后勤组织或者合同上的问题而在移交后持续进行的试运行。

试运行文件

运营维护手册(建筑业主手册)

建筑业主手册,即运营维护手册,包含了房屋的运营、维护、停运、拆除等方面所需要的信息。

建筑业主手册由承包商编制,由设计方、供货方以及建筑-设计-管理协调员增补信息。该手册是不可或缺的,通常被归为投标文件的预备部分,对投标文件的内容进行概述。同时,它包含一些关于机电的要求和其他与机电技术规程相关的服务。

作为移交过程的一部分,一份文件的草拟版本应当先于对实际竣工的认证,并由业主或项目经理提供。通常情况下,在实际竣工之前,文件的最终定稿并不能以完整的形式呈现,因为试运行文件通常需要涵盖从建筑实现全部完工的过程中采集的夏冬两季的材料。这份初稿可能包含几份建筑业主手册的副本,通常要求的是电子版本。

一份建筑业主手册可能包括以下内容:
- 对主要设计原理的描述。
- 房屋结构的具体信息(如装饰、外墙、门窗、屋顶等)。
- 工程竣工图及技术规程。
- 建筑运营与维护的指导(包括健康与安全信息,设备制造商的操作指南)。
- 设备与仪器的固定资产登记。
- 试运行与调试结果。
- 保证、担保和认证。
- 对停运、拆除和清理的特殊要求。

因为其中很多信息可能已经以一种或多种形式存在,所以编制建筑业主手册要做的可能仅仅是对这些零散文件的汇总与整理。

建筑业主手册应不断改进,以反映在整个生命周期中建筑构造或系统的变化,以及维护过程中的详细情况。

建筑业主手册不同于健康与安全文件,后者仅包含在健康与安全方面重要的信息,而不需要涵盖施工过程信息、合同信息和完工后的常规操作信息(详见"建设健康与安全管理:建设(设计与管理)的规范 2007 实施规程"中 P.60)。

建筑业主手册也可能包含一份非技术性的"建筑用户指南"。指南为用户提供环境控制、门禁、安保与安全系统等方面的信息,同时记录下了提供给建筑用户和设施管理团队的关于运营和维护这些功能的说明。

竣工文件

"竣工文件"是合同的重要组成部分,缺少竣工文件的合同是不完整的。"竣工文件"的样本应在工程计划完成时间前提交给项目经理,项目经理将会(与设计方一起)评估该文件,然后将样本和提出的建议返还给承包商。承包商需要确认"竣工文件"的定稿中包含了项目经理提出的意见。

竣工文件,包括工程竣工图和材料数据表,通常包含在建筑业主手册中。

如果在项目实施过程中有技术要求的调整,含有材料数据表的竣工规格也将记录下这部分内容。工程竣工信息应当包括:
- 土木建筑工程,包括地下排水系统、地下结构和基础工程信息。
- 结构信息。
- 建筑信息。
- 房屋设备信息。
- 专业设计与安装信息。

健康与安全文件

建筑-设计-管理(CDM)规范要求建筑-设计-管理协调员"除在健康与安全文件不存在的情况之外,都必须对其进行及时的评估和更新",记录中包含了有关在接下来所有施工过程中需要的,能确保所有人健康与安全的项目,包含对规范17(1)、18(2)和22(1)(j)的追踪所提供的信息。在施工阶段的尾声,他们将健康与安全文件交给委托人。

"健康与安全文件"只需要包含与未来建设工程安全有关的重要信息,这里所指的建设工程包括清洁、维护、翻修、改造以及最终的拆除。如果该文件包含了关于该建筑的所有信息,那么重要的安全问题就很容易被忽视。除非"健康与安全文件"会对未来的工作产生影响,否则它不需要包含施工阶段的信息(该信息应该包含在施工阶段方案中)。该文件也不需要包含合同信息,或者有关已完成结构的日常运营的信息(该信息应该包含在建筑业主手册中)。

健康与安全文件可能包括:
- 对项目的描述。
- 对所有应该被处理的残留危害的描述。
- 设计的结构原理。
- 对使用的危害性材料的识别。
- 已安装的仪器和设备的移动和拆除程序。
- 关于清洁和维护设备的信息。
- 对重要的设备及其位置的描述。
- 结构、仪器和设备的信息以及工程竣工图。

健康与安全文件必须及时更新,通常在建筑的整个生命周期中都要保留。也就是,如果房屋被出售了,健康与安全文件也要移交给新的业主,并告知其该文件的目的与重要性。

健康与安全文件的格式没有限制,但需要确保内容进行了备份。只有在保持更新的前提下,健康与安全文件才是有效的。

如果整栋建筑或其中的一部分出租,健康与安全文件应当提供给租赁人。如果有很多租赁人,那么应当给每个人提供健康与安全文件中有关房屋租赁的具体部分。在多业主进驻的情况下,比如,某个住房协会拥有一栋公寓楼,业主应该保有并维护该文件,并提供给每个业主符合他们住宅情况的信息。

业主手册

该手册的目的是:
- 概述业主可以期望的有关健康、安全和福利的服务。
- 强调房产所有者和/或设施管理者就安全和福利事项要求业主合作的范围。
- 概述业主所能够遵循的最低安全与福利标准。
- 在承包商合理的管控下,为业主提供保障资产的指导。
- 提供有关房产业主投保的基本信息,以及上报任何丢失、毁坏、事故或其他意外事件的过程。

BN 6.03 对业主手册的建议性目录进行了概述。

建筑信息模型(BIM)战略

建筑服务占项目资本支出的 30%，所以，包含结构学和建筑学元素在内的设备的服务设计、集成和协调是一项关键的成功因素。

建筑信息模型(BIM)平台可以将设备服务设计与附带的数据整合在项目中，数据集中涵盖性能、技术指标和所有运营与维护信息。

使用软着陆过程，或类似的为移交和试运行所做的计划应当在施工期的中段晚期就开始进行。

设备设计活动应该获得试运行输入，用以确保该系统可以尽可能简便地进行试运行与检测。

项目层建筑信息模型(BIM)可以用于在试运行过程中帮助团队理解要求和程序，也可以用于隔离和具象化特定的系统中。该项目还可以模拟建筑设计的表现，并确定设计输出的碳排放、能源消耗以及资源使用等。

BN 6.01　健康及安全文件的目录

健康与安全文件应该包含能使未来施工安全进行的相关信息,包括清洁、维护、改造、翻修和拆除。文件中的信息应当提醒读者哪些工作会带来风险,并指导读者如何安全地开展工作。该文件对以下人员有所帮助:

(a) 业主:业主有义务为在其物业中工作的各方提供相关物业信息。
(b) 设计方:在设计方深化设计和修改图纸过程中有用。
(c) CDM 协调员:有助于 CDM 协调员协调施工工作。
(d) 总承包商:准备和管理健康及安全工作的承包商。

由于在规范 10 中,该文件应当构成业主或业主继承者所要求提供给未来建设项目的信息的关键部分,所以此文件应当在任何相关的工作或阅览后时刻保持更新。

在项目启动时,业主和 CDM 协调员需要就健康与安全文件的范围、体系结构和格式达成一致。每一个建筑可以有一份独立的文件,另一份是关于项目或现场的整体情况,亦或是一组相关建筑的整体情况。在不会导致健康与安全信息丢失或被掩盖的情况下,健康与安全文件可以由建筑规范日志或维护手册构成。在健康与安全文件中,人们能便捷地找到他们需要的信息,而且文件中明确指出了类似建筑之间的区别。

职责

业主、设计方、总承包商、其他承包商和 CDM 协调员,在健康与安全文件中都有以下法律义务:

(a) CDM 协调员必须在项目过程中准备、评审、修改和增补健康与安全文件,并在项目尾声将该文件交付于业主。
(b) 业主、设计方、总承包商和其他承包商必须为编制和更新文件提供信息。
(c) 业主必须保有该文件,以指导未来的施工工作。
(d) 每个人应确保提供的消息是准确的、及时的。

所有需申报的项目都必须建立或者更新(若存在)一份健康与安全文件。但对某些项目而言,例如,用无毒材料进行再装修,这可能并无实质性的内容需要记录。只有在未来施工工作中可能对健康和安全问题十分重要的信息才需要被记录。如果一个项目仅仅涉及某建筑的很小一部分施工工作,那么为整个建筑建立一份健康与安全文件也是没有必要的。

业主方必须确保 CDM 协调员已整合了该文件。在某些情境下,例如,在设计施工总承包合同中,由总承包商向各专业分包商获取文件所需要的信息更具可行性。在这些情况下,总承包商可以整合这些信息,并在工作结束时交给 CDM 协调员。

在设计方或承包商的工作完成后,再向他们索要文件所需的信息可能会很困难,所以必须提前商定哪些东西是必要的,这样才能确保以强制的形式,在适当的时间编制并移交所需信息。

健康与安全文件内容

在整合健康与安全文件时,必须考虑将下列在未来施工工作中可能对健康与安全有影响的有关信息包含在内。信息的细节化程度,应该以能使可能的风险被完全确认并被告知施工人员为宜。

(a) 对施工作业的简要描述;

(b) 所有遗留的危害及这些危害的处理情况(例如:石棉相关信息、土地污染、含水层、掩埋的设施等);

(c) 房屋结构中的关键规则(例如:斜拉杆支撑,储存能量的主要来源,包括先张和后张预应力构件);

(d) 有害物质的使用(例如:铅漆、杀虫剂、不能被焚烧的涂料等);

(e) 已安装设备的移动或拆除信息(例如:电梯的特殊设置、设备拆除的顺序和指示);

(f) 用于清洁或维护设备的相关健康与安全信息;

(g) 重要设备的特性,安放地点与标示,如地下电缆、天然气供应设备和消防设备等;

(h) 建筑的工程竣工图和相关信息,包括其仪器设备的设施(例如:安全通道、防火门和分隔区域);

文件无须包含对未来建设项目规划无帮助的内容,如下所列:

(a) 施工前信息及施工阶段计划;

(b) 施工阶段风险评估、施工的书面系统和危险物质控制规程;

(c) 已竣工建筑的常规运营相关细节;

(d) 施工阶段事故数据;

(e) 参与项目的承包商和设计方的细化信息(若包含总承包商及建筑-设计-管理协调员的有关信息则更有帮助);

(f) 合同文件;

(g) 有关已经被拆除的建筑或部分建筑的信息,除非该项拆除工作是为了利于余下或将要建设的建筑,例如镂空结构;

(h) 在其他文件中包含的信息,应被标明来源以便查阅。

上述几点可能对业主有所帮助。这些也可成为在计划时提供作建筑-设计-管理(CDM)规范之外的参考,但规范本身并不一定要列入该文件当中。太多的信息可能会导致难以发现有关风险的重要信息。

工作完成后文件的保存

为使文件更加有效,必须及时更新工作文件。除此之外,只要文件仍有效(一般指建筑的整个生命周期),文件都应该被保存。可以用电子文档形式(需要备份)、打印形式、影像形式或其他持久性的保存方式进行存留。

当业主转让建筑的全部所有权时,该文件也应同时被移交给新的所有方,同时应确保新的所有方对文件的背景及主旨完全了解。而当出售部分建筑时,应该与新的所有方共享文件的内容。

当业主方出租全部或部分建筑物时,必须先做出协定使租赁方能够获取健康与安全文件的信息。在某些情形下,业主方可能会在租赁期内将健康与安全文件转交给租赁者。但在另一些情况下,业主方在租赁期内自己保存文件,租赁方则可以随时获取所需信息。如果在未来的建设项目中租赁者承担业主的角色,则租赁人和原业主需做出安排,以使新的建筑-设计-管理(CDM)协调员能够得到文件的信息。

在多业主进驻的情况下,例如,某住房协会拥有一栋公寓楼,则协会在保存文件的同时也需告知每个公寓的业主有关其住房的健康与安全信息。

文件的进一步扩展可以包含道路和管道的信息,这些信息将更多地被当地政府和水利公司所运用。总而言之,文件最好能够分开提供,以此来覆盖所有业主的关注点。

BN 6.02　建筑业主手册的目录

第一部分　项目说明——项目各当事方的详细介绍

1.1　业主方(包括项目责任人)
　　　　地址
　　　　电话号码
　　　　电子邮箱
　　　　合同编号
　　　　项目起止日期
1.2　承包商(包括负责项目的高管)
　　　　地址
　　　　电话号码
　　　　电子邮箱
　　　　承包项目/工作编号
　　　　紧急联系电话(在项目缺陷责任期内需24小时有效)
1.3　分包商(包括负责项目的高管)
　　　　地址
　　　　电话号码
　　　　电子邮箱
　　　　承包项目/工作编号
　　　　紧急联系电话(在项目缺陷责任期内需24小时有效)

第二部分　项目概述

该部分应重点描述项目规模及项目的概况

第三部分　维护指南及时间表

该部分应包含维护时间进度计划,其主要内容应包含:
(a) 以五年时间为标准的所有系统和设备的建议调试、运行和检查时间;
(b) 基于五年期的安装和设备零件要求;
(c) 参考资料必须遵从相关英国标准、行业标准和制造商要求。
下列设施的运营和维护程序的简要介绍应被包含在本部分中:
- 火警系统。
- 通风系统及其控制组件。
- 空调冷却系统及其控制组件。
- 冷水加工系统及其控制组件。
- 空气加压系统。
- 安保系统(包括门禁)。
- 灯光照明系统及其控制组件。
- 供暖系统及其控制组件。
- 电力系统及其控制组件。
- 各组合系统和设备。
- 地面及排水系统。

(续表)

第四部分 设备细节

该部分首先应将项目中使用的所有机电设备的时间表细分为：
- 接电装置，开关设备。
- 低压电路板。
- 电力系统。
- 发光设备。
- 电气配件。
- 数据设备及其辅助程序。
- 电缆/电线。
- 火警设备。
- 安保设备。
- 综合电气设备。
- 设备。
- 锅炉。
- 空调箱吸气及排气设备。
- 冷却设备。
- 噪音吸收设备。
- 活瓣/过滤器等。
- 过滤设备。
- 绝热设备。
- 泵。
- 管道。

接下来本部分应包含产品数据表或数据目录，产品数据表应按与明细表相同的顺序摘录产品信息。若有制造商数据信息表包含了不止一个构件，那么承包商就必须确保对每个构件都进行明确说明。制造商提供担保的细节，如使用年限和适用条件也应被包含在内。

第五部分 项目图纸（工程竣工图）

图纸的打印稿应单独用塑料盒保存，并用封带封住后提交。并且在可复写的磁盘上保存1∶1比例的设施图纸，注意，使用的 AutoCAD 版本应该预先与工程师达成一致。磁盘应被安放在特制的带封条的磁盘盒中。

图纸应以未锁定的.dwg 格式保存（该格式适合大学体系为了未来编辑的使用）。注意：xref 格式的图纸不得被提交，应确保图纸在压缩或发送前进行过杀毒。

第六部分 调试和试运行信息

调试完成证书和试运行时间安排应被一道递交，递交时需保存在单独的带封条的塑料盒中。
- 所有调试证明原件。
- 电器调试证明。
- 电气系统完成证明。
- 消防警报调试证明和时间表。
- 火警特制电线调试结果时间表。
- 火警系统完工证明。
- 紧急照明系统调试证明。
- 紧急照明系统完工证明。
- 电子通信系统调试时间表。
- 电子通信系统完工证明。
- 试运行、调试时间表及系统设备整体运营证书。
- 振动数据及静定偏斜程度。
- 空气流速及压力差。
- 水流速及压力差。
- 静定压力测试。
- 建筑损坏程度测试。
- 噪音程度数据。

(续表)

第七部分　担保
所有本项目中所适用的担保清单。

第八部分　健康和安全文件
该部分应包含建筑-设计-管理(CDM)规范要求提供的信息,同时也应包括建筑破坏、退役及出售的必要信息。

BN 6.03 业主手册的目录

简介
1. 健康和安全声明
2. 财产所有者/管理者服务
3. 基于健康和安全事务的合作
3.1　概述
3.2　疏散程序
3.3　有害物质控制
3.4　环境卫生管理
3.5　访客
3.6　废物再利用及处理
4. 业主义务
4.1　概述
4.2　石棉
4.3　炸弹威胁及可疑物品
4.4　建筑改造
4.5　污染
4.6　残障通道
4.7　用电安全
4.8　环境
4.9　消防安全
4.10　急救
4.11　楼板承重
4.12　燃气安全
4.13　易燃材料
4.14　害虫控制
4.15　安保

(续表)

4.16	交通线路
4.17	未使用物业
4.18	漏水问题
4.19	业主自行处理垃圾
4.20	窗户
5. 承包商控制	
5.1	概述
5.2	合同条件
5.3	承包商管理
6. 保险和索赔问题	
6.1	保险协议(非正式)
6.2	意外事故报告
7. 样本许可、档案和检查清单	
7.1	自检检查单
7.2	承包商责任策略的细节
7.3	服从承包商问卷
7.4	工作许可
7.5	炸弹威胁检查单
8. 业主提供的信息	
8.1	业主记录表
9. 认可声明	
附录 1:联系方式	
附录 2:污染及毒害控制	

7 竣工、移交与运营阶段

阶段清单

关键流程： 计划编制和移交进度计划
移交阶段
运行调试
业主入驻
关键目标： 我们如何使用这栋建筑?
关键可交付成果： 移交文件
健康与安全文件
关键资源： 业主团队
项目经理
设计团队
建筑-设计-管理(CDM)协调员
施工团队
试运行团队
入驻和维护团队

阶段性进展和成果

该阶段包含建成建筑从项目团队到业主的正式移交,移交过程可能是一次性完成或在一段时间内按阶段分步完成。在移交过程中,需要确保业主有专业知识和能力去管理建成建筑的运营。此阶段也涉及业主单位对建成建筑的入驻和使用。

成果:
- 移交方法和程序。
- 最终审查、移交和团队解散。
- 工程竣工证书。
- 未完成工作的进度计划。
- 建成建筑信息记录报告。
- 最终用户的体验与培训。
- 从承包商到业主的建筑保险转移(如需)。
- 承包商完成决算。
- 争议解决(如需)。
- 缺陷责任管理。

计划编制和移交进度安排

项目的整体目标是使所有被列入计划的项目工序能够在成本计划之内高效有序地完成。该目标的完成，必须与业主入驻协调员的后勤物流计划和任何入驻前必须工作的进度计划相结合。

通常而言，建设项目可以划分为阶段性竣工、部分竣工以及实际竣工。其中，相关应用程序的选择取决于项目特点、项目复杂性和用户需求。实际上，阶段性竣工意味着施工的每一个具体阶段的实际竣工，但是不包括以下几点：

- 妨碍或阻止任何一方开始、继续或者完成履行合同义务。
- 干涉任何一个设备的安装和运行。

在阶段性竣工移交中，业主或者最终用户有责任给他们的相关工作投保。实际竣工移交之后，整个保险费用由业主或者最终用户负责。

程序

针对具体项目的实际竣工和移交程序将由项目经理在相关项目执行计划（Project execution plan, PEP）（详见第 3 章策划阶段）中予以明确（详见 BN 7.05 和 7.06 中的典型案例）。然而，竣工和移交主要包含以下具体工作：

- 制订工程缺陷清单，包括未完成的工作、自然灾害损坏、不合标准的材料、产品和工艺等。
- 规定工期内，在有资历、富有经验的人员直接监督下完成所有补救和竣工工作。
- 按照进度计划监督竣工和移交工作。
- 提供一定数量的：
  - 建筑-设计-管理（CDM）健康与安全文件。
  - 工程竣工和安装施工记录图、计划、进度安排、技术规程、性能数据和调试结果。
  - 包括与健康、安全和应急措施相关的试运行和调试报告、校准报告、运营和维护手册。
  - 维护进度计划和专业维修人员指导手册。
- 在已认可计划的实施过程中工程及其他设备工作人员的培训指导建议书。
- 确保当所有法定上的检查和批准完成后才开始移交，在不适合业主或最终用户入驻的情况下，如房屋存有缺陷未补，或者入驻可能导致不良后果和弊端时，也不该移交。
- 建立程序来监测任何主合同外的移交后工作，包括缺陷责任期。
- 与相关咨询方密切合作，预留一部分预算用于遗留的工作或者弥补缺陷。
- 通过帮助解决任何有争议的问题或纠纷，确保决算账户草案既及时又准确，以监督最终决算进度。
- 定期检查进度，推动最终审查顺利实施，并颁发竣工验收证书。
- 结合合同参与各方的反馈，建立项目竣工后评价计划，以便最终完成竣工后审查项目收尾报告。

业主试运行及入驻

业主在实际竣工后，即接收来自承包商移交的竣工结构后，必须为入驻时的设施运营做准备。项目周期在此阶段包括三类工作：业主入驻、运行调试和迁入。

- 为了获取尽可能多的时间在细节上完善需求，及时反映出最新的商业"模型"，业主单位往往会进一步组织项目来开展入驻工作。项目经理很可能参与针对此类工作而专门建立的项目团队的管理。通常，该项目团队与主项目团队分离，并且由在项目收尾阶段具有丰富管理经验的成员构成。
- 商业写字楼项目中业主入驻前准备工作通常包括：
  - 必要的功能区：
    - 餐厅/食堂区域；
    - 接待区域；
    - 培训区域；
    - 行政区域；
    - 收发室；
    - 自动贩卖区域。
  - 信息技术系统的安装：
    - 服务器；
    - 用户接口单元（平板电脑/笔记本电脑等）；
    - 远程通信设备；
    - 视听和音像会议技术。
  - 可拆卸的办公室分区：
    - 办公家具；
    - 专业设备；
    - 安保系统；
    - 艺术品和绿植。

运行调试

运行调试和业主入驻的相关准则，应该在项目的可行性研究和策划阶段制订。业主试运行（与业主入驻一致，通常是一个连续的过程）的工作主要由业主方亲自把控，必要时专业顾问参与协助。业主试运行的目的是确保物业设施按照计划要求装配和运行，并拟定商业计划的初步概念框架。在业主的入驻协调员的监督下，应尽量在项目前期组建运营团队，以便将业主试运行的要求编入合同条款与技术规程中。理想情况下，运营团队应及时组建并参与到项目设计阶段中去（在BN 1.04的项目手册中有具体的角色说明，而在BN 7.01中则有业主试运行的清单）。

主要任务

主要任务如下：

- 建立一个以时间、成本、质量和绩效为指标的运营与入驻阶段目标。必须考虑阶段性竣工和试运行对整个项目的影响，对特殊区域、设备和安保系统要给予特别关注。

- 在深化设计阶段过程中或之前,安排运营团队与业主联系,并将相应的试运行工作计入合同条款。
- 由于入驻工作可能花费一定比例的项目整体预算,因此要确保业主在预算阶段预留一定的试运行费用。
- 确定运营团队中每一个成员的角色和职责(责任、时间进度、产出),并与施工方案和所有需要运营团队成员参与的工作相协调。
- 根据试运行清单与业主沟通(详见 BN 7.01),协调编制业主的试运行进度计划和工作安排。
- 通过适当修订合同文件,创造适当的条件,让运营团队和其他业主人员适时地参与施工阶段。
- 联络并协调所有承包商和专业顾问一同计划和监督工程服务试运行,例如:编制新的工作手册、组织职工培训和进行新员工招聘;规定试运行记录格式;租赁设备以满足短期需求;延长时间以达到采购计划要求;满足第 6 章调试和试运行阶段中所有规定的质量和绩效标准要求。
- 尽早委任或借调业主管理团队中的成员担任入驻协调员,确保项目从一个施工现场平稳过渡到一个可以顺利运营、正常维护的物业(详见 BN 7.02 中对于设备管理的介绍)。
- 在入驻新物业之前,业主需要运行调试物业中各个部分,包括使用各种系统和选择合适的职员承担新物业中安装和运行设备的工作:
  - 技术转移。
  - 检查语音盒数据装置是否正常运转。
  - 采购和装配区检查(如餐厅检查)。
  - 培训职员运营各种系统。
  - 培训员工物业运营管理能力。
- 业主的运行调试也是为了获得入驻房屋所必要的法定批准,如所有权证,卫生部门对厨房区域的卫生许可(如果适用的话)。
- 新物业的入驻取决于对使用空间的详细规划。对于办公大楼而言,其空间规划在项目全生命周期中逐步形成。
- 直到入驻阶段空间布局才能最终确定,以便适应因业主组织结构引起的潜在变化。一个典型的空间规划过程包括:
  - 确认业主的空间标准,包含大开间办公室或者有隔断办公室。
  - 确认业主的办公家具的标准。
  - 确定部门人数和具体要求。
  - 确定一个业主的商业组织模型,以反映出组织内部门运营的依赖性和相关性。
  - 在整个建筑空间中,通过建筑叠拼以适应每个部门所需总空间的大小。
  - 制订部门布局来显示每个部门如何充分利用分配到的空间。
  - 制订办公家具布局,给每个人分配专属于自己的办公设备。
- 对于这些阶段而言,业主单位以用户联络小组的形式直接参与每个阶段的审批。
- 对于业主而言,将部门迁入新场地是一个重要的运营环节。在整个搬迁的过程中,业主方的企业经营可能会受到巨大的影响。搬迁时间越长,业主承担的风险就越大,因此迁入需要一个妥善的计划。实际上,业主常常选派一名未参与新场地运营管理的负责人完成迁入工作。对于企业重要的迁入工作而言,业主方应该考虑使用专业的迁入顾问来辅助自己的内部相关部门。
- 在整个迁入计划中,需要提出一些关键的战略性问题:
  - 确定建筑的可入驻标准。
  - 确定搬迁时间。
  - 识别出迁入过程中的关键工序,并委任相关负责人。
  - 确定搬迁团队及其顺序,以最小化对企业运营的不利影响。
  - 确定搬迁团队的组织结构。
  - 识别影响搬迁的潜在风险。
  - 让业主的员工参与搬迁工作,并实时反馈信息。
- 对于这些可能会影响项目进度和主要施工工序的战略性问题,应在项目生命周期的初期阶段尽早处理。
- 入驻的最后工作是对实际搬迁的管理,这涉及搬迁承包商的委任,搬迁策略的详细规划和对搬迁过程的监督。
- 搬迁的总时长取决于每位员工需要运输的物品数量,以及各部门转移IT系统的难度。
- 在入驻阶段,业主需要重点明确空间布局方案的"冻结"节点,即在迁入完成前,不允许再发生任何的改变。
- 最可能影响上述"冻结"节点的因素,可以作为建立个人意见和数据系统框架的组成部分。
- 业主通常会禁止迁入工作的变更。如果确实需要变更,则业主应当发起一个补充子项目以明确界定相关事宜。

业主入驻

入驻应该依据一套详细的物流进度计划,该进度计划应该在项目竣工后交由即将入住的用户管理。该过程可以交由项目经理或者入驻协调员来管控。

与其他项目管理工作不同,入驻需要入驻企业员工参与,易受其企业组织文化和管理风格的影响。因此,计划被顺利实施、员工参与入驻工程都能改善管理层与员工的关系,提高员工的积极性和行动力。

在计划阶段,需要制订一个运营章程来贯彻实现公司的商业计划蓝图。该章程需要明确指出哪些服务是由企业内部完成,哪些服务会外包以及以何种方式外包。

对于业主企业入驻和搬迁工作的安排而言,许多项目是由设计团队或者空间规划顾问在初始设计阶段通过模拟分析加以确定的。本章所列的指南应该被包括在业主对特定项目要求的整体规划中。基本包括以下内容:
- 项目纲要。
- 详细纲要(部门级别)。
- 量化空间需求。
- 区域具体特征。
- 主要区域关联。
- 服务设施便利性。
- 工作区标准。

- 办公自动化设计。
- 安全/公共区域门禁。
- 家具、配件和设备(FF&E)计划。

在复杂的项目中,可以编制空间基本信息表,从而为设计纲要、设备转让或采购、人员调动和设施管理(Facilities management,FM)奠定基础。

以下是典型入驻程序的示意,需要结合实际情况与用户的期望成果加以说明。当然,也鼓励改变这些既有程序,以推动入驻进程更加顺利和高效。入驻可以被分为四个阶段,如图7.1、图7.2、图7.3和图7.4所示。以下展示了一个每年或每三年可续订合同的典型外包项目(合同在建设管理中通常由业主提供):

- 接待处和传达室。
- 安保。
- 保洁。
- 建筑设施与服务的运营管理。
- 维护。
- IT 信息技术支持。
- 餐饮及废弃物处理。
- 景观美化和场地维护。
- 交通运输和快递服务。

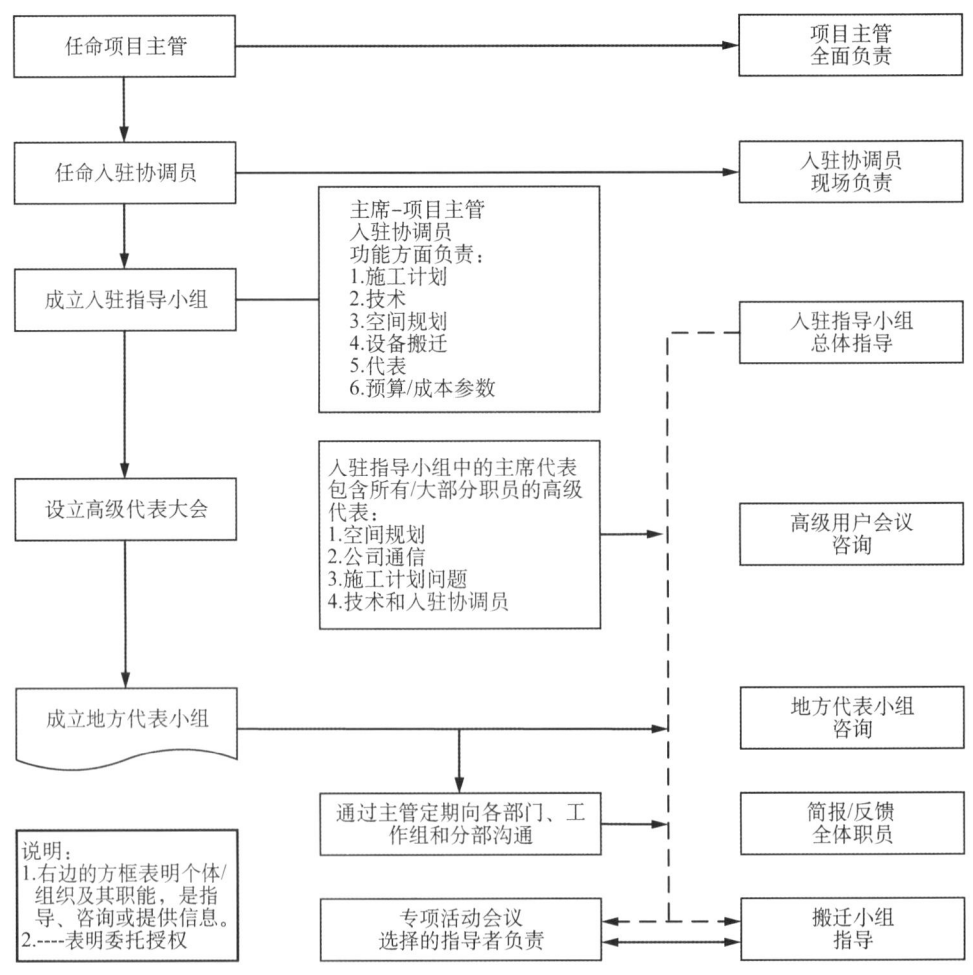

图 7.1 入驻:执行的组织结构

7 竣工、移交与运营阶段

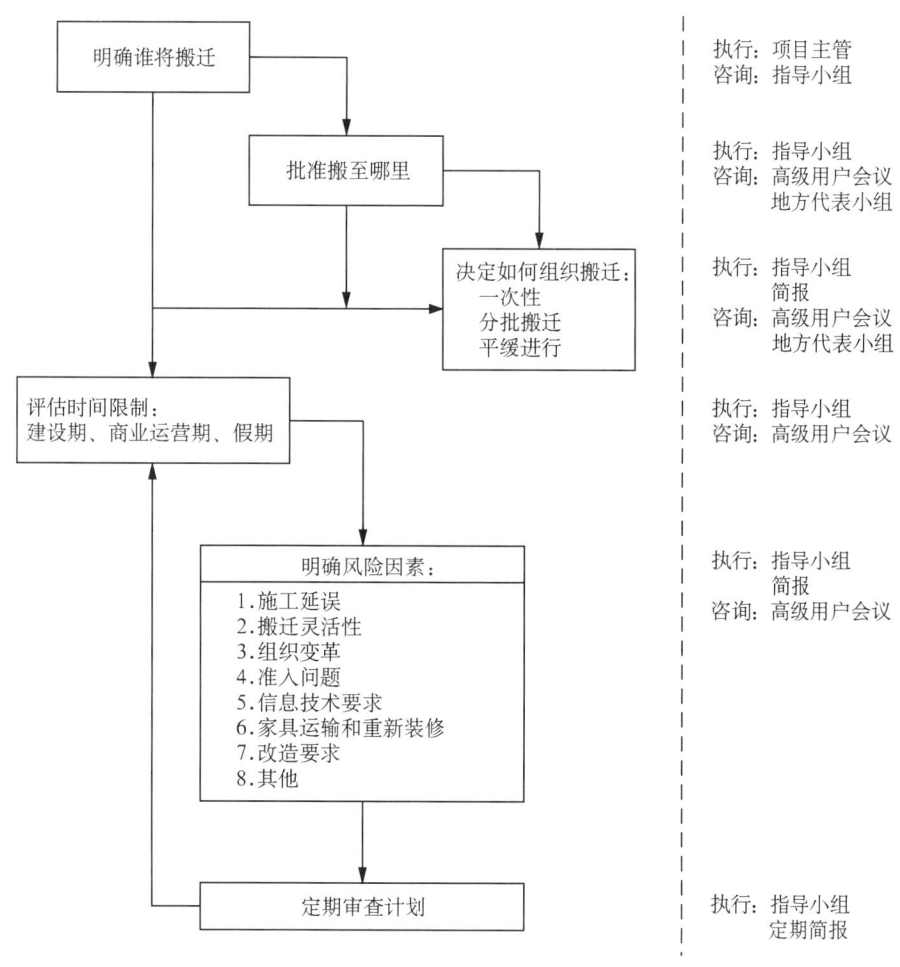

图 7.2 入驻：范围和目标

执行的组织结构

通过对项目成员或团队的委任，确定执行的组织结构，对项目入驻进行必要的指导、咨询和确定预算/成本参数，如图 7.1 所示。

范围和目标

范围和目标意味着决定要做的事情，考虑可能出现的约束并进行必要的评估，如图 7.2 所示。

方法

方法阶段要考虑如何顺利完成整个入驻过程，包括识别涉及特殊活动的个体或者组织以及确定有关参数指标和其他相关问题的任务清单（如经费）。图 7.3 给出了示例。

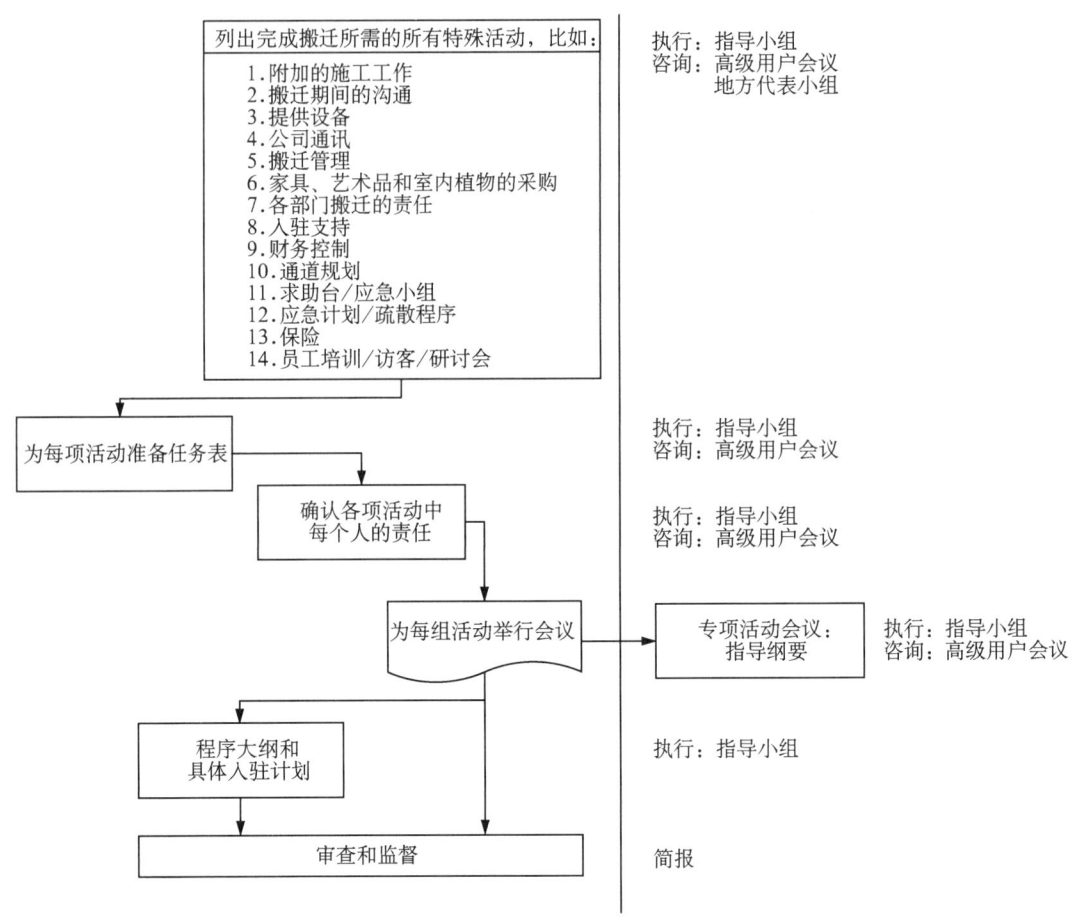

图 7.3　入驻：综述和方法

组织和控制

组织和控制是指采取必要的步骤以及控制进度和预算/成本，如图 7.4 所示，可能包括如下个体和团队组织。

- 项目主管：由业主/租户任命的总监或高级管理层成员，对移交全程负责。
- 入驻协调员：由项目经理任命，或由业主确认的现有人员，承担现场管理责任。
- 入驻指导小组：由项目执行总监任命，入驻协调员和遴选出的负责主要职能的资深代表组成。负责主要决策的制定，尤其要考虑业主方的限制条件（如财务限制）。
- 高级代表大会：由入驻指导小组的各职能代表主持，并由代表大多数职工的高级代表和入驻协调员组成。
- 地方代表小组：由各自部门的经理或监督员负责，针对特定区域或部门提供意见。小组成员需反映涉及所在区域群体具体权益的意见。
- 专项活动会议：为"方法"中所识别的涉及特殊活动的个人或组织讨论入驻问题而组织的会议。专人负责完成特定活动的所有任务，并主持相应会议。
- 搬迁小组：受入驻指导小组指挥，负责物资搬迁的指导、详细的准备工作和

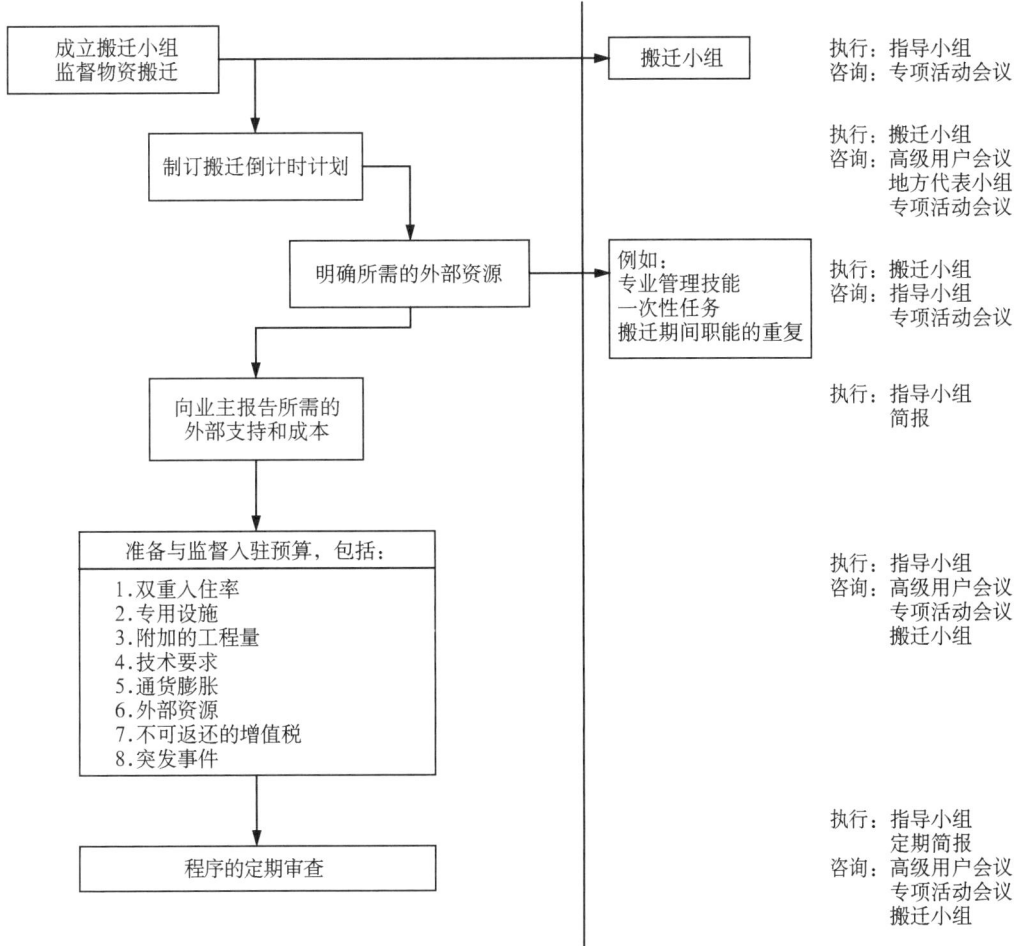

图 7.4 入驻：组织和控制

对搬迁过程的控制，包括相关预算/成本的控制。
- 简报组：负责全体员工间有效的定期沟通，及时发现问题，给各部门经理或主管提供信息。特别是在项目建造到入驻过程中，消息反馈非常重要。

在很多项目中，早期认定的个人和团队可能与业主试运行委任的团队具有相同的意义，例如，试运行团队也可写作入驻指导小组，反之亦然，图 7.1、图 7.2、图 7.3、图 7.4 提供了入驻过程的简单框架，BN 7.01、BN 7.03～BN 7.05 提供典型的控制系统清单。

软着陆

根据英国建筑服务研究与信息协会（The Building Services Research and Information Association, BSRIA）定义，软着陆是指在工程实际竣工结束之后的前几个月，设计方和施工方仍然参与到业主方的运营工作中，帮助业主调整和排除系统故障，确保其了解、管理和使用自己的物业。

软着陆的优势有：
- 确保可持续发展目标的实现。
- 软着陆有利于设计和施工方在实践中了解有哪些工作有效，哪些工作需要改进。

- 软着陆有利于形成统一的标准以达到更高的环境绩效水平,同时更好地满足建设物零碳排放的设计目标。
- 实现建筑物良好性能的重点不仅仅在于前期的设计,更重要的体现在建筑物实际的运营维护和管理情况。
- 只需要少量的额外融资,较好地控制在竞标价的利润范围内。
- 虽然三年的售后服务期间,建筑师和建筑设备工程师提供服务会产生一些费用,但是相对于给业主物业带来的价值,这些费用并不高。

BIM 战略

在建筑竣工时,项目团队可以移交竣工阶段的建筑信息模型(Build information modeling,BIM),传输数据给业主或者设施管理(Facilities management,FM)团队。

在介绍和定义阶段,会确定业主在移交时需要的信息。部分业主没有能力接受和充分利用项目的 BIM,因此他们更倾向于接受传统 2D 形式的建筑物移交信息,如工程竣工图、运营维护手册、建筑-设计-管理(CDM)健康与安全文件,以及其他用户/设施管理方面的信息。

在 BIM 环境下,所有的这些信息都可以包含在 BIM 和数据库中。如果业主方具备相应的工具和能力,这些信息数据可以直接输入其设施管理软件中。设施管理经理在检修建筑设备时就可以用平板电脑直接获取他们所需的关于此建筑的任何 BIM 数据,并且可以及时将额外的信息或评价更新至设施管理的 BIM 中。

BN 7.01 业主试运行工作清单

概要	■ 从项目可行性研究和策划阶段,逐步地确立和理解试运行小组的角色和责任
预算表	■ 基于对业主目标的清晰理解和认同来编制预算表
试运行工作清单	■ 调查和确认试运行要求 ■ 管理控制文件
任命	■ 试运行团队 ■ 操作和维护人员 ■ 竣工后维修工程师 ■ 岗位职责、进度计划和预期成果需书面确定,并达成一致
业主的运营程序	■ 工作实践标准 ■ 工作中的健康与安全要求
员工培训	■ 服务 ■ 安保 ■ 维护 ■ 程序 ■ 设备
业主的设备(包括为试运行租赁的设备)	■ 计划 ■ 挑选 ■ 审批 ■ 交付 ■ 安装
建筑服务和设备	■ 规定/核对招标规范要求 　□ 测试 　□ 平衡 　□ 粗调 ⎫ 记录的详细格式 　□ 微调 ⎭ ■ 标记和记录,包括编制施工记录图 　□ 移交零件 　□ 移交工具 必须满足所有维护计划和设备标准政策要求
维护	■ 业主建设和试运行团队的维护部门必须同意 ■ 安排 ■ 程序 ■ 合同

(续表)

安保	■ 警报系统 ■ 电话链路系统 ■ 员工通道 ■ 访问（包括卡禁） ■ 消防路线 ■ 银行取款机
通信工具	■ 电话 ■ 无线电台 ■ 寻呼机 ■ 公共广播系统 ■ 可读性强的建筑平面图 ■ 数据链路
符号和图表	■ 工业规范 ■ 法定标识——健康与安全、消防、工厂法、工会
启动运营	■ 最终的清扫 ■ 维护程序（包括设备制造商的专业维护） ■ 清洁和废物清理 ■ 根据合同类型确定保险的日期与内容 ■ 进出门禁和安保（包括员工身份证） ■ 安全 ■ 仪表读数或水电煤气表的启动 ■ 电话和燃料油 ■ 装备 ■ 员工进场 ■ 宣传 ■ 开放管理
审查设备的运营	■ 在第 6、9、12 个月进行（包括能源成本） ■ 改进与系统微调 ■ 缺陷报告，修正与校验程序 ■ 潜在缺陷报备
反馈	■ 通过任命的竣工后维护工程师沟通

BN 7.02　设施管理概述

设施管理(FM)起源于房屋物业资产管理。随着市场需求与企业竞争力要求的不断提升,企业管理的关注点不再仅局限于建筑物本身,而是更加重视相关人员对资源的使用效率和这些资源能够创造的价值,后者就是设施管理。设施管理并非一个全新的概念而是一个起初只由少数企业采用,逐渐成为建设行业发展最为迅速的资产和资源管理领域。

设施管理的目的在于建立一个新的管理框架,该框架应包含传统的房产管理功能,如物业维护、照明和供暖等,同时还越来越多地包括空间使用/规划、资产登记、健康与安全登记以及室内通道设计的分析检查。因此,在这里使用"设施"这一术语,指的是通过管理建筑物、家具、设备以及劳动环境,最大化地支持员工完成企业制订的商业目标。

设施管理的成功很大程度上依赖于不断发展的可靠且功能强大的计算机科技,以及个人计算机的普及,这使得人们能够使用复杂的数据处理系统以提高效率。利用数据库可以反馈或前馈控制建筑物内企业的商业活动,其中前馈控制越来越重要。反馈控制通常可以收集及储存工作场所的性能数据,主要适用于历史资料的分析,为进行前馈管理提供基础,预测未来发展趋势和运营中可能存在的问题,以减少资源浪费。

在工商业领域的各项设施管理应用,实际上都是一次性的系统,即不同企业运用的设施管理系统各不相同;虽然其必须结合企业的主要需求,但是实际上该系统却是由一系列基于设施管理平台运行的独立模块组成的。新型的行业标准平台以广泛应用于建筑设计领域的计算机辅助设计技术为基础,并已经发展为强大的计算机辅助设备管理(Computer-aided facilities management,CAFM)系统。对于正在为具备相似功能的建筑物拟定项目计划的项目经理和项目团队来说,计算机辅助设备管理系统是不可或缺的参考信息来源,设施管理和项目管理以这种方式的结合,将更有效地提升物业管理水平。

CIOB已经意识到定制化的设施管理合同在本领域得到了广泛应用,但其中的大部分合同通常是引用其他领域的合同模板,缺乏涉及针对设施管理的专属合同条款。

1999年,CIOB与Cameron McKenna律师事务所合作,出版了第一版《设施管理合同示范文本》,该标准范本的第三版已于2008年出版发行。

BN 7.03　工程服务试运行清单

涵盖的工程服务	■ 常规项目： 　□ 给排水系统 　□ 供暖/制冷系统（锅炉、热水器、冷水机） 　□ 通风系统 　□ 空调系统 　□ 供电系统（发电机、配电板等） 　□ 机械系统（水泵、电动机等） 　□ 火灾监测及消防系统 　□ 控制系统（电气、气动等） 　□ 电话/通讯 ■ 专业项目： 　□ 食品、医药、化工、制造生产车间 　□ 活动区 　□ 安保设施（有线电视、传感器、门禁） 　□ 设备管理系统 　□ 声控及震动扫描设备 　□ 垂直升降电梯、电动扶梯等 　□ IT 信息技术系统及 BMS 商业管理系统
合同文件	■ 责任——业主/承包商/设备制造商 　□ 工程量清单/将试运行工作项目分解描述成机械和电气工程专业术语 ■ 试运行技术规程 　□ 提供试运行观察测试结果的相关条款 　□ 提供设备使用的方法和步骤，满足相应的标准/规范（如，英国皇家注册设备工程师协会 CIBSE/英国供暖及通风工程师协会 IHVE/英国建筑服务研究与信息协会 BSRIA/国际电气工程师学会 IEE/损失控制委员会 LPC/英国标准 BS） ■ 合适的业主进出物业条款 ■ 业主员工培训 ■ 运营维护手册（在安装时） ■ 法定审批条款 ■ 施工记录图、软件设备与测试合格证书 ■ 法定审批（电梯、消防等）条款 ■ 保险审批条款
承包商试运行计划	■ 设备制造商的工作检测 ■ 试运行前的现场试验（构件检测，如：风机） ■ 预试运行检查（所有系统，如：空调系统，在承包商向业主展示之前） ■ 开始工作（以系统为单位） ■ 试运行检查（包括平衡/调整） ■ 向业主展示（以系统为基础） ■ 性能检测（包括系统的集成） ■ 试运行后检查（包括在物业入驻期间的环境调整）

BN 7.04 工程服务试运行文件

CIBSE 试运行规范	A B C R W TM12	气流分布 锅炉设备 自动控制 制冷系统 给排水系统 应急照明
BSRIA	TM 1/88 TN 1/90 AG 1/91 AG 2/89 AG 3/89 AG 8/91 AH 2/92 AH 3/93	暖通空调系统试运行的责任分配 欧盟试运行流程 建筑变风量系统试运行 建筑给排水系统试运行 建筑通风系统试运行 给排水系统的试运行及清洁 建筑能源管理系统试运行预备操作规范 消防及安保系统的安装、试运行和维护
HMSO	HTM 17 HTM 82	医疗建筑工程安装试运行及相关活动(医院) 医疗场所的消防警报和监测系统(医院)
损失控制委员会	LPC	自动洒水器安装规定
国际电气工程师学会 IEE		布线规定
英国标准		英国标准出版物包含大量专业系统及设备清单,如:气体管道、蒸汽和热水锅炉、石油及天然气燃烧设备、电气设备、接地器械等
电子信息技术		电缆安装及相关设备制造商/供应商规划指南

BN 7.05 移交检查表

移交程序	■ 设计证书 ■ 工程竣工证书 ■ 健康与安全文件 ■ 检查与测试 ■ 证书、批准和许可证复印件 ■ 保留金返还 ■ 最后的清扫 ■ 零件移交 ■ 抄表以及检查燃料库存 ■ 决算、完工检验、最终验收证书的准备 ■ 联系租户、买方、投资方 ■ 对外宣传 ■ 开放管理 ■ 业主验收 ■ 竣工后审查/项目完工报告
计划	■ 补救工作 ■ 缺陷责任期及缺陷修复
业主手册	■ 房屋设施调整 ■ 业主装修 ■ 专业顾问的建议 ■ 格式
操作与维护手册,工程竣工图及检验与测试 C&T 记录	■ 确定售后合同 ■ 移交至设施经理
出租或处理	■ 进度计划 ■ 宣传 ■ 策略 ■ 联络 ■ 文件 ■ 保险
附加工作	■ 合同 ■ 主要设备安装或改装 ■ 装修 ■ 商业装修
由承包商负责	■ 返工 ■ 追加合同
安全	■ 钥匙柜 ■ 密钥编排

(续表)

检验证书及法定审批		
消防主管检查	■ 消防招标的准入规定 ■ 防火隔板 ■ 消防电梯 ■ 排烟系统/增压 ■ 泡沫输入口/干式消防立管 ■ 防火阀 ■ 警报系统 ■ 警报器 ■ 电话链路 ■ 消防系统 　□ 洒水器 　□ 消防喉辘 　□ 手动装置/隔火毯等 ■ 法定标识	
消防证书		
电气工程师协会的认可证书		
水务政府部门的水硬度合格证书		
保险公司检查	■ 消防系统 　□ 洒水器 　□ 消防喉辘 　□ 手动装置 ■ 垂直升降电梯/电动扶梯 ■ 机械设备 　□ 锅炉 　□ 压力容器 　□ 电气设备 　□ 安保装置	
司法人员审查		
害虫防治专家审查		
环境安全部门审查		
建筑执法部门审查		
规划	■ 大纲 ■ 细节（包括是否满足要求） ■ 作为文物保护登记在册的建筑物	
土地所有者审查		
健康与安全部门审查		
犯罪预防部门审查		
设计安全审查		

BN 7.06　实际竣工检查表

项目编号：
批准授权：　　　　　　　　　　　　　　　签字：

下列各项任务是否完成？
1. 合同规定的工作
2. 工程设施的试运行
3. 未完工程进度表
4. 未完工程的完成
5. 操作及维护手册、工程竣工图、检验与测试记录
6. 签订维护合同
7. 建筑规范的批准及其签署
8. 入驻证书的颁发
9. 公共卫生许可证签署
10. 签署并获得健康与安全许可证及相关文件
11. 满足规划的各项要求，包括保留事项
12. 颁发设备测试合格证书(电梯、清洁吊架等)
13. 颁发设备保险合格证书(电梯、清洁吊架、洒水器等)
14. 获得消防疏散通道批准
15. 签署消防系统及消防设备合格证
16. 火警系统及消防证书颁发
17. 公共设备租赁以及签署道路通行证
18. 公共设备供货检查及签署
19. 受控化学药品存储许可证
20. 受控化学药品处理许可证
21. 天然气存储许可证
22. 自流井使用许可证
23. 当地政府部门对高速公路、小区道路和人行道的使用许可授权
24. 同意架设旗杆
25. 同意设立照明指示牌
26. 清洁达标
27. 剩余物与废弃物的清除
28. 工具与备件的准备
29. 业主/用户保险投保
　　已完成
　　不达标

8 竣工后评价及使用阶段

阶段清单

关键流程： 使用后评价
项目审计
项目反馈
竣工报告
效益实现
入驻/使用策略
关键阶段目标： 该项目是否满足需求？
关键可交付成果： 项目竣工报告
使用后评价报告
使用者手册
关键资源： 业主团队
项目经理
入驻和维护团队

阶段性进展和成果

本阶段是项目开发过程中的最后阶段，内容包括项目在行政上和财务上的收尾工作。

成果包括：
- 任何需要的使用后评价。
- 颁发竣工证书，确认所有遗留的工作已完成。
- 完成所有工程咨询费和承包商施工费用支付。
- 协调解决索赔所引发的额外费用。
- 项目文件的收集归档。
- 竣工后审查。
- 效益实现评估（如有必要）。
- 在健康与安全文件中记录任何潜在的风险或问题。
- 完善并颁布运营和维护计划。

使用后评价

使用后评价，是指对建筑从最初的概念设计到最终的运维使用的全生命周期

提供信息反馈的一种方法,这种反馈可以为未来的项目交付流程以及设备的技术性能表现提供参考信息。这种反馈的好处包括:
- 发现建筑物的问题并找到解决方法。
- 针对用户需求做出响应。
- 基于使用反馈来提高空间利用率。
- 改善房屋的内部结构设计适应公司规模的变化。
- 找到部分空间的新用途以及优化目前的空间利用布局。
- 有利于设计方对建筑物性能进行评估。
- 提升设计品质。
- 有利于公司战略绩效评估。

当这些反馈信息不仅能用于业主方的建筑评价,还能进一步为项目所有参与方甚至整个建筑行业所共享时,使用后评价(POE)的效益才能得到最大化的体现。利用 POE 方式获得的信息,不仅可以促进各项目参与方思考怎么去解决现有问题,还提供了可以供其他项目做比较的基准数据。这种共享式的学习资源可以提高建筑采购的有效性,因为每个机构都可以从中学习到自身未接触过的项目管理经验知识。

关于 POE 的指导大纲详见附录 BN 8.01。

项目审计

- 项目目标的简述。
- 总结最初的项目需求发生了哪些变化以及为什么会有这些变化。
- 简要评述项目中使用的合同及其条款是否恰当。
- 评估组织结构构成、运行效率,以及成员专业或技能是否达标。
- 回顾总进度计划:比较项目里程碑事件和关键工序的计划与实际情况之间的差距。
- 总结项目开发过程中遇到的特殊情况、问题及其相应的解决方法。
- 总结项目在以下方面的优劣势和所收获的经验教训,回顾在既有要求下,项目是如何有效执行的:
    - 成本。
    - 进度。
    - 技术能力。
    - 质量。
    - 健康和安全方面。
    - 可持续目标(包括环境、社会、和经济方面)。
- 项目纲要是否完成?设施是否满足业主方/用户的需求?哪些方面需要进一步改进,并且考虑如何改进才能物有所值?
- 指明可用于将来项目里的改进措施。

成本与进度研究

- 两方面的有效性评估。
    - 成本与预算控制。

- ■ 索赔程序。
- 批准的成本和最终的成本。
- 计划成本与实际成本的比较(如:S型曲线)以及对初期和末期预算的分析。
- 索赔的影响。
- 留存必要的财务单据和记录以完成项目的竣工结算。
- 确认因初始要求变更和/或其他因素而导致的时间拖延和成本差异。
- 简要分析初始及最终进度计划,包括规定与实际的完工日期差异以及其他变更的原因。

人力资源评价

- 沟通渠道和报告关系(瓶颈及原因)。
- 可能的劳资关系问题。
- 对员工的福利待遇、工作状态和动机做出总体评估。

绩效评价

- 进度和计划工作。
- 程序是否正确,控制是否有效?
- 工作时间总结。
  - ■ 计划工作时间的分解,并与实际工作时间比较。
  - ■ 以有效的方式完成工作所需资源的充分性。
- 识别满意的工作和不满意的工作。
- 对所有咨询方和承包商做绩效评级,以便未来使用。

项目反馈

项目反馈必要地反映出在项目各个阶段所汲取的经验,包括对业主未来项目的建议。理想状态下,反馈应该来自项目团队中各个阶段所有的参与者。必要时,信息可以来自一些关键的决策阶段(如:在实施手册里列出的每个阶段的完成期)。项目反馈应当包括:

- 对项目的简要说明。
- 项目团队概述。
- 合同形式及重要性。
- 合同反馈(适用性、管理技巧、激励措施等)。
- 技术设计。
- 施工工艺。
- 对于所选技术方法的评价。
- 需汲取的技术上的教训。
- 咨询方的委托方式。
- 对咨询方委托方式的评价。
- 项目进度。
- 对项目进度的评价。

- 成本计划。
- 对成本控制的评价。
- 变更管理系统。
- 变更的重要性。
- 变更/变动的主要来源。
- 总体风险管理的绩效。
- 总体财务绩效。
- 沟通问题。
- 组织问题。
- 对业主承担的角色/决策制订过程的评价。
- 对整个项目管理包括所有特殊问题的评价。
- 其他评价。
- 竣工报告。

需要记住的是项目反馈的目的不仅是为了表达哪些方面出错以及为什么出错，还要观察到哪些方面完成得好，并且是否(以及如何)可以在未来的项目中进行完善。

竣工报告

竣工报告是发送给业主的一份关于项目交付和成果的正式记录，项目经理应该在竣工报告中总结回顾各项完工工作后的发现。

效益实现

尽管效益实现是业主的责任，但是在一些项目上，项目经理也可能帮助业主评估是否实现了计划效益。

入驻/使用战略

尽管这是业主的责任，但在一些项目上也有项目经理辅助入驻阶段的准备及实施工作，且应当和最终用户协调并通过项目移交文件加以支持。项目经理所做的可能包括：在计划控制和绩效上的帮助，确保手册和记录的更新，进而在编著业主手册时能正确反映所有的变化。在运用 BIM 技术的项目中，业主方可能希望 BIM 经理继续提供服务，从而使 BIM 信息能够从项目交付阶段平稳转移到保修阶段。现着重列述如下。

业主方的 BIM 战略

继上述阶段之后，用竣工 BIM 来管理已完工建筑物资产的运营是有可能实现的。

BIM 已经融入业主方的设施管理软件中，并且在建筑物、建筑系统和 BIM 系统三者间实现了实时交互和监测的情况下，BIM 同样可以连接到建筑管理系统中。

FMBIM 可以用于建筑物维护管理，实现设备维修和替换的要求，并且方便设施管理经理和用户介入和获得可靠信息。

不过必须强调的是,为了实现 BIM 的有效操作使用,需要获悉并在项目定义阶段提出详细要求,以便在项目每个阶段都能开发和更新 BIM 数据,从而实现利益最大化。

BN 8.01　使用后评价流程图

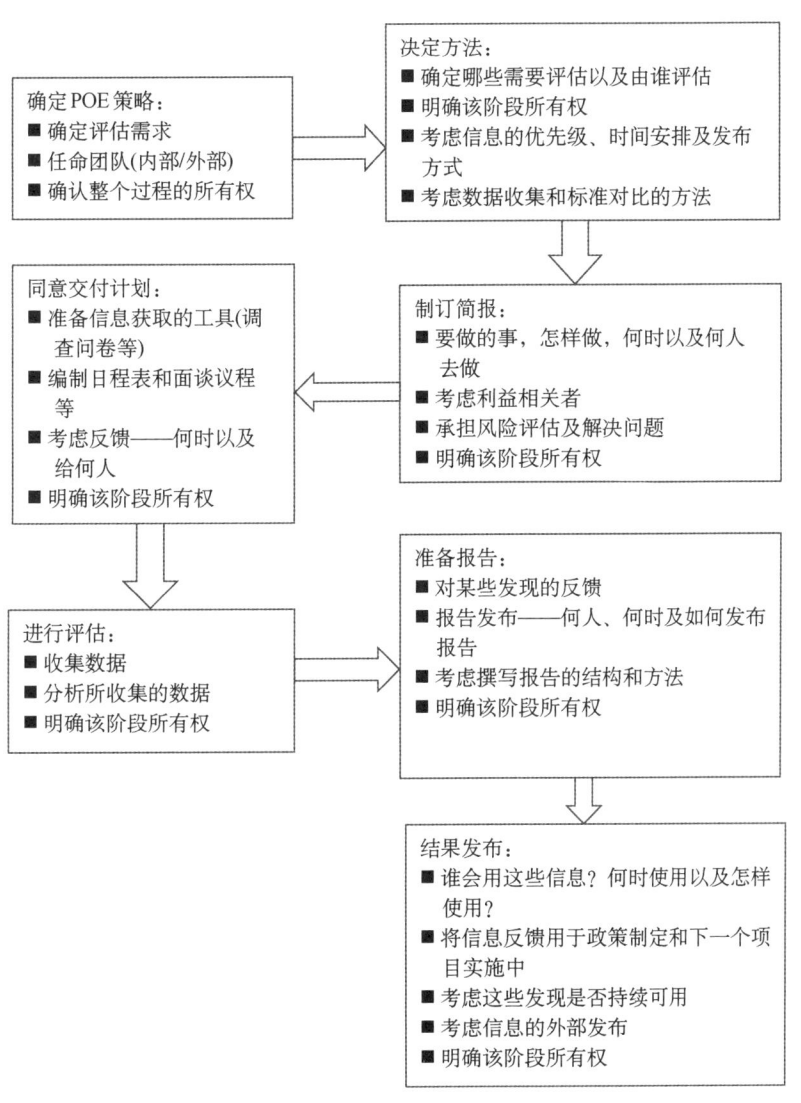

资源：更多详细信息参见《使用后评价的指导》——由威斯敏斯特大学发布的文件，http://www.aude.ac.uk/info-centre/goodpractice/AUDE_POE_guide（2014 年 3 月访问）。

术语表

> 本篇中的阳性词也同样意味着阴性的词义,反之亦然。复数形式的单词也代表单数含义,例如复数形式的分包商也可以指代一家分包商。

运维工程师(Aftercare engineer)	运维工程师在业主/用户入驻后的最初 6~12 个月内向其提供支持性服务,因此,很可能是试运行团队的一员。
建筑信息模型(BIM)	BIM 使所有项目利益相关者和参与者能够在项目全生命周期共享信息和数据。它为达成一致的、结构化的、完美的数据提供了一个平台,为整个项目过程中的决策提供保障。
预算(Budget)	预算是在规定的时间内完成任务所需的资源的量化,要求任务所有者在此时间内完成工作。注意:预算是由财务和/或定量报表组成的,该报表是在定义期间之前准备和批准的,目的是达到该期间的既定目标。
商业案例(Business case)	商业案例是指审批、授权、决策机构来评估项目建议书及做出合理的决定所需要的信息。
建设-设计-管理协调员(CDM coordinator)	建设-设计-管理协调员是《建设管理 2007 规例》所要求的角色。该角色的主要职责见《建设管理 2007 规例》。
变更管理(Change control)	变更管理是对确保项目可交付成果或项目工作顺序的潜在更改的记录,评估,授权和管理过程。
变更令(Change order)	变更令另一种叫法是变动令,它也暗指对项目纲要的变更。
业主(Client)	业主是指项目所有者和/或开发商,有些情况下是最终的使用者。
业主顾问(Client adviser)	业主顾问是指如 Latham 所提倡的,独立的建筑从业人员,由业主雇请在项目的初期阶段为项目提供建议。
试运行团队(Commissioning team)	试运行主要是指由业主主导,在承包商和咨询人员的协助下,组织开展项目试运行。工程设施试运行由专业工种承包商和设备制造商,在总承包商和有关咨询人员的监督下进行。
咨询方(Consultants)	咨询方是指业主和项目团队成员的顾问,其中也包括设计团队。
应急预案(Contingency plan)	应急预案是指应对项目风险的一系列备选方案计划。
承包商(Contractor)	通常包含两层意思:(A)总承包商,负责整个项目从建设实施至竣工验收的全过程;(B)分承包商,在单独的合同规定下负责建设复杂项目的主要部分或是其中重难点技术部分(见分包商)。
设计审核(Design audit)	设计审核是由独立的设计团队成员执行,以确认项目设计是否以最可能的方式满足了业主纲要和业主目标。

设计交付经理(Design delivery manager)	设计交付经理通常负责确保设计输出，按照商定的时间表和详细级别交付给项目团队和供应链中的相关方。
设计定稿(Design freeze)	设计定稿是指完成设计和相关程序后经业主最终确认的设计方案，业主不再进行进一步的修改或在项目纲要批准的预算内接受该设计方案。
设计管理(Design management)	设计管理过程包括对所有与项目相关的设计活动、人员、过程和资源的管理。
设计团队(Design team)	设计团队由建筑师、工程师以及技术专家构成，负责对项目进行概念设计与深化设计过程，包括完成项目建设所需的图纸、规范和说明以及相关内容。
设计组长(Design team leader)	设计组长最终负责设计输出工作的运转、协调和质量。
开发控制(Development control)	在英国，开发控制是指地方政府通过城镇和乡村规划来规范土地使用和新建设。
最终用户(End user)	最终用户是指占有和经营设施的组织或个人，可能是、也可能不是业主。
环境管理(Environment management)	环境管理工作包括建立和确定环境影响评价体系，并制订一份所有参建方在项目的整个生命周期内必须遵守的环境声明。
设施管理(Facilities management)	设施管理是指按经济有效的方式计划、组织、管理资产以及他们相关的辅助设施，从而在财务和质量方面取得最优的回报。
设施(Facility)	设施是指各种类型的建筑，如：建筑物、购物中心、机场、医院、宾馆、运动/休闲中心、工业类/加工类/化学类工厂和相关设备，以及其他基础设施项目。
可行性研究阶段(Feasibility stage)	可行性研究阶段工作包括通过评估业主的目标草拟最初的项目开发计划，并向业主提供建议和专业化知识从而帮助业主更准确地确定其需要什么以及如何实现。
手册(Handbook)	见项目手册。
关键绩效指标(KPI)	关键绩效指标(KPI)旨在从测量和监控的角度生成有关绩效范围的信息。
生命周期成本(Life-cycle costing)	生命周期成本是指运用折算现金流技术核算某项资产整个运行期的总成本现值，以便于各备选方案的比较，这使得能够更有效地对投资方案选择进行评估以便做出决策。
总进度纲要(Master programme)	总进度纲要是以某种合同的形式制定的基本时间表，用于监视项目进度。它与动态工作计划的概念不同，后者是一种时间管理模型。
入驻(Occupation)	入驻有时也称为移出或移入。它是进行实物搬迁以及安置人员（雇员）进入新的工作环境的过程。
规划(Planning)	规划是一系列做决定和沟通的行为总和，包括显示进度、地点和所需资源的具体方法。
规划得益(Planning gain)	规划得益是指项目计划批准所附带的条件，该条款由开发商出资而使社区受益。
使用后评价(Post occupancy evaluation)	使用后评价是在整个建筑生命周期内提供反馈的一种方式。
总承包商(Principal contractor)	根据建设管理(CDM)规程，由业主指定承包商执行总承包商的职能。
项目集管理(Programme management)	一个项目集包含许多相关的项目，并且它们之间有共同的成果目标。项目集管理是指同时协调和治理多个项目，从而实现多项目利益，它关系到多项目启动、多项目之间的相互依赖关系管理、风险管理和解决跨项目优先权和资源冲突问题。

项目(Project)	项目是由一组具有开始和结束日期的协调和控制活动组成的独特过程,在工期、成本和资源限制条件下,达到特定的需求目标。
项目纲要(Project brief)	项目纲要是业主对拟建设施的目标、成本以及功能需求或限制的陈述。
项目执行计划(Project execution plan)	项目执行计划通常是由项目经理负责编制的计划,目的是使项目满足特定的目标。在某些情况下这也称为项目管理计划。
项目治理(Project governance)	项目治理有助于确保项目开展符合执行项目组织的标准。项目治理要求在所有项目活动中建立责任制,而非依赖于董事会和道德约束。
项目手册(Project handbook)	项目手册详述了各种不同的活动和程序的细节要求(通常称为项目圣经),用于指导项目成员履行其职责、确定其责任,亦称为项目执行计划、项目指南和项目质量计划。
项目保险(Project insurance)	项目保险是指为某项目专门设计的,来满足项目需要的一整套保险,它不同于项目团队制定的的专项保险。
项目经理(Project manager)	项目经理是指拥有权力和责任来管理一个项目,实现特定目标的个人或机构。
项目计划(Project schedule)	项目计划是指项目或项目阶段的进度计划。注:在建设项目中,这通常被称为"项目计划 project programme",建筑业往往使用 programmes(计划)而不是 schedules(计划)。实际上 schedules(计划)常用来表示以表格形式呈现的物品清单,如门窗、五金清单等。
项目发起人(Project sponsor)	项目发起人是业主(通常是政府)代表,充当的是项目经理的角色,以业主组织的利益为中心,履行的日常管理事务。
项目团队(Project team)	项目团队包括业主、项目经理、设计团队、咨询人员、总承包商以及分包商。
风险(Risk)	风险是指出现特定威胁或机会的概率以及发生时后果的严重程度。
风险分析(Risk analysis)	风险分析是指系统地使用已知信息来分析特定事件可能发生的频率和其可能的后果的严重性。
风险因素(Risk factor)	风险因素指项目运用了积极的项目开发和规划方法,可能出现预期风险和问题的因素。
风险管理(Risk management)	风险管理是指系统应用政策、程序、方法和任务实践来识别、分析、评估、应对和监测风险。
风险记录(Risk register)	风险记录是指确定风险的正式记录。
季节性试运营(Seasonal commissioning)	季节性试运营是指调试那些受冬季和夏季季节性变化影响的系统。
利益相关者(Stakeholder)	利益相关者是指对项目有影响或正受到(直接或间接)项目影响的任何个人或实体。
策划阶段(Strategy stage)	在此阶段,业主全面收集项目信息,并在此基础上做出决定是否让项目继续实施。它提供了有效执行项目的框架。
分包商(Subcontractor)	分包商是指承接项目中专业性工作的承包商,他们通常提供设计服务、专业技术服务或劳务人员。
租户(Tenant)	租户一般是指非业主或开发者的设施使用者。
用户(User)	用户是指最终设施使用者。

参考文献

> 以下内容并不仅仅是为了提供一个较为全面的参考文献列表,而更多是为了向读者提供一些补充性的资料来源,使其能够更为系统地考察和理解工程项目管理及其与实践过程的交互关系。
>
> 为了便于参考,以下文献被按照第五版和第四版分别列出,从侧面也反映出了业主开发与建设管理核心内容和实施指南的演变。

第五版

Anonymous (2007) The economics of climate change. *The Stern Review*.

Eastman, C., Teicholz, P, Sacks, R. & Liston, K. (2011) *BIM Handbook A Guide to Building Information Modelling*, 2nd edn. John Wiley & Sons, Hoboken.

Fewings, P (2012) *Construction Project Management: An Integrated Approach*, 2nd edn. Routledge, London.

Goleman, D. (2000) Leadership that gets results. *Harvard Business Review*, March-April.

Johnson, G; Scholes, K and Whittington R (2006) *Exploring Corporate Strategy*, FT Prentice Hall London.

Lock, D. (2013) *Project Management*, 10th edn. Gower, Surrey.

Mead, J. & Gruneberg, S. (2013) *Programme Procurement in Construction: Learning from London 2012*, Wiley-Blackwell, Oxford.

Mike Jacka, J. & Keller, PJ. (2009) *Business Process Mapping: Improving Customer Satisfaction*. p. 257. John Wiley & Sons, New York.

Morgan, A. & Gbedemah, S. (2010) How poor project governance causes delays. Apaper presented to the *Society of Construction Law at Meeting in London*, 2 February 2010.

Morris, P (2013) *Reconstructing Project Management*. Wiley-Blackwell, Oxford.

Office of Government Commerce[①] (2005) Common causes of project failure, http://www.dfpni.gov.uk/content_-_successful_delivery-newpage-50 (accessed March 2014).

Pickavance, K. (Spring 2005) Dispute resolution without tears, *Times of the Islands*.

Ritz, G.J. & Levy, S.M. (2013) *Total Construction Project Management*, 2nd edn, McGraw-Hill Education, New York.

Shackleton, V. (1995) *Business Leadership*. Routledge, London.

Smith, N.J. (2002) *Engineering Project Management*, 2nd edn. Blackwell Science, Ames.

The Chartered Institute of Building (2013) *Design Manager's Handbook*. Wiley Blackwell, Oxford.

Underwood, J. & Khosrowshahi, F. (2012) ITC expenditure and trends in the UK construction industry in facing the challenges of the global economic crisis. *Journal of Information Technology in Construction*, 17, 25–42, http://www.itcon.org/2012/2 (accessed April 2014).

United Nations (1987) *Report of the World Commission on Environment and Development*.

第四版[②]

A Guide to Managing Health and Safety in Construction (1995). Health and Safety Executive Books.

A Guide to Project Team Partnering (2002). Construction Industry Council.

A Guide to Quality-based Selection of Consultants: A Key to Design Quality. Construction Industry Council.

Accelerating Change — Rethinking Construction (2002). Strategic Forum for Construction.

ACE Client Guide (2000). Association of Consulting Engineers.

Achieving Excellence through Health and Safety. Office of the Government Commerce.

Adding Value through the Project Management of CDM (2000). Royal Institute of British Architects.

APM Competence Framework (2008). Association for Project Management High Wycombe.

---

① 英国商务部的文献来源于国家档案馆。
② 本部分的参考文献来自于《业主开发与建设项目管理实用指南》(第4版)。

APM Introduction to Programme Management (2007). Association for Project Management — PMSI Group, High Wycombe.

Appointment of Consultants and Contractors. Office of the Government Commerce.

Benchmarking. Office of the Government Commerce.

Bennett, J. (1985) *Construction Project Management*. Butterworth, London.

Bennett, J. & Peace, S. (2006) *Partnering in the Construction Industry — A Code of Practice for Strategic Collaborative Working*. CIOB/Butterworth Heinemann.

Bennis, W.G. & Nanus, B. (1985) *Leaders: The Strategies for Taking Charge*. Harper & Row, New York.

Best Value in Construction (2002). Royal Institution of Chartered Surveyors

Briefing the Team (1996). Construction Industry Board.

Building a Better Quality of Life, A Strategy for More Sustainable Construction (2000).

Department of Environment, Transport and the Regions/Health and Safety Executive.

Burke, R. (2001) *Project Management Planning and Control Techniques*, 3rd edn.

Client Guide to the Appointment of a Quantity Surveyor (1992). Royal Institution of Chartered Surveyors.

Code of Estimating Practice, 7th edn (2009). The Chartered Institute of Building.

Code of Practice for Selection of Main Contractors (1997). Construction Industry Board.

Code of Practice for Selection of Subcontractors (1997). Construction Industry Board.

Constructing Success: Code of Practice for Clients of the Construction Industry (1997). Construction Industry Board.

Sir Michael Latham (1994) *Constructing the Team*. Final report of the Government/industry review of procurement and contractual arrangements in the UK construction industry (the Latham Report), HMSO.

Construction (Design and Management) Regulations (2007). Health and Safety Executive.

Construction Best Practice Programme (CBPP) Fact Sheets.

Construction Management Contract Agreement (Client/ Construction

Manager) (2002). Royal Institute of British Architects.

Construction Management Contract Guide (2002). Royal Institute of British Architects.

Construction Project Management Skills (2002). Construction Industry Council.

Control of Risk — A Guide to the Systemic Management of Risk from Construction (SP125) (1996). Construction Industry Research and Information Association.

Cox, A. & Ireland, RP (2003) *Managing Construction Supply Chains*. Thomas Telford, London.

Dallas, M. (2006) *Value & Risk Management — A Guide to Best Practice*. CIOB/Blackwell, Oxford.

Earned Value Management: APM Guidelines (2008) Association for Project Management — EVMSI Group, High Wycombe.

Essential Requirements for Construction Procurement Guide. Office of the Government Commerce

Essentials of Project Management (2001). Royal Institute of British Architects.

Fielder, FE. (1967) *A Theory of Leadership Effectiveness*. McGraw-Hill, New York.

Financial Aspects of Projects. Office of the Government Commerce.

Goleman, D. (2000) Leadership that gets results. *Harvard Business Review*, March-April.

Good Design Is Good Investment. Advice to Client, Selection of Consulting Engineer, and Fee Competition (1991). Association of Consulting Engineers.

Gray, C. (1998) *Value for Money*. Thomas Telford, London.

Green, D. (ed.) (2000) *Advancing Best Value in the Built Environment — A Guide to Best Practice*. Thomas Telford, London.

Guide to Good Practice for the Management of Time in Complex Projects (2014), Chartered Institute of Building.

Guide to Project Management BS 6079 — 1 (2000). British Standards Institution.

Hamilton, A. (2001) *Managing Projects for Success*. Thomas Telford, London.

Interfacing Risk and Earned Value Management (2008). Association for Project Management — RSI Group, High Wycombe.

Kotter, J. (1990) *A Force for Change: How Leadership Differs from Management*. Free Press, New York.

Langford, D., Hancock, M.R., Fellows, R. & Gale, A.W. (1995) *Human*

Resources Management in Construction. Longman, Harlow.

Lock, D (2001) *Essentials of Project Management*. Gower Publishing.

Management Development in the Construction Industry — Guidelines for the Construction Professionals, 2nd edn (2001). Thomas Telford, London.

Managing Health and Safety in Construction. Construction (Design and Management) Regulations 1994. Approved Code of Practice and Guidance (2001). HSG224 HSE Books, Health and Safety Executive.

Managing Project Change — A Best Practice Guide (C556) (2001). Construction Industry Research and Information Association.

Manual of the BPF System for Building Design and Construction (1983). British Property Federation.

Mintzberg, H (1998) Covert leadership: notes on managing professional. *Harvard Business Review* Nov-Dec, pp. 140–147.

Models to Improve the Management of Projects (2007). Association for Project Management, High Wycombe.

Modernising Construction: Report by the Comptroller and Auditor General (2001). HMSO.

Modernising Procurement: Report by the Comptroller and Auditor General (1999). HMSO.

Morris, P. W. G. (1998) *The Management of Projects*. Thomas Telford, London.

Murdoch, I. & Hughes, W. (1992) *Construction Contracts: Law and Management*. E & FN Spon, London.

Murray-Webster, R. & Simon, P (2007) *Starting Out in Project Management*, 2nd edn. APM, High Wycombe.

Northhouse, P (1997) *Leadership — Theory and Practice*. Sage, Thousand Oaks.

Partnering in the Public Sector — A Toolkit for the Implementation of Post-award, Project Specific Partnering on Construction Projects (1997). European Construction Institute.

Partnering in the Team (1997). Construction Industry Board.

Planning: Delivering a Fundamental Change (2000). Department of Environment, Transport and the Regions.

Potts, K. (1995) *Major Construction Works: Contractual and Financial Management*. Longman, Harlow.

Prioritising Project Risks (2008). Association for Project Management — RSI Group, High Wycombe.

Procurement Strategies. Office of the Government Commerce.

Project Evaluation and Feedback. Office of the Government Commerce.

Project Management (2000). Royal Institute of British Architects.

Project Management Body of Knowledge, 5th edn. (2006). Association for Project Management.

Project Management in Building, 2nd edn. (1988). The Chartered Institute of Building.

Project Management Memorandum of Agreement and Conditions of Engagement (xxxx). Project Management Panel, RICS Books.

Project Management Planning and Control Techniques (2001). Royal Institute of British Architects.

Project Management Skills in the Construction Industry (1996). Construction Industry Council.

Project Risk Analysis and Management Guide, 2nd edn. (2004). Association for Project Management — RSI Group, High Wycombe.

Quality Assurance in the Building Process (1989). The Chartered Institute of Building.

Rethinking Construction — Report of the Construction Task Force to the Deputy Prime Minister on the Scope for Improving the Quality and Efficiency of UK Construction (the Egan Report) (1998). Department of Environment, Transport and the Regions.

Risk Analysis and Management for Projects (1998). Institution of Civil Engineers and Institute of Actuaries.

Safety in Excavations (Construction Information Sheet No. 8). Health and Safety Executive.

Selecting Consultants for the Team (1996). Construction Industry Board.

Selecting Contractors by Value (SP 150) (1998). Construction Industry Research and Information Association.

Shackleton, V. (1995) *Business Leadership*. Routledge, London.

Sustainability and the RICS Property Lifecycle (2009). RICS Books.

Teamworking, Partnering and Incentives. Office of the Government Commerce.

The CIC Consultants' Contract Conditions, Scope of Services and Scope of Services Handbook (2007). RIBA Publishing.

The Procurement of Professional Services: Guidelines for the Application of Competitive Tendering (1993). Thomas Telford, London.

The Procurement of Professional Services: Guidelines for the Value Assessment of Competitive Tenders (1994). Construction Industry Council.

Thinking About Building? Independent Advice for Small and Occasional Clients. Confederation of Construction Clients.

Thompson, P & Perry, J.G. (1992) *Engineering Construction Risks — A Guide to Project Risk Analysis and Risk Management.* Thomas Telford, London.

Tichy, N & Devanna, M (1986). *The Transformational Leader.*

Turner, J.R. (1999) *The Handbook of Project-based Management.* McGraw-Hill.

Value by Competition (SP 117) (1994). Construction Industry Research and Information Association.

Value for Money in Construction Procurement. Office of the Government Commerce.

Value Management in Construction: A Client's Guide (SP 129) (1996) Construction Industry Research and Information Association.

Walker, A. (2002) *Project Management in Construction.* Blackwell, Oxford.

Whole Life Costs. Office of the Government Commerce.

本实践指南以往各版的编写团队

修订项目管理实践指南(第四版)的团队成员

Saleem	BSc Eng (Civil) Msc (CM) PE MASCE MAPM FIE FCIOB——建造、创新与发展中心主任,英国皇家特许建造协会
Alan Crane	CBE Ceng FICE FCIOB FCMI——第四版编写团队主席,英国皇家特许建造协会副主席
Roger Waterhouse	MSc FRICS FCIOB FAPM——第四版编写团队副主席,英国皇家特许测量师协会和英国项目管理协会
Nell Powling	DipBE FRICS DipProjMan(RICS)——英国皇家特许测量师协会
Gavin Maxwell-Hart	Bsc Ceng FICE FIHT MCIArb FCIOB——土木工程师协会
John Campbell	BSc (Hons) ARCH DIP AA RIBA——英国皇家建筑师协会
Martyn Best	BA Dip Arch RIBA MAPM——英国皇家建筑师协会
Richard Biggs	Msc FCIOB MAPM MCMI——工程行业协会
Paul Nash	MSc MCIOB——英国皇家特许建造协会董事
Ian Caldwell	BSc BARch RIBA ARIAS MCMI MIOD
James Somerville	教授 FCIOB MRICS MAPM MCMI PhD
John Bennett 教授	DSc FRICS
David Woolven	MSc FCIOB
Artin Hovseplan	BSc(Hons) MCIOB MASI
Eric Stokes	MCIOB FHEA MRIN
Milan Radosavljevic	博士 MCIOB FHA MRIN
Arnab Mukherjee Beng	(Hons) MSc (CM) MBA MAPM——技术编辑

以下人员也为《项目管理使用指南》第四版的出版做了贡献

Keith Pickavance	英国皇家特许建造协会前主席
Howard Prosser	CM10SH MCIOB——英国皇家特许建造协会健康与安全组主席
Sarah Peace	BA (Hons) MSc PhD——英国皇家特许建造协会研究经理
Mark Russell	BSc (Hons) MCIOB——英国皇家特许建造协会时间管理小组协调员
Andrzej Minasowicz	DSc PhD Eng FCIOB PSMB SIDiR——华沙理工大学土木工程学院建筑工程与建筑学院建筑事务副主任
John Douglas	Fl DM FRSA——Englemere 有限公司
Paul Sayer 博士	出版者,Wiley-Blackwell,John Wiley & Sons 有限公司,Oxford

参与《项目管理使用指南》修订的第三工作组

F A Hammond	MSc Tech CEng MICE FCIOB MASCE FCMI——主席

Martyn Best	BA Dip Arch RIBA——英国皇家建筑师协会
Alan Howlett	CEng FIStructE MICE MIHT——结构工程师协会
Gavin Maxwell-Hart	BSc CEng FICE FIHT MClArb——土木工程协会
Roger Waterhouse	MSc FCIOB FRICS MSIB FAPM——皇家特许测量师学会及项目管理协会
Richard Biggs	MSc FCIOB MAPM MCMI——项目管理协会
John Campbell	英国皇家建筑师协会
Mary Mitchell	建筑业客户联合会
Jonathan David	BSc MSLL——特许建筑服务工程师学会
Neil Powling	FRICS DipProjMan（RICS）——皇家特许测量师学会
Brian Teale	CEng MICBSE DMS
David Trench	CBE FAPM FCMI
John Bennett 教授	FRICS DSc
Peter Taylor	FRICS
Barry Jones	FCIOB
Graham Winch 教授	PhD MCIOB MAPM
Ian Guest	BEng
Ian Caldwell	BSc Barch RIBA ARIAS MIMgt
JC B Goring	MSc BSc（Hons）MCIOB MAPM
Artin Hovsepian	BSc（Hons）MCIOB MASI
Alan Beasley	
David Turner	
Colin Acus	
Chris Williams	DipLaw DipSury FCIOB MRICS FASI
Saleem Akram	8 Eng MSc（CM）PE FIE MASCE MAPM MACost E——第三版秘书兼技术编辑
vArnab Mukherjee	B Eng MSc（CM）——助理技术编辑
John Douglas	Englemere 有限公司
David Woolven	MSc FCIOB

《项目管理使用指南》的第一和第二工作组

F A Hammond	MCs Tech CEng MICE FCIOB——MASCE FiMgt 主席
G S Ayres	FRICS FCIArb FFB——皇家特许测量师学会
R J Cecil	DipArch RIBA FRSA——英国皇家建筑师协会
D K Doran	BSc Eng DIC FCGI CEng FICE FiStructE——结构工程师协会
R Elliott	CEng MICE——土木工程协会
D S Gillingham	CEng FCIBSE——特许建筑服务工程师学会
R J Biggs	MSc FCIOB MIMgt MAPM——第二版技术编辑及项目管理协会
J C B Goring	BSc（Hons）MCIOB MAPM
D P Horne	FCIOB FFB FiMgt
P K Smith	FCIOB MAPM
R A Waterhouse	MSc FCIOB MiMgt MSIB MAPM
S R Witkowski	MSc（Eng）——第一版技术编辑
P B Cullimore	FCIOB ARICS MASI MIMgt——秘书

对于第二版"守则",他对工作组进行了更改,其中包括:

L J D Arnold	FCIOB
P Lord AA	Dipl(Hons) RIBA PPCSD FiMgt(replacing R J Cecil,Architects deceased)——英国皇家协会
N P Powling	Dip BE FRICS Dip Proj Man(RICS)——皇家特许测量师学会
P L Watkins	MCIOB MAPM——项目管理协会

索 引

adjudication 判决 181,208,211,213,214,215

appointment of project manager 项目经理的任命 9,13,20,85

appointment of project team 项目团队的任命 5,84,85

arbitration 仲裁 208,211,213,214,221

as-built drawings 工程竣工图 219,236,239,240,244,247,260,266,268

benchmarking 标杆管理 55,168,195,205,223

BIM strategy 建筑信息模型(BIM)战略 5,9,93,189,208,226,241,260,272

budget 预算 2,12,13,17,18,22,25,26,30,31,35,36,42,45,47,50,52,70,71,75,79—81,85,91,93,107,117,134,146,151,164,167,171,173,181,192,197,206,207,216,254,257—259,261,270

buildability 可建造性 89

building information modelling(BIM) 建筑信息模型(BIM) 5,7,9,13,14,34,37,46,71,78,93,113,117,124—132,189,208,226,227,241,260,272,273

building owner's manual 建筑业主手册 238—240,246

building regulations 建筑规范 20,46,51,59,128,188,192,194,195,201,210,217,225,243,268

business case 业务案例 5,10,39,42,43,51,69,80,159,160,161,177,276

CDM co-ordinator 建筑-设计-管理(CDM)协调员 6,75,95—100,189,192,196,219,226,231,239,240,243—245,251,276

CDM regulations 建筑-设计-管理(CDM)规范 29,75,89,90,95—101,192,222,226,240,244,248

certificate of practical completion 工程竣工证书 221,251,266

change management 变更管理 26,81,113,162,164,206,207,272

claims 索赔 19,32,34,81,89,115,167,168,199,206,211,220,250,269,271

client advisor 业主顾问 10,50,276

client commissioning 业主试运行 34,232,235,253,259,261

client's objectives 业主目标 10,11,17,18,39,40,42,72,74,80,261,276

commissioning 试运行 1,4,6,7,13,19,32—34,38,54—56,72,83,84,86,93,97,129,141,192,195,197,198,207,226,231—239,241,247,251—254,259,261,264,265,268,276

commissioning services (procurement of) 试运行服务(采购) 6,231,232

communication plan 沟通计划 21,199

concept design 概念设计 4,50,93,269

construction management 施工管理 76,87,88,115,141,221,233

construction manager 施工现场经理 84,88,135,221,233

construction stage 施工阶段 3,4,6,11,28,31,32,46,50,82,93,96—98,117,130,203,204,219,220,223—227,231,240,244,254

consultants (appointment of) 咨询方(任命) 11,12,17—20,24—34,39,42,47,50,71,74—76,80,81,83—88,90,93,94,134,136,137,139,140,149,154,166—168,188,197,220—222,225,232,235,236,252,271,276

contingency money 不可预见费 79,81

contingency plan 应急预案 107

contract administrator 合同管理员 88,199,207,221

contractors' schedule 承包商进度计划 32

cost control 成本控制 26,76,79—81,167,272

cost plan 成本计划 18,30,31,79—81,85,125,162—164,188,196,216,220,252,272

cost planning 成本规划 79

cost and time study 成本与进度研究 270

defects liability period 缺陷责任期 34,126,252,246,266

design and build 设计-建造(DB)模式 25,28,40,82,87,88,91,97,135,136,144,243

289

design co-ordination 设计协调 125
design management 设计管理 81,82,187,188,277
design management plan 设计管理计划 190—192
design process 设计阶段 12,26,71,75,87,127,187,189—191,194,195,253,277
design team 设计团队 3,6,17—20,24—27,31,32,42,49,54,71,75,76,82—84,87,89,92,127,135,162,163,189—195,198,199,201,208,210,216,217,219,221,226,231,251,255,276—278
design team leader 设计团队领导 162,163
design team meetings 设计团队会议 94,191,194
detailed project brief 项目纲要 39,49,74
detailed design brief 设计纲要细则 27
Disability Discrimination Act(DDA) 残障歧视法案(DDA) 195
dispute resolution 争议解决 141,207,211—215,251
document management 文档管理 46,93,114,202
employer's requirement 业主需求 2,9—11,18,25,47,50,71,91,188,190,207
engineering services commissioning 工程服务试运行 34,207,235,254,264,265
environment management 环境管理 14,37,65,82,83,152,153,202,224,277
environment studies 环境研究 62,82,223
environmental mandate 环保规定 5,9,14
environmental plan(EP) 环保计划(EP) 82,224,225
environmental sustainability 环境可持续 56,75,220
environmental testing 环境检测 232,233,235,236
EU procurement rules 欧盟采购条例 84,91,156
e-procurement 电子采购 91,183,184
facilities management(FM) 设施管理(FM) 1,13,14,20,23,30,34,37,38,71,76,92,94,113,114,124,127,217,239,240,256,260,263,272,273,277
feasibility stage 可行性研究阶段 3—5,9,10,39,43,71,83,85,103,140,277
feasibility studies 可行性研究 5,12,39,40,42,47,140
fees(for professional services) 费用(专业服务) 135,139,140
financial appraisal 财务评价 50
framework agreements 框架协议 86,137,138,156,205
funding 融资 1,5,12,13,22,39,42,43,47,50—52,69,70,79,86,92,171,174—179,183,197,209,260
handover 移交 1,4,6,7,11,13,14,18,22,28,30,32—34,38,55,91,93,94,124,141,167,197,200,220,232,233,235—241,244,251—253,258,260,261,266,272

health and safety 健康与安全 6,12,20,23,25,29,40,76,78,89,90,95—101,108,116,145,146,148,152,153,189,190,196,197,200,202,207,210,219—223,226,231,239,240,243—245,251,252,261—263,266—270,286
Housing Grants,Construction and Regeneration Act 住房补贴、建造与更新法案 207,215
hybrid procurement approaches 混合采购模式 88
inception stage 启动阶段 4,9,11,40,50,77
information technology 信息技术 36,112,190,202,217,253,256,264
installed drawings 安装图纸 20,33
insurance 保险 3,11,12,17,24,25,29,32,33,40,75,76,79,89,140,145,182,192,197,200,201,220,221,233,235,237,251,252,262,264,266,268,278
investment decision-maker 投资决策者 10,40
investment 投资 10,43,50,51,69,72,75,78,159,173,174,183
key performance indicators(KPIs) 关键绩效指标(KPIs) 205,223,229,277
leadership 领导力 2,11,15,16,74,77,203
main contractor 总承包商 19,29,32,83,87,97—99,135,144,145,197,203,205,207,217,220—222,226,232,233,243
maintenance manuals 维护手册 20,32,219,226,237,243,252,260,264,266,268
management contracting 施工总承包管理(MC)模式 87
management contractor 施工总承包管理方 87,88,135,222
master delivery schedule 总进度计划 25,27,42,75,79—81,84,85,89,209,224,226,232,233,236,270
milestones 里程碑 21,30,41,93,118,119,162,187,188,203,205,208,229,270
occupation 入驻 3,6,7,11,13,18,35,36,72,76,99,103,162,251—259,263,268,269,272,277
operation and maintenance(O&M) manuals 运营维护(O&M)手册 226,231,238
operational commissioning 运行调试 6,251,253,254
outline delivery schedule 交付计划大纲 27,42,47
outline project brief 项目大纲摘要 40—42,49,50
partnering 伙伴关系 46,114,165—169,205
payment 支付 12,20,26,32,91,113,172,177,179,181,182,184,185,205,215,220,269
performance management plan(PMP) 绩效管理方案(PMP) 219,229,230

performance study 绩效评价 271
performance testing 性能调试 166,195,232,233,235,236,264
professional indemnity (PI) insurance 职业责任(PI)保险 85,131,192
planning approval 规划批准 18,25,26,180,193,195
planning permission 规划许可 47,51,61,63,66,68,105,128,192,193,194
post occupation evaluation 使用后评价 6,35,269,275
post-completion review 竣工后审查 5,7,34,35,252,266,269
pre-construction stage 施工前准备阶段 5,22,26,27,72,102,140,192,220,224,225
pre-start meeting 开工前会议 197,200
prime contracting 总承包模式 87
principal contractor 总承包商 28,75,96-99,101,222,224,243,244,277
procurement 采购 1,10,42,71,105,124,126,128,129,135-137,139,153,156,158,189,222,225,254,256,270
procurement option 采购模式 69,86,89,134-136,157,208
project administrator 项目管理员 11
project audit 项目审计 6,269,270
project brief 项目纲要 5,11,12,18,25,39,42,49,50,52,53,83,85,139,140,162,192,206,216,255,270,278
project co-ordinator 项目协调员 11
project execution plan (PEP) 项目执行计划(PEP) 5,22,40,71,72,92,93,226,252,278
project feedback 项目反馈 6,269,271,272
project governance 项目治理 5,71-74,78,159-161,278
project handbook 项目手册 12,19,22,27,29,30,75,76,85,139,195,253,278
project management 项目管理 1-3,9,11,15,17,20,21,40,46,50,71,73,74,76,77,79,82,85,87,92,99,112,116,117,125,159-161,163,190,224,255,270,272
project manager 项目经理 1,5,7,9-11,13-15,17,18,20,22-28,30,31,33,35,39-42,45,47,49,50,71,72,74,76,79,109,134,135,149,160,161-164,189,190,192,193,219-221,223-226,231-233,235,239,251-253,258,269,278
project mandate 项目规定 5,9,10,13,14
project organization and control 项目组织和控制 5,71,76
project planning 项目规划 79,195
project sponsor 项目发起人 10,38,41,74,92
project team 项目团队 1,9,10,41,45,47,53,54,71,103,146,160,162,190,220,221,225,233,238,251,271
public-private partnerships 公私合作模式 172,175
quality management 质量管理 6,29,30,83,146,148,202,219,222,226,231
quantity surveyor 工料测量师 3,19,26,40,76,87,149,162,163,199,200,205,207,210,217,221
reports 报告 5,9,12,40,42,72,140,148,153-155,162,163,191,192,219,233,252,269
responsible sourcing 可靠来源 57,58,60,89
risk analysis 风险分析 21,50,123
risk assessment 风险评估 10,40,42,49,53,54,65,75,82,93,97,100,102,103,105,106,109-111,126,244
risk register 风险登记册 72,105,195,196,204
role of project management 项目管理角色 3,71,225
role of project team members 项目团队成员角色 23,25,47
seasonal commissioning 季节性试运行 238
site selection 选址 47,48,76
soft landings 软着陆 34,37,129-131,241,259
statutory consents 法定许可 192,194,225,254
strategy outline and development 策划大纲的制订 74
strategy stage 策划阶段 5,13,33,34,39,49,71,74,189,226,253,261
subcontractor 分包商 24,46,76,135,144,152,203,226,246
suitability (of project/market) 适应性(项目/市场) 77,79,181
supervising officer 监理人员 96,97,198
suppliers 供应商 2,3,17,37,45,51,54,74,76,83,84,86-89,107,114,122,137,152,160,161,166,176,177,179,183-185,187,198-200,203-205,222,226,265
supply chain management 供应链管理 82,204
sustainability 可持续 1,4,10,14,40,42-46,53-57,65,66,68,69,76,83,89,140,159,160,188,190,193,198,224,259,270
tax 税 11,17,50,93,182,192,199
team building 团队建设 103
tender action 招标过程 29,114,197,217
testing 调试 6,33,195,226,231-237,239,246,247,261,264

traditional procurement 传统采购 88,135,177
valuations 价款结算 13,18,76,199,200,221
value engineering (VE) 价值工程(VE) 102,190,197,203,204
value for money 物有所值 69,75,91,102,106,167,170—173,177—179,185,205,270

value management (VM) 价值管理(VM) 6,75,81,102,103,128,188,189,196,197,203
variations 变更 10,18,81,87,88,107,135,141,162,180,197,206,207,211,221,225,271,272
warranties 担保 12,19,24,85,87,90,103,140,148,220,221,231,236,239,247,248